闽山闽水物华新

习近平福建足迹（上）

本书编写组

人民出版社

福建人民出版社

出 版 说 明

1985年6月至2002年10月，习近平同志在福建工作17年半，先后在厦门、宁德、福州和省委、省政府担任重要职务，亲自领导和推动了福建改革开放和现代化建设事业，作出了一系列极具前瞻性、开创性、战略性的实践探索和理念创新，充分展现了他胸怀全局、着眼长远的战略思维，大刀阔斧、科学决策的改革思路，脚踏实地、严谨务实的工作作风，心系人民、情暖民心的赤诚情怀。

习近平同志在福建工作期间的思想与实践，承载着中国共产党人的初心和使命，具有超越时空的真理性和价值性，已深深镌刻在八闽大地和福建人民心中，不断转化为福建发展的累累硕果。

为深化广大干部群众对习近平新时代中国特色社会主义思想理论逻辑、历史逻辑、实践逻辑的认识和理解，推动对这一重要思想的学习与贯彻走深走实，我们编写了本书。全书以讲故事的方式，通过大量事例，多角度客观记述习近平同志在福建工作期间的丰富经历，生动展现习近平同志在福建工作期间的重要理念与实践，具有十分重要的历史文献价值和现实指导意义，是广大人民群众了解党的领袖奋斗历程的重要读本，为各级领导干部特别是年轻干部在新时代伟大实践中更好担当作为提供了鲜活样本和学习典范。

本书编写组

2022 年 2 月

目　录

一、魂牵梦绕的地方

一

2021年3月，习近平总书记回到福建考察，看望父老乡亲。他动情地说："这里的山山水水、一草一木，我深有感情。离开福建以后，我也一直关注福建。在这里工作期间的一些思考和探索，在我后来的工作中仍在思考和深化，有些已经在全国更大范围实践了。"

习近平在福建工作和生活了17年半，在这里他度过了人生中最美好的年华，与福建及福建人民结下了深厚情谊。

二

福建，简称"闽"，旧以福州、建州两地首字得名，并沿用至今。

福建地处中国东南，与台湾隔海相望，陆地面积12.4万平方公里，海域面积13.6万平方公里，水、大气、生态环境优良。

福建是古代海上丝绸之路的起点，中原文化与海洋文明在八闽交融，呈现出特色鲜明的多元文化。勤劳质朴、敢闯敢拼的特质，深深烙在福建人身上。

20世纪80年代，福建正处在历史发展的关键点：一面是经济全球化步伐加快、中国改革开放浪潮涌动，另一面是省内基础设施薄弱、经济发展长期滞后、人民生活水平有待提高。福建如何加快改革开放，走出一条新的发展之路？全省上下孜孜求索。

三

1985 年 5 月底，在河北正定的习近平被组织调往福建工作。6 月初，他从北到南，入闽赴任。

身材高大，说话随和，穿着白衬衫，背个小挎包，一副书生模样……这是当年习近平给前来接机的省委组织部干部留下的第一印象。

时任福建省委第一书记项南会见了习近平。项南曾这样谈对习近平的印象：年纪轻轻，但阅历很丰富，很有工作经验。在正定工作非常出色，表现非常突出，得到了组织的高度认可。为人处世很像他的父亲习仲勋，正直、厚道，又很有理想，信念坚定，将来一定前途无量。

婉拒了专门派的公务车辆，搭上一辆福州到厦门的便车，沿着福厦间的砂石路，习近平颠簸了 8 个多小时，只身前往厦门报到。

赴任厦门市副市长的那天，习近平说有双重意义：一个是他 32 岁生日；再一个是，这是他第一次到沿海城市工作，参与经济特区建设。

在他到任后不久召开的市委常委组织生活会上，习近平这样谈了思想认识：我来厦门工作，用孙中山先生"要立心做大事，不要立心做大官"来勉励自己，地位变了，作风不能变。

习近平的思想认识源于革命家庭的熏陶。他的父亲习仲勋和母亲齐心早年参加革命，是坚定的无产阶级革命家。从小沐浴红色家风，父母亲以身垂范、从严要求，他对党的事业、对人民群众有着天然朴素的情感。

在福建工作时，习近平曾多次说：我的价值观、人生观来源于我的家庭，来源于我在陕北艰苦地方上山下乡，来源于劳苦大众，所以我就选择走从政为民的道路，不会走别的道路。

坚持这一理念，习近平扎根八闽、躬耕实践，与干部群众结下了深厚的情谊，他的思想也在这里孕育、形成、丰富、发展。

四

在福建工作期间，"人民"在习近平心中始终占据最重要位置，"以人民为中心"是他一以贯之的执政理念。

习近平曾在《我是黄土地的儿子》一文中写道：像爱自己的父母那样爱老百姓，为老百姓谋利益，带着老百姓奔好日子。

到厦门后，习近平主动请缨分管农业农村工作，深入海拔近千米、最边远、最贫困的军营村和白交祠村等山区贫困村，帮助村民谋划山下开发、山上"戴帽"，叮嘱山下多种茶、种果，也别忘了山上的森林绿化……

在宁德，面对当地集"老、少、边、岛、贫"于一体、全国18个集中连片贫困地区之一的实际，习近平倡导"弱鸟先飞""滴水穿石"，推动"四下基层"（宣传党的路线、方针、政策下基层，调查研究下基层，信访接待下基层，现场办公下基层），踏遍了闽东的山山水水，大力发展特色产业，推动闽东脱离贫困线……

在福州，习近平大力提倡"马上就办"，推出"一栋楼"办公，开展"进万家门、知万家情、解万家忧、办万家事"活动，真心解决群众最需要解决的"急""难"问题；加快棚屋区改造，分批分期让群众住进了新房；建设副食品基地，让群众"菜篮子"更丰富……

到省委、省政府工作，习近平把民生实事放在最重要位置，大力治理"餐桌污染"，严查"瘦肉精"，建设食品放心工程；拿出真金白银，增强粮食供应储备能力，做到"手中有粮、心中不慌"；实施"造福工程"，解决一方水土不能养一方人的问题；牵头推动连家船民上岸，让他们告别世代以船为家的生活；全力保护生态环境，让城市和农村的天更蓝、山更绿、水更清、环境更优美；谋划推动福州地区大学城建设，大力实施科教兴省战略和人才强省战略；治理木兰溪水患，加固千里江堤、海堤，保护人民群众生命安全；关心群众身边小事，协调安装鼓山古道路灯，方便群众登山健身；深化"马上就办"，在全国率先开创和推动机关效能建设，让企业和群众少跑腿，构建服务型政府……

百姓是习近平最深的牵挂，百姓的事是他心中最大的事，群众都称他为"百姓省长"。

17年半里，他不知"掀开了多少锅盖、掀开了多少桌盖、掀开了多少铺盖"；双手接过百姓递来的米酒碗、黑茶杯，一饮而尽；请一群先富起来的"泥腿子"坐上地委讲台，为机关干部上课；自己掏钱为大冷天还穿着烂鞋子的聋哑老人买了两双新鞋；调研途中路见车祸，当即组织救助伤员，并安排车辆送医；带头捐助生活困难的三野老战士，要求建立救助机制；结交农民朋友，指点发展路子，帮助种茶大户走出失败的"泥潭"……

福建干部群众说，习近平对国家、对民族、对人民爱得很深，是大爱情怀，这种爱发自内心、发自肺腑，是自然流露的。

2000 年 1 月 27 日，习近平当选福建省省长。他在此前作的政府工作报告中明确指出："我们的政府是人民的政府，必须使每一位政府工作人员都牢牢记住，人民政府的权力来源于人民，必须代表人民的利益，必须为人民谋福利，切不可忘记了政府前面的'人民'二字。"

2012 年 11 月 15 日，习近平当选中共中央总书记。在同中外记者见面时，他 19 次提到"人民"二字，庄严承诺："人民对美好生活的向往，就是我们的奋斗目标。"

2019 年 3 月 22 日，习近平在意大利访问时说："我将无我，不负人民。我愿意做到一个'无我'的状态，为中国的发展奉献自己。"

五

《摆脱贫困》汇编了习近平在宁德工作期间的 29 篇讲话和文章。他在《滴水穿石的启示》一文中写道："我推崇滴水穿石的景观，实在是推崇一种前仆后继，甘于为总体成功牺牲的完美人格；推崇一种胸有宏图，扎扎实实，持之以恒，至死不渝的精神。"

习近平 35 岁就任宁德地委书记，摆在他面前的现实情况是：基础设施薄弱，经济发展全省最后；全区上下迫切想尽快实现"三大梦想"——修建温福铁路、开发三都澳、建设中心城市。

习近平没有急于烧"三把火"，而是立足实际，实事求是分析了宁德必经的发展路径，提出"滴水穿石""弱鸟先飞"的闽东精神，脚踏实地带领闽东人民艰苦奋斗，一步一个脚印努力摆脱贫困。

1990 年习近平离开闽东赴任福州后不久，《人民日报》恰有一篇报道——《宁德越过温饱线》。

习近平在《摆脱贫困》的跋中这样写道：我深知，相距于我们的理想，相距于我们的目标，相距于真正意义上的"脱贫"，"脱离贫困线"只能说是起步；同时，我也坚信，"亿万千百十，皆起于一"，闽东跨越了这一条"贫困线"，若能继续卧薪尝胆，矢志如初，再接再厉，奋斗不息，必能彻底摆脱贫困。

在习近平打下的坚实基础上，宁德全市上下接续奋斗、致力脱贫、奋力逐梦。如今，包括宁德在内的福建全省所有建档立卡贫困村、贫困人口，都摘掉了贫困帽子。

"在整个历史发展进程，在一个经济落后地区发展进程，都应该不追慕自身的显赫，应寻求一点一滴的进取，甘于成为总体成功的铺垫。"习近平特别赞赏这样一种"功成不必在我，功成必定有我"的政绩观。

习近平曾多次谈起东山县委原书记谷文昌，推崇他的信仰力量、公仆品格。在东山县谷文昌陵园，习近平说，谷文昌同志生前一切为了人民，一切依靠人民。他以自己的模范行动，回答了"参加革命为什么，现在当官干什么，将来身后留什么"的问题。他不仅是县委书记学习的榜样，也是所有党员、干部特别是我们各级领导干部学习的榜样。

1990年7月15日，时任福州市委书记习近平夜读《人民呼唤焦裕禄》，文思萦系，填下《念奴娇·追思焦裕禄》一词——

魂飞万里，盼归来，此水此山此地。
百姓谁不爱好官？把泪焦桐成雨。

生也沙丘，死也沙丘，父老生死系。

暮雪朝霜，毋改英雄意气！

依然月明如昔，思君夜夜，肝胆长如洗。

路漫漫其修远矣，两袖清风来去。

为官一任，造福一方，遂了平生意。

绿我涓滴，会它千顷澄碧。

六

习近平注重学习马克思列宁主义经典原著，不仅自己认真学，也要求党员干部一起学。他善于总结思考，将理论与实践相结合，发表了一系列文章，更可贵的是他从中汲取解决问题的科学方法，指导具体工作实践。

坚持先调研后决策，是习近平一贯的工作方法。他说，"谋于前才可不惑于后"，提倡"做县委书记，一定要把下辖的村走完；做市委书记，一定要把乡镇走完；做省委书记，一定要把县走完"。

刚到厦门，习近平就买了一辆自行车，穿行在社区街道、工厂企业。特别是第一年，他对当地的情况不是太熟悉，工作中至少三分之一的时间花在了调研上。

为适应厦门经济特区扩区、探索实行自由港政策的需要，习近平抽调100多人进行了21个专题研究，在深入调研、科学论证基础上，组织编写了《1985年—2000年厦门经济社会发展战略》，为2000年把厦门建成自由港型的经济特区提供了有力依据。之后，

念奴娇 追思焦裕禄

习近平

中夜，读《人民呼唤焦裕禄》一文，是时霁月如银，文思萦系……

魂飞万里，
盼归来，
此水此山此地。
百姓谁不爱好官？
把泪焦桐成雨。①
生也沙丘，
死也沙丘，
为官一任，
治好沙丘，
死了也要看着你们把沙丘治好！

父老生死系。②
暮雪朝霜，
毋改英雄意气！

依然月明如昔，
思君夜夜，
肝胆长如洗。
路漫漫其修远矣，
两袖清风来去。

造福一方，
遂了平生意。
绿我涓滴，
会它千顷澄碧。
一九九○·七·十五

注：
①焦裕禄当年为了防风固沙，帮助农民摆脱贫困，提倡种植泡桐。如今，兰考泡桐已长成合抱大树，人们亲切地叫它「焦桐」。

②焦裕禄临终前说「我死后只有一个要求，要求党组织把我运回兰考，埋在沙丘上。活着我没有治好沙丘，死了也要看着你们把沙丘治好！」

1990 年 7 月 16 日，习近平的词《念奴娇·追思焦裕禄》在《福州晚报》刊登他在担任福建省委副书记、省长期间，提出了"提升本岛、跨岛发展"战略，为厦门谋划全局性、长远性发展。

两座城市，两张蓝图。

在习近平的直接领导下，通过万人答卷、千人调研、百人论证，几经商榷、十易其稿，制定出台了《福州市 20 年经济社会发展战略设想》，科学谋划了福州 3 年、8 年、20 年的发展目标。在这个后来简称"3820"工程的引领下，国际机场、高速公路、深水码头、电力能源等重点基础设施陆续上马，东南汽车、冠捷电子等外资台资企业纷纷落地，国办、侨办、民办等多种类型的开发区齐头并进。

福州市在 2010 年总结"3820"工程成果的时候，干部群众发现，习近平在任的那 6 年，福州地区生产总值以年均 20% 以上的速度增长，给福州发展打下了坚实基础。

在习近平身边工作的同志感叹：习近平同志总是用辩证思维分析考虑一个地区的发展、一个城市的发展，不只是看到眼前，而且能够着眼长远，充分体现了他作为战略家的高瞻远瞩和长远志向，也充分反映出他对全局和大势的统筹把握。

七

从 32 岁入闽到 49 岁离闽，习近平先后在经济特区、贫困地区、省会城市以及省委、省政府担任重要职务。

他怀抱一颗赤子初心，走遍了八闽山山水水，不断探索实践，亲身经历了这片土地上波澜壮阔、日新月异的改革开放和现代化建设进程，提出了一系列极具思想性、战略性的创新理念，开展了许多极具前瞻性、引领性的创新实践。

跋山涉水、披荆斩棘，习近平三次走进大山重围中的宁德下党乡，开启了摆脱贫困的实践探索。省长任上，他多次强调要全面推进小康建设，提高小康建设水平。党的十八大以来，习近平指出，全面建成小康社会"一个也不能少"，要举全党全国之力坚决完成脱贫攻坚任务。

筼筜湖边，习近平提出"依法治湖、截污处理、清淤筑岸、搞活水体、美化环境"的"二十字方针"，再现厦门"城市会客厅"；项公亭前，他锲而不舍推进长汀水土流失治理，让荒山披绿、花果飘香；将乐常口村，他叮嘱村民牢记"青山绿水是无价之宝"，努力"画好山水画"。省长任上，他率先提出生态省战略，为全国首个生态文明试验区奠定基础。党的十八大以来，以习近平同志为核心的党中央将生态文明建设纳入"五位一体"总体布局，就生态环境保护工作提出了一系列新理念新思想新战略，作出了一系列重大决策部署，推动"绿水青山就是金山银山"理念持续深入人心，推动我国生态文明建设取得历史性成就、发生历史性变革，形成了习近平生态文明思想。

"将近三百万人该得罪，还是这两三千人该得罪？"30多年前，习近平在宁德坚决查处干部违规建房，至今让人警醒。在福建多个岗位上，他两袖清风，为官一任、造福一方。党的十八大以来，以习近平同志为核心的党中央坚持"打铁还需自身硬，打虎拍蝇雷霆万钧"，正风肃纪驰而不息，"得罪千百人，不负十三亿"，推动全面从严治党向纵深发展。

从数字福建到数字中国，从扩大福建开放到"一带一路"倡议，从提倡"马上就办"、推动机关效能建设到加快政府职能转变，从总结晋江经验到推动全国县域经济发展，从运筹先机推动集体林权制度改革到全国推广经验……这些涵盖经济、政治、文化、社会、生态文明和党的建设等领域的重要探索和实践，倾注着习近平大量的心血，在经济社会发展中产生深远影响，成为广大干部群众宝贵的精神财富。

八

习近平曾经说过这样一段话：对于更多的人来说，励精图治，发奋图强，以中国的繁荣昌盛为己任，尽短时间使整个国家"脱贫"，尽短时间使中国立于发达国家之林，才是更为紧迫、更为切实的思想和行动。

有远大的抱负和追求、宽广的格局和视野，总能明辨大势、登高望远，这是曾经共事的同志们对习近平的总体印象。

习近平 22 岁离开陕北黄土地时，他已经有了坚定的人生目标：要为人民做实事！

在中央军委机关时，习近平主动提出到艰苦的基层工作，在河北正定写下了地方从政第一笔。

到福建工作后，习近平跨山越海，把家国情怀融入八闽大地，以历史的责任担当和全局的站位视野，把个人成长与祖国发展、民族振兴、时代进步紧紧联系在一起。

"经济的竞争，归根结底是科学技术的竞争。世界科学发展的历史表明，科学技术进步是促进经济发展的强大动力，经济需求是推动科技进步的内在因素。"习近平总结提炼全国首创的科技特派员制度，把科技星火撒向农村，让科技助力脱贫攻坚和乡村振兴。

强烈的民族自信心，是我们民族精神中最稳定的成分，使中华民族在世界上有了令人敬佩的今天。"通过文化建设，弘扬民族文化传统，不仅增强我们的自信心，而且提高外界对闽东的信心。"在福建工作期间，习近平积极推动保护鼓浪屿、万寿岩、三坊七巷，精心守护好老祖宗留下来的文化遗产。

"改革要有一个'敢'字，要勇挑重担，敢于迎难而上；大胆开拓，敢为天下先。"习近平积极推动政企分离和国有企业改革，激发国企生机活力，福建国企改革走在全国前列。

"对外开放兴，福建兴；对外开放步伐加快，福建兴旺繁荣的机会越大。"习近平以全球视野积极推动"引进来、走出去"，拓展对外交流平台，密切友人友城交往，加强对外经济、文化的吸收吐纳，加深了福建人民与世界人民的友谊。

"福建在祖国和平统一大业中具有特殊的、不可替代的地位和作用。""我们必须意识到历史赋予我们的重任，真正把对台工作摆到特殊的位置上来，从而促进两岸经济的发展，推动统一大业的进程。"习近平积极推动福建先行先试，开启两岸"三通"，密切同胞交流交往。

......

历史转折的关头，奔腾不息的时代。世纪之交，习近平说：社会主义是前无古人的事业，一代又一代人探索，失误乃至失败，再探索，直至成功，循环往复，乃至无穷，这是无可指摘的必由之路。

九

习近平说，福建是他成家立业的地方。

1987 年 9 月，习近平与彭丽媛在厦门成家。一包喜糖、一桌便餐、新娘的一首歌，让这一简朴的婚礼传为佳话。1992 年，他们的女儿在福州出生。一张习近平骑自行车载着女儿的照片，是他们一家在福建幸福生活的见证。

一提起习近平，福建干部群众都感到很亲切，说不尽道不完工作生活的交往交集，大家时常想起念起这样一位心心相印的"乡亲"。

习近平说，福建是他魂牵梦绕的地方。对他而言，福建是一个挥洒汗水、成长成熟的地方，是一个度过人生最美好年华的地方，是一个爱得深沉的地方。

离开福建后，习近平多次在不同场合回忆起在福建的点点滴滴，福建的人、福建的事，他信手拈来、脱口而出。

他在金砖国家领导人会晤时点赞厦门；在全国两会等多个场合，把饮水思源、勿忘老区的闽西红土地故事讲了又讲；考察脱贫攻坚路上，多次提起福建、说到闽宁对口协作；会见外宾时，常常引用福建菌草走向世界、充当友好使者的案例；到广东潮汕考察中，又谈起在福建经常喝工夫茶的情景……

习近平多次就福建工作作出重要讲话、重要指示批示，为福建发展擘画宏伟蓝图。2014年，他强调要加快建设"机制活、产业优、百姓富、生态美"的新福建；2020年，他作出重要批示，赋予福建全方位推动高质量发展超越的重大使命；2021年，他嘱托福建在加快建设现代化经济体系上取得更大进步，在服务和融入新发展格局上展现更大作为，在探索海峡两岸融合发展新路上迈出更大步伐，在创造高品质生活上实现更大突破，奋力谱写全面建设社会主义现代化国家福建篇章。

习近平深情地说："福建是我的第二故乡，我对这里的山山水水、一草一木都充满了感情；只要一想起福建，八闽大地历历在目，就像一幅生动的画。"

二、摆脱贫困

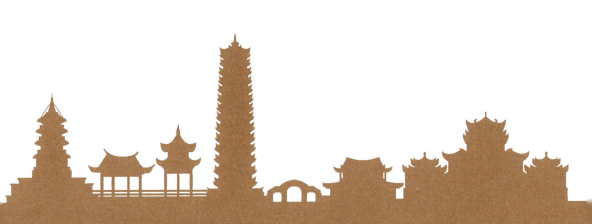

自己“讨来”的“三农”工作

一

1985 年 6 月，习近平来到改革开放的前沿城市福建厦门。那时的经济特区建设刚刚开局，基础设施建设和招商引资如火如荼，因地处对台前沿而沉寂几十载的鹭岛，正积蓄着蝶变的力量。

这位年轻的副市长，除了承担市政府给他的分工外，看到厦门农村这一块比较弱，就申请分管农业。

到厦门报到的第三天，习近平就带队下乡调研了，第一站选择了同安县。这让时任同安县县长郭安民既惊讶又高兴。当时的同安是个很落后的农业县，需要靠市财政补贴支持。

后来，习近平常到同安，次数多到郭安民都记不清了，但郭安民记住了一个细节：习近平每到一个地方，都与大家一起坐小板凳，和群众亲切交谈。当地人喜欢泡茶，茶杯因常年使用，有一层黑黑的茶垢，他毫不介意地跟大家一起用黑茶杯喝茶。“近平同志这样做，一下子就拉近了与群众的距离。”

在时任厦门市副市长朱亚衍看来，对于“三农”工作，习近平做到了“三到”：

一是心到。习近平对农民和农村工作有很深的感情，这可能和他在陕西延川插队、在河北正定当县委书记的经历有关，是一种心系农村的情结。

二是人到。那时的厦门，大部分还是农村，在厦门短短三年，习近平连最偏远、最贫穷的地方都去过了。比如同安有个偏远的军营村，朱亚衍是听习近平说才知道的。

三是工作措施到。习近平每到一处，都结合当地实际提出有针对性的措施，以推动工作开展。

二

军营村有多偏？

20多年后，时任厦门市市长刘赐贵到北京开会时见到习近平，习近平问他，同安的军营村现在怎么样了。

刘赐贵实话实说自己还没去过。他没想到习近平当年在厦门短短三年，连最偏远、最贫穷的地方都去过了，更没想到过了那么多年，他对厦门的基层百姓仍然如此牵挂。

时光倒回1986年。经济特区日新月异，但改革开放的春风，似乎吹不到军营村。

这个地处厦门、漳州、泉州交界处的高海拔村，700多名村民的收入，主要靠400多亩茶园，人均年收入只有280元左右。一个20千瓦的小发电机组，满足不了全村的用电需求，每户只能用一两盏25瓦的电灯，一天点上几个小时。

那年4月，当时的军营村村委会主任高泉国在村口拱桥边，第一次见到了时任厦门市委常委、副市长习近平。村里只有一条1.6米宽的土路，车子开不进，只能停在村口，再步行进来。

见到高泉国后，习近平直奔主题："你们这里最穷的有几户？"接着他就挨家挨户地去拜访。

之后在高泉国家中，两人一边泡茶，一边聊天。

农民技术员出身的高泉国回忆道：这位市领导看上去年轻，但对农业农村情况，还真了解。他问了我村民的生产生活情况，村里种了多少杂交水稻、是什么品种，又问我生产责任制实行以后，村里在经济发展上有什么打算。我都认真回答了。这一聊，就是一个多钟头。

结束了军营村的调研，习近平又来到白交祠村。傍晚时分，在困难户杨文王家中，习近平一边和老杨拉起家常，一边很自然地掀开锅盖，还拿起饭勺在锅里搅了搅。

稀饭太稀，习近平刚一松手，勺子就沉到了锅底，老杨难为情了。

习近平对老杨说，不要怕生活暂时困难，只要勤快，慢慢奋斗，日子一定越来越好。

这次调研后，习近平联系同安县水土办为军营村提供了一批当时国内最好的柿子品种——广西无籽柿树苗，还指示县农办解决了三万元扶贫资金。村民们用这笔钱盖起了管理房。

军营村的好日子，一如那批柿树苗，在村民的辛勤劳作下，生根发芽、开花结果。

三

"泉国，赶紧跟我上村部，省委习副书记要见你。"1997年7月的一天，正在给地瓜培土的高泉国，看到当时的军营村村委会主任高泉阳骑着摩托车，老远就冲他喊。那时，高泉国正因为一项工作没抓好，被要求反省，干什么都觉得没劲。

"哪个习副书记？"

"十多年前来过我们村的习副市长，点名要见你。"

高泉国一听，手脚都没顾上洗，拎着锄头就跨上高泉阳的摩托车。

到了村部，锄头一扔，看到人群中有个熟悉的高个，他马上冲了过去。习近平也一眼认出了他。

这时的习近平已任福建省委副书记，同安由县改区，福建正处于省委、省政府提出的农村基本实现小康、消除绝对贫困的最后一年。

那天刚下过雨，原本坑坑洼洼的路，变成了泥浆路，调研的车辆陷到了泥里。刚好有些村民经过，习近平就下车，同村民们一道，把车从泥坑中推了出来。

习近平问起了高泉国个人和家里的情况。老高说这几年挺好的，孩子有的已经毕业了，有的还在读书。他听了频频点头。

座谈会上，得知军营村的茶叶种植面积比 1986 年他来的时候多了近 5 倍，当年那批柿树苗已经长成 200 亩柿子林，用扶贫资金建的管理房承包出去，一年能为村集体增收 8000 元，习近平马上提议："那咱们去看一下。"

山上种着茶，坡上有柿子，他很高兴。但看到其他山头光秃秃的时候，他的神情起了变化。站在柿子树下，习近平说："多种茶、种果，也别忘了森林绿化，要做到山下开发，山上'戴帽'。"

由于不是种茶季节，很多年轻人闲在家里，他鼓励年轻人一定要走出山门，去打工去创业，不要单一地守在本地种茶。

高泉阳听了习近平的一番话，鼓起勇气，讲出了心里的盘算：虽然茶叶种植面积上去了，但没有设备，茶农不懂先进的制茶工艺和技术，采下的茶叶都是生茶，过不了几天就会烂掉，价格也一直上不去。如果能添点制茶设备，建一个茶叶加工厂，把茶叶质量搞好了，价格就能跟上。

习近平肯定了这个思路，交代厦门市农办负责这个项目。他还叮嘱镇里要做好山区的招商引资工作，多引进一些茶叶加工厂。

很快，两笔扶贫资金被拨给了军营村。军营村建了茶叶加工厂，购买了20台制茶的揉捻机，还有塑包机、整形机等。有了加工厂和这些设备，邻村的茶叶如果卖5元一斤，军营村的能卖到8元。茶叶都由茶厂收购，80%出口外销。

军营村的村民们一直没有忘记习近平的叮嘱，多种茶、多种果，现在已经造林绿化9000多亩。这几年在种茶致富基础上，村民开始兴建民宿、搞"农家乐"，大力发展乡村旅游。

如今的军营村，是全国"一村一品"示范村、全国文明村、中国最美休闲乡村、福建省美丽乡村建设示范村、福建省生态村，2019年人均收入超过3.2万元。

更多年轻人选择走出去。高泉国的三个儿子都走出了军营村，老大还做起了茶叶生意，生活过得很不错。

"现在看来，我们这里能够发展乡村旅游，游客愿意到我们军营村来，就是冲着这绿水青山来的，总书记当年的远见，给今天的军营村铺就了致富之路。"高泉阳说，现在山上要还是像当时那样光秃秃的，谁还会来军营村？

村部二楼的会议室里，四张办公桌拼成的会议桌，几把椅子，都定格在了当年开座谈会时的模样。

山头那片柿子林还在，有些到了树龄，村民们就再补种一些。大家约定，一定要把这片珍贵的柿子林保存下去。

四

厦门山区多，海岛也多。军营村靠山吃山，靠海的何厝村，却一度吃不了海。

1985年下半年，正在厦门大学经济系求学的河北学子张宏樑，因为转交一封信件，成了习近平的大学生朋友。

1986年初夏的一个周末，习近平说："今天我带你去海边看个贫困村，离你们厦大不远。"

"当我们的车停到何厝海边的小路时，习近平同志笑着对我说，那边国民党士兵肯定用军用望远镜观察着咱们呢。"张宏樑回忆。

这里地处厦门海防最前线，与当时国民党军队占领的小金门岛隔海相望。因为不能自行出海打鱼，何厝村民生活比较贫苦，与特区经济发展反差很大。

何厝村支书向习近平汇报，鲜活的石斑鱼出口香港一斤能卖到300多港元。村民因为养殖石斑鱼，收入增加不少，经济效益显著。

习近平听后非常高兴。原来这主意就是他给村民们出的。他了解到石斑鱼在香港卖得很贵，也适合在厦门沿海养殖，有一次到何厝村调研时，就提议何厝村养殖石斑鱼。张宏樑陪同他去的那回，石斑鱼已经养成出箱了。

解决温饱问题只是初步，要富起来，还得靠产业发展。

靠山吃山，靠海吃海，靠岛吃岛。习近平又提出，村里要发展有本地民俗特色的乡土农家住宿和渔家餐饮，比如全鱼宴，还可以开展对金门岛的观光旅游。

"摆脱贫困要长期抓下去，才能见到效果，不解决贫困人口的基本生活问题是无法向老百姓交代的。"习近平那天的话，也深深刻在了张宏樑心头。

调研结束时，村支书一定要请两人吃石斑鱼。吃完鱼，习近平笑着对村支书说："这鱼我可不能按香港的价格付钱啊，一是付不起，再说我也没有港币啊。"说着付了鱼钱。

张宏樑再次感受到习近平对农业农村工作的关切，是因为自己的毕业论文。这篇探讨河北省正定县农村土地集中问题的论文，从选题方向到题目、结论，都得到了习近平的指导，甚至修改，最终获得 90 分的高分。

大学毕业前夕，张宏樑回石家庄的前一天晚上，去跟习近平道别，请教他还有什么要指导和嘱咐的。

"习近平同志对我说，你工作后一定要下基层，不能总待在上级机关，不要把基层当大车店，至少要踏踏实实干上两三年，一件事情踏踏实实干上几年才有可能出成果。"

张宏樑回到河北，为家乡建设贡献自己的力量。何厝村，也随着两岸炮声的远去迎来新生。

如今，何厝社区及其周边是厦门最具活力的总部商务区，高端大气的现代化楼群林立，成为产业"聚宝盆"。唯有特地保存下来的伤痕累累的万顺楼和"英雄小八路"纪念馆，作为炮击金门① 的见证，记录了何厝村曾经的沧桑。

1988 年 5 月，习近平调任宁德地委书记。宁德，这个被称为中国东南沿海"黄金断裂带"的地方，后来成为他带领闽东干部群众书写"摆脱贫困"浓墨重彩新篇章之地，也成为他魂牵梦绕的地方。

三 进 下 党

一

1989 年 7 月 19 日中午，烈日当空。

寿宁县下党乡，与鸾峰桥相望的文昌阁边，一群人从荆棘丛生的崎岖山路走下来。他们头戴草帽，汗透衣背，风尘仆仆。走在最前面的，正是时任宁德地委书记习近平。随行的寿宁县文化馆馆长张培基用手中的相机，定格了这一幕。

---

① 中国人民解放军对据守福建金门岛国民党军的炮击封锁行动。1954 年台湾国民党当局与美国政府签订《共同防御条约》。为打击美国政府的侵略政策，制止国民党军的骚扰，解放军福建前线部队自 1953 年起，多次炮击金门。最主要的作战行动集中在 1958 年 8 月 23 日至 1959 年 1 月 7 日。1961年 12 月，根据中央军委指示，解放军主动停止对金门的实弹炮击，只在单日发射一些宣传弹。随着 1979 年 1 月中美两国建交，《共同防御条约》宣布终止，中国国防部发布《关于停止炮击大、小金门等岛屿的声明》，炮击行动遂停止。

1989 年 7 月 19 日，习近平到寿宁县下党乡调研（一）

1989 年 7 月 19 日，习近平到寿宁县下党乡调研（二）

"'知府'来了！"百姓奔走相告。"当地百姓管地委书记叫'知府'。"时任下党乡党委副书记刘明华回忆说，"习近平一行人受到最为热情隆重的欢迎，乡里百姓说他是'到过这里最大的官'。他们自发摆出各种担桶，一桶一桶都是清凉饮料，用当地草药做的，还有绿豆汤。"

寿宁地处偏远，明代撰辑了《警世通言》等"三言"的冯梦龙曾任寿宁知县，在他笔下，寿宁"地僻人难到，山多云易生"。下党乡则是寿宁最边远的山乡，素有寿宁的"西伯利亚"之称。

下党之行，是习近平为了兑现承诺而来。

1987年10月，杨奕周、刘明华等四名干部受命筹建下党乡。尽管当时整个宁德地区都不富裕，但这里的贫困、闭塞程度还是超出了他们的想象。

这里是无公路、无自来水、无电灯照明、无财政收入、无政府办公场所的"五无"乡镇。

公路不通，山路难走，到任何一个邻近乡镇，都得翻山越岭步行十多公里。小贩们挑货进山都不敢带液体货物，怕一不小心打翻了，血本无归。不少村民连酱油都没有见过。

没有电，村民晚上照明，只能点蜡烛、火篾。有的学校没有校舍，孩子们只能在庙里上学，正所谓"学生与菩萨同堂，念书与念经同声"。一年里难得放一场电影，放完后一堆孩子都跑到电影幕布背后，想捡电影里"掉落"的子弹壳。

1988年元月，农民人均年收入不足200元的下党乡在一穷二白中正式挂牌成立。乡领导班子最愁的就是如何打通进出乡里的通道，如何让百姓脱贫。

1989 年 6 月，时任下党乡党委书记杨奕周在参加宁德地委贫困乡党委书记座谈会时，站起来"放炮"：对贫困地区，上级要关心，要扶贫。习近平当场跟他约定，一定要去下党一趟。

有的人认为习近平只是口头答应，可能不会来。结果，不到一个月，他们接到通知：习书记要来了。

二

其实，1988 年 6 月一到宁德，习近平就一头扎进了基层。

时任宁德地区行署专员陈增光回忆，从 7 月初到 8 月初，他和其他工作人员一起，陪着习近平一个县一个县地跑，把宁德地区下辖 9 个县全部跑遍了，之后又到温州考察。习近平说："温州离宁德北部那么近，却发展得这么快，到底有什么奥妙，我们应该过去看一看。"

经过调研，习近平初步确立了闽东的发展思路：当时，闽东的老百姓连温饱都成问题，区情、区力根本不具备跨越式发展、大规模开发条件，不能一味地谋求超常规发展，而应当把解决吃饭穿衣住房为内容的"摆脱贫困"作为工作主线，为下一步实现跨越式发展打基础、创条件。

在来宁德工作后的第一篇调查报告《弱鸟如何先飞——闽东九县调查随感》中，他用"弱鸟"来形容贫困的闽东，用"弱鸟先飞"来强调贫困的闽东要来一个思想解放、观念更新，要有"先飞"的意识，要有"飞洋过海的艺术"。这样，就可达到"弱鸟可望先飞，至贫可能先富"。

三

地委书记真的要来! 下党人坐不住了。从来没有接待过这么大的干部,平时办公的王氏祠堂紧挨着牛棚,寒酸不说,气味都令人窒息。一下子来这么多人考察、调研,在哪里歇脚、在哪里开会?

乡里找来找去,盯上了下党乡政府所在地下党村村口的鸾峰桥。这是寿宁县木拱廊桥中最为壮观的一座,是全国单拱跨度最长的贯木拱廊桥,可当时满是杂草和牛粪,花了很大工夫才洗刷干净。

大家纷纷贡献出家里的凳子、桌子、脸盆,给客人们歇脚、洗脸做准备。鸾峰桥对面的小学,也收拾出来做会场。

1989年7月19日6点,习近平一行就乘车从县城出发,约9点到达平溪乡上屏峰村。往前,没有通车的路了,离下党村还有7.5公里,大家只能下车步行。

戴上草帽、搭着毛巾、拄着木杖,大家顶着炎炎烈日,在崎岖山路上前进。沿途有当地老百姓自发送来的药草茶、绿豆汤,喝完继续走。

两个多小时后,终于到达下党村时,大伙浑身早已湿透了。当地干部在鸾峰桥上拉起一块塑料布围了个小圈,习近平和大家一样,在里面拿了一桶水,从头到脚冲下去,然后换了身衣服,就开始开会。

设在小学的会场里,台上是一张桌子、三把椅子,铺在桌上的,是村民从家里拿来的床单。

习近平对杨奕周说:"你坐中间,我们两个坐在边上,听你讲。"

老杨一下子就紧张了,手发抖,说:"你让我坐在那儿我讲不出话来啊。"

1989 年 7 月 19 日，习近平在寿宁县下党乡调研并召开现场办公会

"我们尊重基层同志,你就放心大胆地坐在当中,讲给我们听。"

老杨平复了一下心情,坐在习近平和陈增光中间,开始汇报工作。

听后,习近平对下党乡的发展进行具体指导,并初步确定了帮扶重点。

午饭是在鸾峰桥上吃的。坐在高高低低、长长短短的凳子上,就着泥鳅、田螺等乡村小菜,大家吃得挺香。

饭后,稍作休息,习近平又进村入户、访贫问苦。

下午3点,习近平提出不再原路返回,去现场考察要修的那条路。那是一条狭窄的山间路,很久都没有人走,荆棘丛生,高低不平。杨奕周拿着一把柴刀走在前面,边劈开杂草边往里走。每个人手里拿着一根棍子做拐杖,跟在他后面。大热天走在草丛中,就像待在大蒸笼里,一个个大汗淋漓,气喘吁吁。渴了,就捧溪水喝,抹把脸,继续走,一直走到下屏峰村。晚上8点左右,一行人才回到寿宁城关。

参加调研的时任寿宁县委常委、常务副县长连德仁在当天的日记中写道:"这一天,乘车5个小时,步行4个半小时,开会座谈访贫2个小时,一路风尘,辛苦程度不言而喻……回到县城招待所后,许多干部才发现脚底、脚趾都磨出了血泡。"

地委办公室主任李金贤路上就跟习近平说:"今天我考虑不周,实在是太累了,你身体吃得消吗?"

习近平说:"这点苦不算什么,当年我当知青插队的时候住窑洞,跳蚤咬得皮肤都肿了、烂了。白天干活,挑一两百斤的担子,一肩挑可以不换肩。"

在习近平看来，冯梦龙那样的封建时代的官员都能跋山涉水来到这里，我们共产党的干部更要勇于担当，挑战困难。

吃过晚饭，习近平和两名工作人员在县城溜达，转进了新华书店。"没想到寿宁县城书店里还有这么多好书啊！"他一口气买了八九本。

第二天一早，习近平在寿宁县政府主持召开现场办公会。和他同行的是 18 个地直部门的干部，对面坐着县直对应的 18 个单位的干部。会上就寿宁县、下党乡的建设工作现场研究、现场拍板。

关于寿宁，他说：这里青山如黛，绿水长流，是大好河山，有广阔的开发领域。

关于下党乡，他说：下党这个地方，我来了一次，一辈子都忘不了。下党不摆脱贫困，我们就愧对乡亲父老。

他还对当地干部说：寿宁虽然经济实力排在后面，但是寿宁干部的精神状态是好的，给我的印象是深刻的。

"习近平同志这一番话，讲得入情入理，听了让人如沐春风。当时很多干部都说，没想到习书记这么理解我们、鼓励我们，让我们对改变寿宁面貌的信心决心更强了。"连德仁回忆。

会上当场敲定，支持下党乡建设资金 72 万元，其中 40 多万元用来建设水电站，主要解决群众用电和公路建设问题。

四

仅仅几天后，习近平又一次来到了下党乡。1989 年 7 月 21 日晚，下党乡发生了百年不遇的洪水灾害，灾情严重。

26 日，下党乡下屏峰村的一间民房内，村民黄宗秀一家陷入了悲痛之中：小叔子在那场洪水中失去了生命，留下了还未满周岁的儿子杨春平。

"书记来了！"不知是谁的喊声，把黄宗秀等人从悲伤中唤回，她擦了擦眼角的泪水，看到一群人接二连三走进拥挤的房间，其中有一个年轻的高个，大家叫他习书记。

"他亲切地抱起小春平，鼓励我们要坚强起来，从悲痛中走出来，把孩子培养成才。"多年后，回想起当时的情景，黄宗秀依然泪流满面，"洪水冲毁了这个家，但书记的关怀，好像有一股力量把我拉了起来。"

黄宗秀后来才知道，洪水将芹洋乡溪源村到下屏峰村的路基全部冲毁，基本看不到路坯，习近平坚持要进村，带着干部沿着坑坑洼洼的河道岸边，深一脚、浅一脚向上游跋涉，冒雨步行了三公里才进到村里。

他还慰问了几户和黄宗秀家一样的受灾户，鼓励他们要自力更生、不等不靠，用自己的双手让生活一天天好起来，直到下午两点，才回福安吃午饭。

这一天发生的事，又一次深深烙在下党人的心坎里。在恶劣的自然环境中，他们不怨天尤人，不急于求成，以"弱鸟先飞"的意识，以"滴水穿石"的韧性，让日子一天比一天好起来。

1991 年，全乡上下铁心办交通，四方奔走筹资金，开通了总长 12.5 公里的进乡公路，其中 3 公里为柏油路。此后，进出下党的路网逐渐形成。

寿宁县下党乡下党村（1990 年）

寿宁县下党乡下党村（2020 年）

五

1996 年 8 月 7 日，时任福建省委副书记习近平带领省交通、财政、民政、老区、扶贫等部门负责人再次来到下党乡。"7 年来，我一直牵挂着下党。"习近平说，"我离开宁德之后，跟下党还有联系，老杨（奕周）经常来找我，跟我讲下党的情况。"

这一回，习近平查看了下屏峰村灾后重建的新村面貌和村尾的公路桥建设，并协调有关部门给予下党乡发展资金 100 多万元，帮助当地修建机耕路和发展生产。

在他的协调下，下党经杨溪头村与浙江庆元县对接公路由省交通厅立项，1998 年建成通车。

村里的老人回忆，由于资金短缺，当时村里的石拱桥只建了石拱，桥面并没有铺平，施工搭设的木板便成了临时便道。习近平一行从桥面便道穿行到河对岸，沿着河岸向上游查看水毁后修缮的防洪堤工程。他谢绝去村部歇息喝茶，坚持要到村民家中看看。

过去下党不通公路，寸步难行；如今公路直通乡里，从县城不到 2 小时就能到达这里。过去的特困户，现在有的脱贫，有的致富奔小康，老百姓生活上了一个新台阶。下党的发展变化，让习近平感到欣慰。

对下党的未来，习近平语重心长地叮嘱再三。"下党的发展，主要抓'做'功，而不是'唱'功。"他要求，干部要发扬刚建乡时天天步行到各处开展工作的精神，披荆斩棘，搞好工作。要更新观念，拓展思路，把路子摸得更清楚一点，把脚步迈得更扎实一些。要以一村一户一人为对象去想路子，去解决问题，一个项目一个项目地上，才能实打实上一个新台阶。

"地僻人难到"的下党乡让习近平牵肠挂肚，而杨奕周也成了他时常联系的"草鞋亲戚"。

杨奕周的女儿杨世凤回忆，无论是在福州、省里，还是在浙江、上海任职，习近平多次通过秘书打电话到家里，询问下党乡脱贫发展情况，关心他们的家庭状况。2007年1月，杨奕周患病住院期间，习近平特地嘱咐秘书代他前往医院探望。当年6月老杨病逝后，习近平还发唁电慰问。

六

修竹溪水日夜奔流，鸾峰桥静静飞架两山峡谷间，三十载光阴倏忽而过，下党，在摆脱贫困的奋斗中渐渐改变了模样。

2019年8月6日，一个寻常的日子，下党乡却沸腾了！

"总书记给咱们回信啦！"喜讯传遍村落，大家奔走相告。上百名干部、群众聚集鸾峰桥上，欢声笑语，分享喜悦。

"真没想到，习总书记这么快就给我们回信了！"小心翼翼捧着函件，已经61岁的刘明华把信从头到尾、反反复复、认认真真看了很多遍。他对下党当年的困顿有切身之痛，也见证了下党的幸福嬗变。

此番给习近平总书记写信，他是发起人之一。

半个多月前，刘明华和下党乡群众聚在一起聊天，共同回想起习近平"三进下党"那段温暖的往事。

从寿宁的"西伯利亚"到远近闻名的"红色旅游新地标"，下党的路通了，村美了，民富了，发展和变化翻天覆地。乡亲们心怀感恩，没有习近平总书记的关心和牵挂，下党不可能变化这么大。大家一合计，应该给总书记写封信，向他汇报下党全面脱贫的喜讯。

就在村里的幸福茶馆，受乡亲们委托，习近平第一次进下党时的6位见证者刘明华、王光朝、王光拔、王金花、陈大辉、王光满，聚在一起，商量如何给总书记写信，说说心里话。

信里回忆了习近平第一次到下党乡时，拍板帮乡里修公路、建电站，到群众家中访贫问苦；也汇报了这几年下党乡在党的富民政策指引下，群众靠山吃山，种植茶叶、发展红色旅游红红火火，幸福感、获得感节节攀升。他们还请总书记在百忙之中，抽空再来看看。

两页半的信，几个人反复斟酌用词，写了两遍草稿，最后签上自己的名字，特地去县城寄了出去。

仅隔半个月，北京来的回信让村民们喜出望外。

习近平表示，经过30年的不懈奋斗，下党天堑变通途、旧貌换新颜，乡亲们有了越来越多的幸福感、获得感，这生动印证了弱鸟先飞、滴水穿石的道理。

习近平希望乡亲们继续发扬滴水穿石的精神，坚定信心、埋头苦干、久久为功，持续巩固脱贫成果，积极建设美好家园，努力走出一条具有闽东特色的乡村振兴之路。

"总书记还在回信中说，'车岭车上天，九岭爬九年'，当年'三进下党'的场景，至今还历历在目。总书记连我们当地这句俗语都还记得，他真的一直惦记着我们。"王光朝说。

挪穷窝，拔穷根

一

他们，自称"山哈"，意为山里的客人，住的是茅草和土坯搭盖的房子，没有窗户，冬不御寒、夏不消暑，又矮又黑又潮湿。历史上，他们作为外来人口，在平原地带没有生存空间，只好把家安在山上。重重大山像一道道屏障，贫困赶不走，小康进不来。

他们，家连着船，船连着家，被称为"连家船民"，过着"一条破船挂破网，祖宗三代共一船，捕来鱼虾换糠菜，上漏下漏度时光"的生活，漂泊江海，居无定所，人称"海上吉卜赛人"。上岸定居的梦想，奢侈而遥远。

对这两个群体，习近平不陌生。

早在到任宁德的第一次闽东九县调研中，习近平就注意到，畲族百姓多居住在山高偏远的地方，生活比较贫困。然而，以宁德当时的财政基础，把畲族群众全部迁出大山，条件并不具备。

1991年3月，时任福州市委书记习近平在调研中发现，水运公司有66户职工还住在闽江边的连家船上、38户职工住在堤外竹架棚上，立即召开现场办公会。10个月后，这些住房困难家庭搬进了单元新居。时任福州市市长金能筹记得，1994年春节前夕，习近平还专程前往新村探望乔迁新居后的船民。

在习近平等领导的推动下，福建最特殊最困难的两个群体断穷根、离旧家，找到了属于自己的新天地。

因为"造福工程"，他们开启了全新的生活。

二

故事得从有着"中国扶贫第一村"之称的宁德福鼎磻溪镇赤溪村说起。

1984 年 6 月 24 日，《人民日报》刊登了一封读者来信《穷山村希望——实行特殊政策治穷致富》，反映赤溪村下山溪自然村 18 户畲族同胞贫困的生活状况。当年 9 月，党中央、国务院发出《关于帮助贫困地区尽快改变面貌的通知》，全国性的扶贫开发工作由此拉开序幕。

很快，社会各界的帮扶物资，向这个"挂"在半山腰上的小山村汇聚。

有送钱的，有送粮票的，还有送羊羔、鸡苗、树苗的。但赤溪的地太薄了，羊羔养不活，树苗一种就死，当地群众无奈感慨："不是我们不勤劳，也不是党的政策不好，实在是这里种地不长粮呀。"

10 年"输血"式扶贫收效甚微，1994 年底，下山溪人均年收入仍不足 200 元。

自然环境恶劣，一方水土难养一方人，只能换条思路：整村搬迁。

闽东也曾试图从改变基础设施入手，把公路向深山延伸，将电网铺向人迹罕至的海岛，企望降低其迈出贫困的门槛。但对于极其分散的千余个自然村来说，建起公路网、电网那得花多少钱？即便这些都做到了，贫困户身处大山、海岛，生产生活几乎还是保持原样。

与其这样，倒不如组织这些老百姓下山居住，再发展一些企业，给他们提供更好的生活和工作条件，这样既把钱用在了"刀刃"上，也把他们和现代生活连接起来。

早在 1985 年扶贫工作刚起步时，闽东就开始对一些偏远地方的受灾户实施"救灾搬迁"工程，迁出的群众较快地脱了贫。

1988 年到任宁德后，针对当时闽东实际，习近平把以解决吃饭、穿衣、住房为内容的"摆脱贫困"作为工作主线，一下子击中了闽东人的心坎。

习近平在总结救灾搬迁工作经验的基础上，决定对闽东"七无"① 村以及一些贫困村、受灾村和草房村（户）进行搬迁。后任宁德地委书记陈增光也延续了这一思路和做法。

福鼎在山下的赤溪村划出一片平原地块，作为下山溪村民的迁入地，由政府提供建房所需水泥、钢筋、青砖，村民出工出木料。1994 年 8 月至 1995 年 4 月，下山溪村 22 户村民搬进了长安新街。随后的 20 年间，共有 12 个自然村 350 多户村民整村搬迁到了新村。

生活环境好了，产业跟上了，搬下山的赤溪，迎来真正蜕变，

---

① 即无自来水、无电灯、无公路、无广播、无医疗卫生所、无学校、无供销社。

也成了已经探索多年的易地扶贫搬迁最有说服力的例证。有搬迁群众在新居前贴上"造就一番新天地，福到万家颂党恩"的对联，"造福工程"因此得名。

1994 年，福建决定在全省推广闽东的做法。从这年起，"造福工程"被列入省委、省政府为民办实事项目，大规模推广。

三

1997 年的福建，农村扶贫和小康建设进入攻坚阶段。"造福工程"也被确定为当年农村工作的三大历史性任务之一。

当时，福建绝对贫困面已缩小到人口总数的 1% 以内，但山区中有的村距离实现小康尚有较大差距，成为影响全省小康水平提高的薄弱环节。

"今年全省要基本实现小康，关键在于能否做好薄弱环节的工作。"1997 年 4 月，时任省委副书记习近平接受《福建日报》记者专访时说。

5 月，一份来自福建省政协的调查报告，摆在了习近平的案头。

报告反映：尽管近几年来全省脱贫致富奔小康工作取得了显著成绩，但从少数民族地区来看，"消除绝对贫困，基本实现小康"，还有一段艰难的路程要走。尤其是闽东畲乡仍有一些少数民族群众住在以茅草为顶、泥土为地的茅草房里，生产生活十分艰难。报告里描述了一户茅草房户家中的情形："以竹片分割为里外两间，外间为住房，锅灶尚全，一张方桌、几只木凳，从接缝处可漏见些许光线，里间为卧房，漆黑一片，同行中吸烟者用打火机打亮照明……"

习近平坐不住了。

5月27日，他在报告上批示，要求有关部门抓紧对少数民族聚集地的扶贫措施给予兑现。6月4日，他又带队到霞浦、福安、宁德三县（市）调研，着重了解闽东农村扶贫开发与小康建设的新情况、新问题，特别是部分少数民族群众住茅草房问题。

三天的调研中，习近平一行目睹了畲族茅草房群众和沿江沿海连家船民的生产生活状况。

习近平对陪同调研的时任福建省委农办主任刘钦锐等人说："共和国成立都快50年了，一些群众生活还这么困难，很不应该，一定要解决好他们的生活困难问题。"他要求，各领导部门要雪中送炭，解决这些群众的脱贫、安居问题，做到真扶贫、扶真贫。

回到福州后，习近平向省委、省政府提交《关于闽东农村扶贫开发与小康建设情况的报告》。报告指出："全区还有3万多人要实施'造福工程'搬迁，有2104户7104人（其中少数民族3555人）居住的草房需要改造，有1.26万连家船民需要上岸定居，单靠自身的努力是难以实现的。"

报告建议："本着分类指导的原则，分轻重缓急拟先解决茅草房改造这一最迫切需要的问题，明年以后再逐步解决'连家船'等'造福工程'事项。"

经研究，福建省委、省政府把"茅草房改造"和"连家船民上岸定居"纳入为民办实事项目，并列入"造福工程"。

四

1997年，福建下达600万元专项资金，限期年内完成"茅草房改造搬迁"。

"消灭茅草房，甩掉贫穷的帽子！"茅草房集中的霞浦和福鼎两地领导，立下"军令状"——不摘下"草帽子"，就摘下"官帽子"。

整村搬迁安置的想法，却遭到了世代居住于此的畲族老人集体反对："下山干啥？天不是我们的天，地不是我们的地，路不是我们的路，死了都没地方埋！"

最终打动村民的，还是实打实的政策与心贴心的诚意。

地县两级领导干部走村入户，对各乡镇汇总上报的数字一家家核实、登记、拍照、归档，光福鼎市整理的档案材料就达2000多份。

心中有"数"，分类指导，因户制宜。能就地改造的，在原地拆建；居住分散、环境恶劣的，易地搬迁；无法独立建造或改造的，采取收购旧房的办法解决；孤寡老人或特困户，由村委会统一安排、统一建设。

随后，政策兑现，资金到位：草房改造户用地优先审批；当年的许多税费减免；政府补助款落实到户，不足部分，草房户自筹一点，银行借一点，亲友帮一点……据不完全统计，茅草房改造中，福鼎共投劳近5万个工日，投入资金1300多万元。

1998年来临之际，宁德地区2000多家特困户，终于甩掉了象征贫穷的"草帽子"。

那年春节，霞浦县三沙镇东山村钟伏德一家从山里的胡家山自然村的茅草房，搬到山下主村的新家。

钟伏德对旧时居住环境最深的记忆，就是暗、潮、偏。老房子在山上，不通车，建房所需要的材料运不上去，工人也请不起，钟家住的，一直都是用土坯围出一个房框，再用茅草盖在上面，最后用泥巴糊起来的茅草房。福建台风多、雨水多，草房子隔一两年就得翻修。那里仅有一条小路通往主村，遇到恶劣天气，数日都无法出门。

主村的新房，虽然占地面积只有 40 平方米，当时只盖了一层两间，但宽敞明亮，一家人很知足。

1998 年 4 月下旬，时任省委副书记习近平到宁德地区调研，走进了钟伏德的新家。

不知道客人身份，面对来客的关切询问，钟伏德的爷爷紧张得说不出话来。一旁的干部介绍，说茅草房改造就是在习近平副书记的推动下做到的，老人家顿时激动起来，兴奋地带客人看贴在门上的大红对联，上面写着"草房改造当思政策好，华构落成感谢党恩情"。

<h2 style="text-align:center">五</h2>

畲民下了山，连家船民依然漂在海上。

大海那么宽广，但连家船民的栖身之所，只有一叶扁舟。这些小船长七八米，宽不足两米：头部的船舱用来储存淡水；第二个舱存放渔具和捕来的鱼虾；中间部分是生活区，堆放着大米、棉被，吃饭睡觉都在这儿；船尾用黑色罩子围起来，就是卫生间。

船民养的鸡鸭鹅，跟人一起挤在船上。大人出海打鱼，怕孩子掉进海里，就用绳子把他们绑在船上。实在挤不下了，他们也会分家。所谓的分家，就是再添一条船，让成年子女与父母分开住。由于常年蜗居于逼仄的船舱，连家船民普遍身材矮小，双脚弯曲变形，被人叫作"曲蹄"。

新中国成立后，连家船民开始零星上岸。然而，直到1997年，闽东需要上岸定居的连家船民，总数仍超万人。

1998年4月下旬的一天，风平浪静，霞浦县盐田乡北斗村海边，停靠着一排排连家船，杨永雄家的船停在最靠岸边的地方。临近中午，一家人刚做好午饭，看到岸边一群人朝自家船走来，来客还提出想上船看看。整条船塞满全部家当，容不下几个人。杨永雄就带着妻儿到岸边候着，留下年近八旬的老父亲在舱里接待客人。经介绍，杨永雄才知道是省委副书记习近平来调研。

习近平个子很高，而船舱很矮，他很艰难地进了船舱。老杨拿出平时既当枕头又当椅子的木块，邀请客人落座。

"老人家是怎么成为船民的，现在生活过得怎么样？"习近平开门见山。

"记事起就住在船上了，原来日子更苦，解放后分到点滩涂，生活比过去好多了。"

"60年代政府就组织过船民上岸，为什么当初不上岸呢？"

"海上生活习惯了，上岸怕没有土地，没法生活啊。"

"那现在想上岸吗？"

"现在看其他人上岸后打工、卖海鲜，日子好过了，有机会当然想上岸。"

当时虽然还没到夏天，但因空间局促，不一会儿，船舱里便异常闷热。"我待了十几分钟就开始冒汗，习书记穿的长袖衬衫湿透了，还是耐心问完问题，那绝不是客套的寒暄。"陪同调研的时任

《闽东日报》总编辑王绍据回忆，这一聊就是半小时。

那天的情形，杨父后来也经常跟家人念叨。他说，自己从 20 世纪 50 年代开始当村干部，可没见过习近平这样关心连家船民的领导。

连家船民上岸定居，比一般的"造福工程"更有难度。除了住房，还要解决子女教育、土地、水、电、路等问题。

福建省委、省政府提出从 1998 年开始，花三年解决连家船民上岸定居问题。

1998 年底，习近平在福安主持召开连家船民上岸定居现场会。他在会上援引《晏子春秋·内篇问下》中的句子"意莫高于爱民，行莫厚于乐民"，然后说："我们共产党人看到群众生活如此困苦，更应感到寝不安席、食不甘味！没有连家船民的小康，就没有全省的小康。这件事非做好不可，要让所有的连家船民都能跟上全省脱贫致富奔小康的步伐，实实在在地过上幸福生活。"

会议过后，连家船民上岸定居加速。

没有土地怎么办？吹沙填海，造地安家，地方政府免费供地，免征各项土地税费。

基础设施薄弱怎么办？政府负责路、电、水、通信、广播电视信号等"五通"工作。

建新房没钱怎么办？凡上岸船民，比照普通"造福工程"搬迁农户，给予建房补助。

……

很快，一座座新房拔地而起，船民终于在岸上有了家。

1999 年，杨永雄一家搬到了北斗村外岐后连家船民上岸定居点。房子占地 80 平方米，地由政府协调，盖房花了 1.2 万元，除去 6 口人每人补助 1000 元，实际只花了 6000 元。

20 多年过去了，杨永雄仍清楚记得，上岸第一夜，定居点里家家灯火通明，许多人彻夜难眠。"突然不在风浪里摇摇晃晃了，反而有点晕床。"

六

经过三年努力，到 2000 年底，省、地、县三级共安排 3904 万元船民建房补助和基础设施建设、发展生产等配套资金，搬迁连家船民 18466 人。但一段时间后，却有一小部分船民重新回到了渔船上。

这情况并不太出人意料。

20 世纪 90 年代初帮助福州闽江连家船民上岸时，船民们就说："祖祖辈辈都抓鱼，其他事不会做。"随后，按照习近平部署，福州市除了为上岸船民安排房管局提供的公房，还给他们安排了保安、保洁、交通劝导员等力所能及的工作。上岸的连家船民终于融入了普通市民的生活。

基于翔实调研和深入思考，习近平对"连家船民上岸定居"工程提出了更高要求："连家船民搬迁，不能把房屋盖起来就算完事，更要让他们有生活、有出路，能挣着钱，不能人上了岸，心还留在船上。"

王绍据回忆，习近平对此提出很多具体务实的意见，比如房子不能建高层，要照顾连家船民的居住习惯；要让他们能够养鸡养猪，能靠养殖业解决生计问题。

2000 年 11 月初，宁德撤地设市庆典大会举行前夕，时任福建省委副书记、省长习近平专程前往调研准备情况。

撤地设市，对闽东是一次史无前例的蜕变，真正地实现了几代人奋斗不休、梦寐以求的"城市梦"。

喜悦时刻，没有冲淡习近平对连家船民的挂念。

他们在岸上生活感觉怎么样？靠什么维持生计？盖新房花了多少钱？今年年景如何？一连串的疑问，促使他第二次前往福安下白石镇下岐村。

时隔不过两年，下岐村面貌焕然一新，平旷的土地上盖起了300多栋新房，妇女们谈笑间编织渔网，青壮年往来奔忙、渔获满仓，黄发垂髫各得其乐。

村干部汇报说，为安置村里的连家船民，上级投入700多万元，分别在下白石镇镇区及毗邻的湾坞镇新建了2个新村和6个安置点，511户渔民2310人全部搬迁上岸。

"一家人都好，这是大好事！"村民江成财在新家里激动地向习近平讲起生活的变迁，"小时候，八九岁还没有裤子穿。一到过年，就跟着母亲挨家挨户乞讨，看到别的孩子有饭吃、有肉吃，羡慕得不得了。"

1999年，三十而立的江成财终于住进了钢筋水泥房。

上岸后，江成财到别人的滩涂地里学习海蛏养殖技术。没读过书、不识字，他只能用耳朵听、眼睛看，用最"笨"的方法学，靠着一股韧劲掌握了技术。习近平来调研时，他已经带领30多名村民承包了100多亩滩涂。

看到船民上岸后都有了稳定收入、生活安定幸福，习近平很高兴："现在，我们不仅使他们搬上来、住下来，还要让他们富起来，真正安居乐业过上好日子。"

如今，下岐村村委会的墙上，这句铿锵有力的指示依然醒目。

村里转行的人不少，也有很多船民没有丢掉老本行。不过，他们面对的，再不是漂泊无依的悲苦之海，而是致富之海。

岁月不居，时节如流。

2015 年 10 月 16 日，习近平在减贫与发展高层论坛上首次提出"五个一批"的脱贫措施，其中便包括"易地搬迁安置"。一个月后的中央扶贫开发工作会议上，习近平向全国发出易地扶贫搬迁动员令。

习近平推动开展的茅草房改造、连家船民上岸定居的"造福工程"好做法，福建始终坚持。从 1994 年到 2020 年，福建省委、省政府连续 27 年将其列入为民办实事项目，实施范围几经扩大，全省累计搬迁 172 万多人，整体搬迁 7300 多个自然村，建成各类安置区超过 3420 个。

饮水思源，勿忘老区

一

彩眉岭下，社下山前，白墙青瓦的古田会议会址庄重古朴。

1929 年 12 月在此召开的古田会议，确立了思想建党、政治建军原则，是马克思主义中国化的一个重要里程碑。在闽西，毛泽东写出了《星星之火，可以燎原》《才溪乡调查》等经典著作。

从闽西、赣南，中央红军主力开始战略大转移，踏上两万五千里长征路，用苦难、曲折、流血、牺牲，验证了中国共产党人的理想信念。对共产党人来说，中国革命史是最好的营养剂。习近平的父亲习仲勋、母亲齐心，都经历过革命战火的洗礼。

习近平从小听着革命故事，传承着父辈红色基因，对革命老区有着深厚的感情。

福建是我国著名革命老区之一。在长期的革命战争中，福建老区人民为新中国的建立作出了重大贡献和巨大牺牲，赢得了"红旗不倒"的美誉。

在福建工作期间，习近平先后 19 次到闽西，其中 7 次到古田、3 次到才溪，看望慰问老红军和革命"五老"人员①，瞻仰革命遗址，追寻革命足迹。

习近平赴任宁德的第二天，就轻车简从来到福安柏柱洋，瞻仰闽东苏维埃政府旧址，看望烈士后人。对闽东红色遗存的挖掘保护，习近平更是投入了特殊感情。

福安城北月屏山麓，矗立着闽东革命纪念馆。步入纪念馆，映入眼帘的是一座名为"丰碑"的雕塑，展示闽东各族人民在红旗下前赴后继、勇往直前、迎接胜利的奋进身姿。

在叶飞、曾志等老一辈革命家的倡议下，宁德地区于 1984 年开始建设闽东革命纪念馆。

为把纪念馆建好、发挥更大作用，在开馆前后的 9 个月时间里，习近平先后 4 次主持地委办公会议，听取纪念馆建设、陈列等工作汇报，具体研究推进纪念馆开馆事宜。从革命文物收集、史料

---

① 即老地下党员、老游击队员、老交通员、老接头户、老苏区乡干部。

陈列、设施完善、讲解员培训到开馆仪式等诸多细节，习近平都逐一过问、研究，协调解决经费、编制、管理体制等问题。1989 年 7 月 1 日，习近平与老同志、老红军代表参加了闽东革命纪念馆开馆仪式。

开馆后，习近平十分重视发挥纪念馆的使用效益和教育意义，要求"充分利用闽东革命纪念馆这块阵地，广泛开展老区传统教育"。

习近平多次深情表示："忘记老区，就是忘本，忘记历史，就意味着背叛。""饮水思源，勿忘老区。"

习近平经常讲起这样一段老红军的故事："在福建工作时，一位开国中将的子女找到我，说要遵循遗愿把父亲骨灰的一半送回家乡，一半送到闽西革命老区埋葬。这位老将军是湖北人，长征时是一个团的团长，带领团里的闽西子弟，血战湘江，很多战友都牺牲了。他说，死后要同战友们长眠在一起。"

这位老将军就是曾任北京军区副司令员的开国中将韩伟。1992 年 8 月，遵其遗嘱，韩伟将军的骨灰被安放在了闽西革命公墓。

"这个感情在我心里。"习近平说，老区苏区的红土地孕育了革命，也孕育了革命老前辈，为中国人民解放事业作出了巨大贡献。

行走在红土地上，感受信仰的力量，习近平说，要把红土地的革命精神归纳概括，要通过弘扬这种精神，凝聚人心，达到思想教育的目的。

对于这种精神，习近平说：当年的革命精神，是马克思主义和中国国情的具体结合，是用大无畏的不怕牺牲的精神去变革旧体制、旧社会。

习近平对老区苏区干部阐述了如何看待革命精神的辩证观点。他指出，革命精神是一种优势，要使它成为我们的精神力量。这种精神将进一步激励我们以先进的姿态、开拓进取的精神走进新时代。

二

习近平经常深入老区调查研究，进村入户，嘘寒问暖，把党和政府的关怀带给老区人民。他每到一地，都要看望革命"五老"人员和优抚对象等，与他们拉家常，话发展。

"红旗跃过汀江，直下龙岩上杭。"翻开厚重的革命史，闽西苏区"二十年红旗不倒"，是毛泽东、朱德等革命前辈创建的中央革命根据地的重要组成部分，是"红军之乡""革命摇篮"。

到福建省委工作后，习近平下基层的第一站就选在革命老区闽西。1996 年 5 月 2 日至 7 日，他深入永定、长汀、上杭和龙岩（今新罗区）等四个县（市）开展调查研究。

5 月 2 日至 3 日，习近平带领福建省直有关部门负责人，在时任龙岩地区行署专员游宪生，龙岩地委委员、永定县委书记黄坤明等陪同下到永定调研。

习近平先后调研了振成楼保护、大溪乡烤烟新品种示范种植、下洋镇侨育中学华侨捐资办学等情况，并在参观了胡文虎①纪念馆

---

① 胡文虎（1882—1954），福建龙岩永定人，华侨企业家、报业家、慈善家，被称为"万金油大王""报业大王"。

后，前往棉花滩水电站坝址调研国家重点工程前期工作情况。

在永定宾馆听取县里的工作汇报后，习近平动情地说："革命老区过去为革命胜利作出了重大的贡献和巨大的牺牲，可是今天生活还是那么贫穷落后，我们心中有愧啊！我们要带着感情去关心老区建设，要把老区群众的生活安排好、照顾好。"

为确保永定县1997年基本实现小康目标①，习近平现场讲了四点意见：一是抓基础，确保粮食丰收；二是抓支撑，大力发展农业产业化；三是抓难点，切实做好扶贫攻坚工作；四是抓平衡，保证如期实现"三个80%"，即80%的农户、80%的建制村和80%的乡（镇）实现基本小康。

通过全县广大干部群众的共同努力，永定脱贫致富奔小康成绩显著，到1997年基本完成消除绝对贫困、基本实现小康、实施"造福工程"的农村三大历史任务，顺利通过小康县验收。

1996年10月，适逢红军长征胜利60周年，福建省和龙岩、漳州等地市举行的系列纪念活动，习近平都抽出时间参加。

10月21日晚，漳州市举行纪念红军长征胜利60周年千人长征火炬接力跑。习近平和82岁高龄的老红军代表童小鹏②，手擎火炬，率先起跑。

在第二天召开的漳州市工作汇报会上，习近平说，昨天我们在红军进漳纪念馆前举行火炬接力跑仪式，是很有教育意义的

---

① 1995年10月，福建省第六次党代会召开，大会作出了"1997年比全国提前三年基本实现小康"的决定。

② 童小鹏（1914—2007），福建长汀人，参加过长征。曾任中共中央统战部副部长、中共党史资料征集委员会副主任。

事情。童老戴红军八角帽，高举革命的火把一代传一代，很有意义。

1999年1月8日至12日，时任福建省委副书记习近平花了四天半的时间，走访了部分闽西籍革命前辈的家乡，看望慰问老区群众。

严冬时节，冷雨霏霏。这些革命前辈的家乡都位于偏僻山区，道路狭小弯曲，有的地方需要好几个小时才能到达。

一路翻山越岭，习近平深入武平、上杭、长汀、新罗的十几个乡镇，看望了闽西籍革命前辈邓子恢、陈丕显、杨成武、刘亚楼、邓六金的家属，慰问老红军、革命"五老"人员、特困群众。

老区人民用鞭炮和客家酒酿热情欢迎习近平。一些老红军特地穿上当年的军装，戴上功勋章，一些革命"五老"人员捧出了珍藏多年的奖章、荣誉证书。习近平拉着他们坐下，聆听当年革命历史，关心前辈生活。

听说习近平要来看望慰问，刘亚楼将军的弟弟、失散老红军刘亚东喜出望外，跑到公路边迎接。

习近平拉着刘亚东老人的手边走边问家庭情况，听他讲述往事。

当习近平给老人递上慰问金、年画时，刘亚东老人的家属提来一壶自酿黄酒，执意要请客人们品尝一杯。习近平举杯祝愿刘亚东老人健康长寿，家庭幸福。

1999年1月11日上午，习近平冒着严寒到下畲村走访慰问。"名如其人，他的名字就像他的为人，平易近人！"提起20多年前习近平到村里慰问的情景，杨成武将军故乡、长汀县宣成乡下畲村老支书张维华禁不住竖起大拇指点赞。

　　1999 年 1 月 9 日，习近平到武平县湘店乡慰问刘亚楼将军的弟弟、失散老红军刘亚东

习近平走访了几户人家后，到村部召开座谈会。"大家请坐，今天我来有两个目的：一是走访慰问困难群众、红军烈属；二是来听听大家有什么建议意见，有什么要求。"习近平开门见山亮明自己的来意。

出乎意料的是，开场白过了几分钟，会场依然鸦雀无声。

"其实大家有很多话说，但不知从何说起，这么大的领导，生怕说错话挨批评，我几次话到嘴边又咽了下去。"张维华说。

看到大家欲言又止，习近平微笑着说："大家不要紧张，放松心情，我刚才就说了，我是来听意见建议的，是来看看乡亲们有什么需要帮忙的，而不是下来摆架子的哦！"

气氛一下子就轻松了许多。

"谢谢习书记的关心，我是下畲村五星生产队队长杨能贵，向习书记反映一下我们村几十年来严重缺水，村民的生产生活受到很大影响，我这个小小生产队长说得不好，请习书记还有在场的各位领导批评指正。"村干部杨能贵鼓起勇气发言。

"说得很好啊，提的意见很有针对性，你这个生产队长不普通啊，我原来也是生产队长呢。"习近平顿了顿，喝了口茶继续说，"别小看生产队长，作用可不小呢，只要是能为老百姓服务，就是好样的。"

这句"我原来也是生产队长呢"让会场气氛一下子热烈起来，村干部和村民代表纷纷发言，提出了不少涉及村里基础设施、产业发展需要扶持解决的问题。

习近平边听边记还不时插话，他说："革命老区和老区人民为中国革命胜利作出了重要贡献，党和人民永远不会忘记，让老区人民过上好日子，是我们党的庄严承诺。"

随后，他叮嘱随行的林业、财政、扶贫等相关部门负责人，要尽快解决村民刚才所提的问题。下畲村也要结合实际做好烤烟、竹业及果业三篇文章，充分用好国家"三农"扶持政策，帮助农民增收致富。

"大家反映的问题，我回去还会督促有关部门抓好落实，希望大家依靠党的领导，发扬老区精神，自力更生，艰苦奋斗，相信日子一定会越过越好的。"临走时，习近平语重心长地对村干部说。

"每每想起 20 多年来村里的变化，我就情不自禁地为习近平同志平易近人的风格所感染，正是他这种为人为官本色，才让我们敢在他面前大胆掏出心里话。"时任下畲村村主任杨兴明说。习近平非常重视当年他们提的意见建议，很快指示有关部门下拨专项资金，修缮了杨成武故居及下畲水库、道路、电力等基础设施。

如今，下畲烤烟、竹业及果业三大产业蓬勃发展，村民的人均收入由过去的 500 多元提高到 1 万多元，近九成农户建起了新房子，日子过得红红火火。

带着关心问候，带着真心实意，这次闽西老区之行，习近平为龙岩带去各类扶持资金 500 多万元，重点解决水土流失、旧村改造等问题。

不仅是闽西，习近平对整个福建老区的关怀、对老区群众的感情一以贯之。

担任宁德地委书记期间，为了让闽东老区"摆脱贫困"，习近平到任三个月就走遍了九个县，后来又跑遍了全地区绝大部分乡镇。习近平"三进下党"与"三上毛家坪"①的故事，至今仍为人津津乐道。

主政福州后，习近平同样情注老区。1995年5月3日，在福州市老区建设促进会成立大会上，习近平强调："关心支持老区的建设与发展，是党和政府义不容辞的责任。"对老区，要采取"政策上优惠、安排项目优先、服务上优质"的措施，促进老区尽快脱贫致富，加快老区经济发展的步伐。

担任福建省委副书记时，习近平分管过老区工作，后来担任代省长、省长，对老区工作一如既往高度重视。为了做好老区工作，他多次到老区建设促进会座谈，听取意见，两次到省老区办调研、指导工作，帮助解决实际困难和问题。

"我在省老区办工作期间，先后23次陪同习近平同志到老区下乡调研，曾经6次专门向他汇报老区工作。"1998年3月至2004年5月担任福建省老区办主任、现已退休的吴连田回忆。

1998年8月11日上午，吴连田在习近平办公室汇报了两个小时。

听取汇报后，习近平对做好福建省老区工作提出四点要求：一要统一认识，加强领导。老区是福建一大特色，也是省情之一。老区工作非常重要，"饮水思源，勿忘老区"。二要从各方面继续向老区进行倾斜，各级财政要随着收入的增长而逐年相应增加对老区的投入。三要进一步落实革命"五老"人员的待遇。四要在老区建设

---

① 担任宁德地委书记期间，习近平三次到福安县范坑乡调研，其中两次去了毛家坪特困村。范坑乡当时为宁德地区四个特困乡之一。"三上毛家坪"为习惯叫法。

上坚持"两手抓"——一方面要全面推进老区建设，同时又要重点把握老区基点村的建设；另一方面要突出以经济建设为中心，同时又要把基础设施建设、文化教育等事业搞好。

1998 年 11 月 15 日，福建省委和省政府专门召开全省老区工作会议。时任省委副书记习近平在讲话中强调，"加大扶持力度，举全社会之力支援老区建设"，并要求"各级党委和政府的一把手都要重视老区工作，确定一位领导分管老区工作，真正把老区工作列入议事日程。同时，要经常深入老区调查研究，及时发现新情况、解决新问题"。

在习近平等历任省领导的关心下，福建省不断加大对革命"五老"人员的保障力度。自 1999 年 7 月 1 日起，福建省对革命"五老"人员全面实行了生活定期补助制度，每月补助标准为"无依无靠"的 134 元，"有依无靠"的 80 元，"有依有靠"的 50 元。至 2002 年 7 月，标准相应提到 185 元、115 元、70 元。

调离前夕，习近平依然牵挂着老区工作。习近平即将去浙江任职的前一天，还邀请几位从事老区工作多年的同志到他办公室话别。

"下午 4 点半，他特意叫我约请省老促会的许集美、黄扆禹、茅苍等三位老同志晚上 8 点半到他办公室座谈、话别。"吴连田回忆说，"习近平同志向许老等老同志征求了对老区工作的建议，他说，老区的工作要一任接着一任干，一张蓝图绘到底。他即将到浙江工作，但有需要他做的他一定办到。可见，习近平同志对老区的感情多么真挚、多么厚重。"

2014 年 10 月 31 日，来上杭古田参加全军政治工作会议的习近平，又专门把 10 位老红军、军烈属和革命"五老"人员代表请到古田党员干部教育基地，同他们亲切座谈。

上午 10 时 50 分许，习近平走进会见厅，看到老红军、军烈属和革命"五老"人员代表，立即健步向前，一一与他们握手致意，关切地询问他们的身体和生活情况，看到他们身子骨硬朗、精神头很好，感到十分欣慰，并祝愿他们健康长寿。

"我父亲为了革命事业，改名郭滴人，就是要把自己的点点滴滴都献给人民。"82 岁的郭壮友是闽西苏区创始人之一郭滴人之子，他越讲越激动，站起来说，"作为烈士后代，我一定要把父亲对党和人民无限忠诚的信念传下去！"

听了郭壮友的话，习近平连连点头，充满感情地说："整个福建都是老区，闽西和江西赣州的一部分是中央苏区，对党和革命的贡献是最大的"。"长征出发时，红军队伍中有两万多闽西儿女。担任中央红军总后卫的红三十四师，6000 多人主要是闽西子弟，湘江一战几乎全师牺牲。"他语重心长叮嘱在座的军地领导，要永远铭记老区人民为革命作出的贡献，永远不要忘记老区，永远不要忘记老区人民。

三

世纪之交的 1999 年，是新中国成立 50 周年。把什么样的老区带入 21 世纪，习近平在思考。

当年 7 月 7 日，时任福建省委副书记习近平来到了泰宁县新桥乡岭下革命老区基点村走访调研。

在老游击队员黄炳茂家正厅，习近平与他们一家人围坐在一起。黄炳茂家人拿出自己种的芙蓉李、西瓜、花生，招待习近平。

黄炳茂高兴地端出自家酿的米酒向习近平敬酒，习近平非常豪爽地一口气喝掉，并说："好酒！"接着，习近平又端起酒杯回敬老人，并专门向老人的儿子儿媳敬酒，感谢他们把老人照顾得很好，夸他们很有孝心。

习近平对黄炳茂老人说："要注意身体，酒要少喝一点，喝好一点。"他还仔细询问老人有什么爱好，身体好不好，目前有什么困难。

"右眼看不见了，当年干革命闹的。"不由自主地，黄炳茂抬起蜡黄、青筋凸起的右手，摸向右眼……

1931 年 6 月，年仅 15 岁的黄炳茂报名参加红军。在 1934 年第五次反"围剿"战役中，岭下阻击战打了六天五夜，战斗异常激烈，村里 28 人参战，6 人牺牲。

这场战斗结束后不久，红军开始了艰苦的长征。为照顾受伤的叔叔，黄炳茂留了下来，成了泰宁红色革命的火种。红军走后，国民党反攻倒算，叔叔被捕牺牲，黄炳茂也被抓住了。

面对严刑拷打，黄炳茂毫不畏惧，绝不屈服，身受重伤的他最后竟奇迹般地活了下来。他的右眼，却永远失去了光明。

听着这段战斗经历，大家仿佛回到了烽火连天的革命岁月。

就在现场，习近平深情地提出：不要忘记老区，不要忘记老区人民，不要忘记"五老"人员和革命老干部；要尽早完善"五通"（通路、通饮用水、通电、通电话、通广播电视工程）基础设施，要充分利用农村资源优势壮大村财，要发挥村级党组织的引领作用、加大扶贫帮扶力度、增加村民收入，要弘扬良好家风、加强孝德文化建设。

"好茶好酒好日子政策英明，隔山隔水隔不断老区情谊。"这是贴在黄炳茂家门上的对联。习近平一边诵读，一边邀请黄炳茂在他家门口合影。离别之际，习近平嘱咐他要好好保重身体，并委托在场的三明市有关部门的领导，要替他来看望黄炳茂老人。在这以后，连续两年，黄炳茂都收到了习近平托人捎来的几瓶好酒。

这一年，习近平先后四次来到闽西、闽东、闽北革命老区调研，提出了他的"世纪思考"：老区人民作出了可歌可泣的事业，孕育了革命，为新中国的建立作出了巨大贡献。新中国成立已经50周年了，老区的面貌怎么样，这是一个标志；把一个什么样的老区带入21世纪，这也是一个标志。这是社会主义制度优越与否的体现，也是我们为革命理想而奋斗，最终能否达到理想目标的一个体现。

2000年1月21日，在福建省九届人大三次会议上，习近平作政府工作报告，郑重承诺：今年要基本解决老区基点村（建制村）和少数民族建制村的"五通"问题。

吴连田回忆，当年，"五通"工程被列入省委、省政府15件为民办实事项目之一，习近平经常过问、推动落实。1999年到2000年，全省投入老区和少数民族建制村"五通"建设的资金达4.6亿多元。

龙岩市新罗区东肖镇邓厝村是国务院原副总理邓子恢的家乡。得益于临近龙岩市区，邓厝村较早就通了路、通了电，但到1999年底还没有通自来水。

1999年11月27日，时任福建省代省长习近平专程到邓厝村

1999 年 11 月，习近平在永定暴动遗址——永定金砂乡金谷寺前慰问革命"五老"人员代表

看望慰问革命烈属、革命"五老"人员。了解到村里不通自来水后，他马上要求龙岩市有关部门帮助解决。

"这个事很快就落实了，2000年4月，上级10万元资金拨到位，我们马上施工。7月，全村300多户都喝上了自来水。"时任村主任邓学先说，村里把这个饮水工程取名为"思源泉"。

到2000年底，福建省近3000个老区建制村"五通"建设任务基本完成，之后两年又进行了完善提高。

吴连田说："这项为民办实事的'德政工程'，在老区人民心中树起了丰碑。"

四

发展是硬道理。"让老区人民过上好日子"，必须依靠加快发展。习近平多次强调，在加大老区扶持力度的同时，"老区人民要继续发扬自力更生、吃苦耐劳的精神，铁心拼搏，尽快走上致富之路"。

习近平不断争取政策、集聚合力，推动改善老区基础设施条件。在他和省委、省政府班子成员的合力推动下，棉花滩水电站、赣龙铁路、梅坎铁路等多个重大项目竣工投用，为老区腾飞奠定了坚实的基础。

汀江干流棉花滩河段，水力资源丰富。在河段中部修建的棉花滩水电站，以发电为主，兼有防洪、航运、水产养殖功能，是国家"九五"期间重点建设项目、全省重中之重工程，为福建省第二大水电站，装机容量60万千瓦，于1998年4月开工建设，2001年12月投产发电。

2000年8月22日，习近平在福州市晋安区寿山乡上寮村看望老游击队员
王天木

棉花滩水电站的建设，倾注了习近平的心血。1996年至2001年，他先后四次到项目现场调研、考察，对项目前期工作、工程进度、工程质量、库区移民安置及出路等给予具体指导。

2001年12月9日，习近平参加了棉花滩水电站全面投产庆典。他说，棉花滩水电站建设工程的建成投产，圆了老区人民40多年的梦，充分体现了党中央、国务院和国家各有关部委对老区的关心支持，体现了省委、省政府和各职能部门的高度关注和倾力扶持。它的顺利建成投产对于培育新的经济增长点，加快闽西革命老区乃至全省的经济建设具有重大而深远的影响。

温福铁路建设，同样倾注了习近平的心血。2001年3月14日，习近平在北京代表福建省，与铁道部、浙江省签订了合资建设温福铁路协议书。

2002年1月23日，习近平在福建省九届人大五次会议上作政府工作报告时宣告，温福铁路列入国家"十五"计划。调离福建后，他仍时时牵挂温福铁路建设。2004年12月24日，温福铁路（福建段）开工，时任浙江省委书记习近平向宁德市委、市政府发来贺信。

2009年9月28日，温福铁路开通运营，福建从此迈入动车时代。福建结束了只有单线、低速铁路的历史，老区宁德也结束了没有铁路的历史。

温福铁路建成通车后，宁德首先受益：从铁路边缘状态，一跃成为国家铁路大干线的前沿地带，快速对接"长三角""闽南金三角"乃至"珠三角"。

2010年9月，时任中共中央政治局常委、国家副主席习近平踏上了阔别八年的八闽大地。乘动车一路飞驰，亲眼看见八闽大地发生的巨变，他为之兴奋、为之激动。

在闽东考察时，他说："当年，闽东人有三个梦想：一是撤地设市，我在任上时实现了；二是建设温福铁路，现在梦想成真；三是开发三都澳，如今也指日可待。"

让老区腾飞的，不只是温福铁路。2018年，连接南平、三明、龙岩等重点老区的南三龙铁路建成通车，全省快速铁路实现环线贯通；连城冠豸山机场、三明沙县机场相继开通运营，航班可以直飞北京、上海等大城市；所有的老区县都实现了15分钟上高速公路，老区发展的基础条件大为改善。

对事关区域经济发展大局的"大路"，习近平倾注心血；对关乎一个山村未来的"小路"，他也颇为关注。

宁德市蕉城区西北部山区的霍童镇坑头村，是闽东著名的革命老区和重要的革命根据地，宁德县苏维埃政府就诞生于此。

长期以来，坑头村对外交通只有一条泥巴路，村民下一趟山就要花上五六个小时，上了年纪的老人连汽车都没有见过。

在党和政府的关怀下，1999年国庆前夕，山高路远的坑头村终于实现了"五通"。村民们喝上了干净的饮用水，通上了电话，还能看到电视。

当年11月5日，习近平专程前往坑头村看望老区人民。

"当时路是通了，但还是没硬化的砂石路。习近平同志他们坐中巴车，在崎岖的山路颠簸了一个半小时才到达村里。"时任村支书林甘容回忆说，"看了我们村发生的变化，他很高兴，临走又叮嘱我们村干部：'经济发展了，老区的建设也要跟上。好好努力，让老区人民过上幸福生活。'"

加快发展，产业是支撑。习近平多次强调，老区要立足本地实际，选准发展路子。

"致富之路就在脚下，完全依靠输血是不行的，要培植造血机能，研究靠山如何吃山、靠水如何吃水、近期发展是什么、远期发展是什么。"1999年6月在周宁县调研时，习近平说。

以"大陆阿里山"名扬天下的漳平市永福镇，就是发挥优势，做好花卉、茶叶等文章，走上致富之路的。

永福是闽西革命根据地的重要组成部分。革命战争年代，这里举行了著名的"龙车暴动"，建立了漳平第一个党支部、第一个区苏维埃政府、第一支农民武装队伍。长期以来，由于地处偏远、交通闭塞等原因，当地群众致富乏术。

1997年7月24日，时任福建省委副书记习近平到永福调研时来到了永福镇福里村"兰花大王"、小康示范户钟庆宗的家里。

当时，钟庆宗种了6亩兰花、10多亩杜鹃花，还创立了拥有出口权的华闽国兰公司，注册资金达500万元，一年收入有两三百万元，在省内外都较有名气。

"习书记到我家后院的兰花圃察看了一番，仔细问了我的种植和销售情况。他鼓励我抓住机会，做大做强花卉产业。他还要求当地政府加大扶持力度，带动更多人致富。"钟庆宗回忆说，随后漳平市扶持他30万元政府贴息的支农周转金，让他扩大了种植和营销规模，带动了更多人从事兰花产业。

如今，钟庆宗已经"退出江湖"多年，在家含饴弄孙。不过，永福镇的花卉和茶产业却茁壮成长起来。

2020 年，永福镇杜鹃花销售量占全国年总产量的 80% 以上，成为名副其实的"中国杜鹃花之乡"。昔日老区落后小山乡找到了致富路。

如永福镇一样，福建很多老区乡村也探索出契合本地实际的特色农业产业。如平和的琯溪蜜柚、明溪的花卉、建瓯的锥栗、武平的百香果等，既兴业又富民。

除了具体产业，习近平在福建任职期间，还对一些事关老区长远发展的体制机制变革之举、打基础之举尤为关注，推动福建集体林权制度改革、推进长汀水土流失治理与生态省建设走在全国前列。如今，生态优势成了福建的重要优势。

一任接着一任干，一张蓝图绘到底。福建省委和省政府出台了《关于贯彻落实〈赣闽粤原中央苏区振兴发展规划〉的实施意见》《关于加大脱贫攻坚力度支持革命老区开发建设的实施意见》《关于做好革命老区中央苏区脱贫奔小康工作的实施意见》等一系列政策文件，修订完善《福建省促进革命老区发展条例》，为老区发展提速添劲。

2019 年 3 月，习近平参加十三届全国人大二次会议福建代表团审议。与来自老区的代表面对面交流，习近平回忆起老将军王直在上杭古田堵车的故事：王直将军是上杭才溪乡人，是电影《英雄儿女》里政委的原型之一。有一次回老家进入古田镇的路上，王直的车被堵住了。原来，镇上正在搞活动，很多在外做生意的老乡开着豪车回来，车太多而路太窄。老将军的警卫员等得有些不耐烦，嘀咕说老乡坐这么好的车，还把路给堵了。老将军批评道："你不要骂，我们当年闹革命，不就是想看着乡亲们好起来、富起来吗？

我看到这情况很高兴，把我的车堵了我也高兴。"

习近平指出，要饮水思源，决不能忘了老区苏区人民，确保老区苏区在全面建成小康社会进程中一个都不掉队。

经过全省各级各部门共同努力，2019年底，全省现行标准下农村建档立卡贫困人口45.2万人（老区苏区占比99.5%）全部脱贫，2201个建档立卡贫困村（老区苏区占比99.3%）全部退出，23个省级扶贫开发工作重点县（老区苏区占比100%）全部摘帽。

2020年，福建全省建档立卡贫困户人均纯收入15283元，是2015年3653元的4.18倍。老区苏区生产总值和农民人均可支配收入增速均高于全省平均水平，脱贫奔小康取得了决定性成就。

让茶业富民

一

坦洋村曾经辉煌。这个位于宁德福安社口的古村，是福建三大工夫红茶之首——坦洋工夫的发源地。早年，坦洋工夫就是从村口的真武桥下装船运往欧洲，成为英国皇室下午茶的"宠儿"。1915年，坦洋工夫荣获巴拿马万国博览会金奖。随着茶类布局更迭，加之战乱引发国际茶叶市场变动，坦洋工夫的市场占有率所存无几，坦洋村商贾往来频密的盛况不复存在。

1988年7月，刚刚履新宁德地委书记一个月，习近平就来到坦洋村调研。

在座谈会上，坦洋村党支部书记刘智勇拿出事先拟好的书面材料，准备汇报。习近平摆摆手说："不用念材料，我来问，你来答就好了。"

"现在种了多少亩茶？"

"是什么品种？"

"发展茶产业有什么困难？"

习近平问得很细。年初才当选村支书的刘智勇很紧张，生怕答不上来。

交谈中，习近平得知，坦洋村是个四面环山的穷乡村，村民穷得要拆房卖瓦。1982 年，全村只有集体的 70 亩茶山和村民零星的"篱笆茶"。

刘智勇的父亲刘少如，是村里的老支书，带头在"祖宗山"上开荒种茶。

为壮大规模，他从福州带回了 60 万元贷款。但个别干部觉得这钱烫手："干亏了怎么办？"刘少如站在刚办起的村茶厂门口，立下"军令状"："干好了睡棉被，干亏了睡稻秆！"

要干好，不容易。最长的一次，七天七夜，机器不停人不歇，个个累得像喝醉似的，走路跌跌撞撞，但没有一个人拿过加班费。年终，算盘噼里啪啦响，干部群众都笑咧嘴：村集体、群众收入各二三十万元。

座谈会后，习近平沿着山路，爬上了村后一处名为流池坪的山头察看茶山。

顾不得一脚泥巴，他叮嘱同行的干部："要因地制宜大力发展特色茶产业，带头打破'祖宗山'，把荒山开垦利用起来种植茶树。"习近平说，要珍视、保护、发展、应用好"坦洋工夫"品牌，让坦洋工夫茶走向全国、走向世界。

在村民们眼里，"祖宗山"是动不得的。习近平的鼓励，让村"两委"有了底气。于是，村里提出"谁种谁所有"，党员干部扛起锄头，带头开荒种茶，使荒芜多年的"祖宗山"成了脱贫致富的"金山"。短短数年，全村茶叶种植面积增加至3000多亩。

到1989年，村集体企业——福建福安坦洋工夫茶叶公司年产值数百万元，村里还出现了"万元户"。不少村民走出山沟沟，到北京、上海等地开设茶庄，向全国推介坦洋工夫茶。

1989年2月，刘少如和其他几位农民一起，被请到地委礼堂给干部作改革形势报告，他讲的就是坦洋村的故事。习近平夸他："改革要担风险，创业要有带头人。"

那几年，坦洋村发展很快。1991年，坦洋村成为省级"文明村"，村集体资产超过300万元，是名副其实的闽东明星村。

二

一片叶子，成就一个产业，富裕一方百姓。

在宁德工作期间，习近平就提出，老百姓脱贫致富，要靠项目和产业支撑。农业发展要立足宁德实际，大念"山海经"，靠山吃山唱山歌，靠海吃海念海经。

经过深入调研，他发现宁德地区茶产业根基深厚，福安、周宁、寿宁、福鼎等县非常适合种茶。

闽东是著名茶乡，种茶的历史可追溯至西晋时期。千百年来，这片茶叶沃壤孕育出了白毫银针、坦洋工夫红茶等优良品类，并远销海外。

晚年被尊称为"茶界泰斗"的茶学家张天福与闽东有着不解之缘。20 世纪 30 年代，几经选址，张天福在福安创办了福建第一所茶业学校——省立福安初级农业职业学校、第一个茶业科研机构——福安茶业改良场。这"一校一场"开福建茶业教育科教结合先河，成为培育福建茶业科技人才的摇篮。

新中国成立后，闽东地区各级政府十分重视茶叶生产，采取茶叶奖售等一系列的扶持措施，推动茶产业恢复与发展。当时，宁德地区九县市均成立了国营茶厂。卖茶青，是不少闽东茶农开春后的第一笔现金收入，生产生活的各种花销，都指望它。

不过，宁德茶产业要真正成为富民产业，还要注入新的动能。

"当时，我们这里虽然也种茶，却是零零散散的，每个县都有一个茶厂，品种杂乱，质量不一，不成规模。"时任宁德县（市）委书记陈修茂还记得，彼时闽东茶产业是原始粗放自发生长状态，"各拿各的号，各吹各的调"。

习近平盯住闽东茶产业转型发展。《摆脱贫困》全书共有 8 篇 12 处讲到茶叶，习近平对闽东茶产业发展的重视可见一斑。基于深入调研与思考，他为当地茶产业把脉开方：因地制宜给茶叶分级，要成片、成规模地种植，科学管理，打出品牌，尤其要打出宁德的品牌，做出精品茶叶。

习近平还特别强调，一些贫困户搞不起来，就要帮他们，由贫困户提供劳动力，生产队在其他各个方面提供支持。

由内而外重构闽东茶产业体系，还需要改革创新，为茶叶规模化、品牌化、标准化、规范化发展提供支撑与保障。在这种情况下，成立地区一级的强有力的茶业管理机构迫在眉睫。

三

1989年3月2日上午，习近平主持召开宁德地委办公会议，专题研究茶业管理体制问题，研究组建闽东茶叶集团公司事宜。该动议源自时任宁德茶叶公司总经理刘瑞昌提交的一份调查报告。

在计划经济时代，茶叶属二类物资，长期实行统购统销政策。1984年，国务院调整茶叶购销政策，除边销茶继续实行派购外，内销茶和出口茶经营实行开放政策。

伴随着茶叶市场放开，茶价随行就市，卖茶难的问题得到缓解，茶农生产积极性高涨。1988年，宁德全区产茶1.44万吨，产值9743.9万元，均创历史新高。"闽东要想富，林茶长毛兔"，茶产业成为闽东广大农民脱贫增收的三大支柱产业之一。其中，由省农科院茶叶研究所在宁德选育的特早芽品种"福云六号"制成的明前茶，在市场上大放异彩，空运至北京茶市最高可卖到每公斤600多元。

但相对滞后的管理体制，与高度活跃的市场并不匹配。

刘瑞昌因此提出抱团发展的构想——依托宁德茶叶公司，联合闽东九县市茶企，协同发展，聚合经营。

"发展闽东茶业路子是坚持改革，理顺关系，保护竞争，促进联系，多渠道、多方面综合治理。"习近平肯定了这一提议，认为组建闽东茶叶集团公司是个正确方向，要努力创造条件，促进形成，但应周密考虑，充分尊重市场规律，防止草率行事。

"集团公司管理体制是紧密型的而不是松散型的，可由小到大，逐步发展壮大。"

"按企业自身需要进行自愿结合，不搞'拉郎配'。"

"集团公司成立之前要制定章程，摸清有几家企业可以联系，其经济核算以什么形式出现。"

习近平科学而审慎的态度，让与会者印象深刻。

组建闽东茶叶集团公司，尚需全盘考量。这场会议的更大成果，是提出恢复成立茶业管理机构。

新中国成立后，福建省主要产茶区均设立了茶业管理局。到了20世纪70年代中期，县市局撤的撤，并的并。宁德地区只保留了茶叶技术推广站作为地区农业局下属单位，这个纯粹的技术服务部门，对规范茶叶市场秩序心有余而力不足。

会议明确，多层次、多维度地考虑茶业管理机制：省编委一旦批准，即可组建地区茶业管理局，如不批，可在农业局内部设茶叶科；各县可成立茶业管理局，以加强对茶产业的管理，切实把地区茶叶的生产、加工、销售纳入健康轨道。

五天之后，即 1989 年 3 月 7 日，福建省委机构编制委员会批复申请。宁德决定成立地区茶叶技术推广服务中心，同时组建宁德地区茶业管理局。两个单位实行一套人马两块牌子，合署办公，为副处级事业单位，地区农业局茶叶技术推广站机构人员编制也划归新机构。九县市同步推进成立茶业管理机构。

茶业管理局筹建工作就此展开。正在霍童镇大石村驻村扶贫的技术员苏峰，被抽调回来加入筹建队伍。

四

1988 年 7 月，22 岁的苏峰从福建农学院茶学专业毕业后，回到家乡，成为宁德地区农业局茶叶技术推广站的技术员。

这年 9 月，苏峰和两位同事来到宁德地区农业局包村扶贫点——霍童镇大石村开展驻村扶贫。那一带是叶飞率领的闽东独立师北上抗日的出发地。12 月，习近平来到镇里看望老红军，检查革命老区工作。中午，他得知有几位地区农业局的干部正在大石村扶贫，当即决定到村里看望。

苏峰和同事们汇报了驻村工作经历，在短短几个月间，他们为村集体调果苗，种了 50 亩温州蜜柑，改造 200 亩低产旧茶园，推广发放 50 多公斤紫云英种子，争取资金修复 100 多米水毁道路和 2 个涵洞。"习书记边走边听汇报，微笑点头，没有作具体指示和发言，最后和我们握手告别。"

本以为这事就这么过去了。一周后，他们接到地委办通知，要求写一份驻村扶贫工作总结。不久后召开的全区农业工作会议上，苏峰所在的宁德地区农业局获农牧业扶贫工作二等奖，奖金 500 元。

当时地区财政吃紧，刚刚毕业的苏峰月工资不过 42 元。"习书记那么关心一线扶贫同志，那么关心扶贫工作，这给我们极大鼓舞。"苏峰说。从大石村归来，苏峰成为地区茶业管理局筹建组的一员。

1989 年 10 月，宁德地区茶业管理局、茶叶技术推广服务中心正式挂牌成立。这是福建省首个地市一级的茶业管理机构，随后地区所辖的九县市也相继恢复茶业管理局。

茶业管理体制改革后，拳头产品避免了"巴掌管理"，农业、经贸、供销等系统力量介入，一盘棋、全链条管理成为可能。闽东茶产业因此焕发出新的生机。

茶业管理局成立不久，为摸清茶产业现状，把握政策导向，组织开展了闽东茶农百户调查，并完成调查报告。

翔实的调研推动科学决策，闽东茶产业转型加速。

五

"闽中茶品天下高"。福建自古就是适宜茶叶种植和生产的地区。福建茶，在世界舞台上更有着不可或缺的地位。17 世纪的万里茶道，以福建武夷山为起点，到达中俄边境的通商口岸恰克图，全程约 4760 公里。19 世纪中期，茶道延长到 1.3 万多公里。

离开宁德地区到福州以及省里工作后，对这一片承载民生冷暖、氤氲文化气息的神奇叶子，习近平始终关注。

陈修茂回忆，考虑到霞浦、福鼎能够出产茉莉花，习近平支持闽东茶农从福州引进茉莉花茶制作工艺，还帮助当地打造白茶和茉莉花茶的品牌。高峰时，闽东茉莉花种植规模达到三万亩，位列全省之最。

此后几年间，习近平的足迹踏遍重点茶区。

在武夷山，他称赞"武夷山茶文化历史悠久，是茶叶的大观园，大有文章可做"；在政和，他鼓励东平镇茶农张步瑞"不要小看这一片叶子，既可以把外国的钱赚回来，又可以带富一方农户"；在光泽，他鼓励多次创业失败的农民严金友专心做茶。

严金友很想做一番事业，可是前前后后做了十几个项目，都以失败告终。2000年9月，《福建日报》发表了一篇文章，标题叫《严金友为何屡战屡败》，引起了一番热烈讨论。

习近平特地来到严金友家，了解情况。习近平跟他说：干农业搞种养风险不小，一定要选择适合自己又有把握的发展路子。你这个地方比较适宜种茶，你就安心把这个茶产业做好。

听了习近平的话，严金友茅塞顿开，高兴地举起茶杯说："习省长，谢谢你的指点！"习近平也举起茶杯说："从此以后，你就不要屡战屡败了，我预祝你屡战屡胜！"

"感谢习近平同志给我指点迷津，不然我可能一辈子都在失败的泥潭里爬不起来。"经过几年潜心钻研，严金友成了制茶能手，习近平的鼓励，他至今念念不忘。

茶业，是习近平在福建工作时精心培育的七大优势产业之一，更是他聚焦农业产业化转型的一个抓手。

2002年10月15日晚，讲述福建茶叶产业化之路的中央电视台大型系列报道《中国实录》节目播出时，习近平已调任浙江，福建人透过屏幕重温了他和闽茶的情缘。

在节目里，习近平分享起生活茶事，还现场为闽茶"代言"："我到福建以后就专喝乌龙茶，无论是安溪的铁观音还是闽北的岩茶，我都爱喝。"

节目组请出了来自安溪县的茶农王奕荣，王奕荣讲述了他的卖茶故事，讲着讲着，时不时就开心地咧嘴。

时年57岁的王奕荣是安溪的制茶能手。他在全县率先研发和推广运用空调制茶技术，使当地茶农告别了看天吃饭的无奈，大大提高了夏暑茶的品质与效益。

好茶要卖出好价钱，还需要与市场有效对接。

安溪县是世界上最大的乌龙茶产地，当时占据全国出口乌龙茶的一半份额。就是这样一个茶叶大县，却一度没有一个成规模的交易市场，茶农无法与海内外客商直接对接，茶叶难卖。由于效益低下，当地曾出现过茶农砍茶树的现象。

2000 年，在省政府的帮助下，安溪县政府用 3 万元资金启动，无偿拨出河边的一块沙滩荒地，通过拍卖租赁等方式，撬动海内外资金 1.2 亿元，建成中国茶都——安溪全国茶叶批发市场。茶都建成，交易活跃了，茶农收入增加了。

"省长对我们这个茶都这么关心，这么重视，使我们茶都建得这么好，使我们茶农都增加收入，我实在非常感动。我带一点茶叶来送给省长。"王奕荣现场冲泡起了一壶春茶。

"老王你发展茶叶是正确的，要把你做茶叶的技术传给安溪茶农，让安溪茶农富起来，你要做大做强，要有品牌。"茶香缭绕，沁人心脾。品茗间，习近平抛出了一道关于脱贫致富的命题："农民增产了，能不能增收呢？"

"我们的干部过去习惯于催耕催种，后来就是忙着研究种什么，怎么种。"习近平说，"产业化的关键我认为还是市场化，就是东西多了到哪里去，怎么使它适销对路。政府能做些什么？就是提供一个市场平台。"

习近平娓娓道来："福建省有这么多的品牌，这么多的名优产品，这么多的特色产业……现在形成了有花卉市场、水果市场、水产市场、食用菌市场，还有刚才看到的茶叶市场。卖难的问题，增收的问题，还是我们下一步'三农'问题治理的最关键的问题。"

农业产业化，不仅要打通市场，更要通盘考量。

2002年初，习近平接受《中国烟酒茶》杂志专访时，系统阐述了对茶产业现代化的理解：推进茶业产加销一条龙和茶业产业化进程，要加强茶树新良种的选育与推广，优化茶类产品结构，促进茶叶的深度加工和系列产品开发；实施茶叶名牌战略，通过现代营销手段，创立名牌茶叶产品的质量与卫生标准，创造有利于名牌茶叶发展的市场环境；开拓茶叶市场，搞好茶叶批发市场基础设施建设，建立和完善市场交易规则，提高茶农进入市场的组织化程度；加快茶文化产业发展，将茶道与旅游业结合起来，让茶文化产业成为福建第三产业的一个重要特色。

这篇专访刊登在《中国烟酒茶》杂志2002年第九、十期合刊上。在拟定标题时，记者写下了《茶省长话茶》。征求习近平意见时，他笑着说，给"茶省长"三个字加个引号吧。当时，福建茶产业发展渐入佳境，全省茶产量占全国近20%，位列全国第一。

六

步入坦洋村口，古朴典雅的真武桥横跨坦洋溪。这座近300年历史的古廊桥，历经多次水毁、火灾和重修，见证了古老茶村的兴衰变迁。远处的茶山上，一排排茶树沿山势整齐地梯级而上，空气中，清香暗浮。

时光，在茶香中流淌。火热的茶园，绿了山头，富了农家，美了乡村。

2020年，福建全省茶园面积336万亩，干毛茶产量46万吨，茶叶全产业链产值突破1300亿元，均居全国前列。作为福建重要的特色优势产业，茶业在农业农村经济发展和脱贫攻坚中占有举足轻重的地位。

与此同时，福建茶叶漂洋过海，在170多个国家和地区的茶叶消费者杯中绽放，并在"茶叙外交"中多次用于接待外国元首。

2017年，金砖国家领导人在厦门会晤，习近平主席再次为闽茶"代言"。他送出的国礼，正是一套富有福建文化特色的茶礼盒。安溪铁观音、武夷山大红袍、福州茉莉花茶、福鼎白茶、武夷山正山小种，福建五种极具代表性的茶叶，共同展现"多彩闽茶"版图的绚丽。

2021年仲春时节，武夷山脚下，星村镇燕子窠生态茶园里。

"茶者，南方之嘉木也。"正在这里考察的习近平援引唐代陆羽《茶经》中的名句，对乡亲们说，"过去茶产业是你们这里脱贫攻坚的支柱产业，今后要成为乡村振兴的支柱产业"。他叮嘱，要统筹做好茶文化、茶产业、茶科技这篇大文章，坚持绿色发展，强化品牌意识，优化营销流通环境，打牢乡村振兴的产业基础。

以茶兴业、以茶富民，以茶为媒、以茶会友，这片神奇叶子的旅程历久弥新。

2021年3月22日，习近平在南平武夷山市星村镇燕子窠生态茶园同科技特派员、茶农亲切交流，了解当地茶产业发展情况

铁心拼搏奔小康

一

金秋时节，平和县小溪镇厝丘村的山野间，累累蜜柚压枝低。

1996 年 10 月 21 日上午，正在漳州调研的时任省委副书记习近平到访位于厝丘村的平和县果树良种场。

中巴车停在山脚下。习近平下车后，工作人员一一介绍在场人员。场长蔡顺其与其握手后，准备退到边上，没想到被习近平一把拉住："过来，过来。"

"柚子的品种是从哪里来的？"习近平边走边问。

"这是我们本地的品种，四五百年前老祖宗就种植了，80 年代才逐步扩大。"蔡顺其告诉习近平，琯溪蜜柚是平和久负盛名的珍果，因琯溪流经其发源地而得名，历史上曾为朝廷贡品，但到 20 世纪 70 年代末，全县仅余数十株蜜柚树。80 年代中期，当地政府提出"县办万亩、乡办千亩、村办百亩果场，户种百株柚"的思路，干部带头开荒种果，全县掀起种柚热潮，琯溪蜜柚产业这才迎来复苏，1989 年获农业部"全国优质农产品"称号。

"这个品种有什么特性？"

"这是温带水果，土壤湿度最好在 65% 左右，每年都要环割修剪。"

"是感温还是感光的？"

"感温的。"

"这个品种有什么优势？"

"我们申报国家优质农产品时，曾送到第三方检测，有 23 种人体所需的营养元素。"

"这叫好水果。"

走了十多分钟，习近平俯身进入柚林，一株一株察看，仔细端详柚子长势。一行人在果园一待就是半个多小时。县委书记提议种一株柚子树纪念，习近平爽快答应了。他接过铁锹，熟练地铲土，花了十多分钟，在周边的空地种了一株蜜柚树。

"农民种蜜柚有没有效益？"出了柚子园，习近平追问道。

"是水稻的 5 倍、甘蔗的 4 倍。"蔡顺其说，当时平和农业还是以种植传统作物为主。

"有没有市场？"

"我们的柚子只卖到南方市场，北方还没有，有两万农民到成都、武汉卖柚子，有的还坐飞机，周边城市销量也不错。"蔡顺其说，平和的柚子采收完，也就销售完，效益不俗。

"这个效果非常好。"习近平对随行的县委书记说，"这么好的品种，产品有市场，就应该放手大干。"

说完这些，他又对蔡顺其说："良种场在培育苗木方面作出了贡献，还要组织一个新的形式，把产业做大，把农民带动起来。"

1997 年底，平和便在良种场基础上，组建福建锦溪集团有限公司，这是一家集科研、生产、加工、销售为一体的农业产业化企业。一年后，公司蜜柚种植规模从 500 多亩拓展至 1.4 万多亩。琯溪蜜柚逐渐成长为平和的支柱产业。

这次漳州之行，从 10 月 16 日持续至 22 日。其间，习近平深入市区和平和、南靖等六个县走访调研。农村奔小康，是调研的主题之一。

"漳州市的农业开发很有特色，山海田战略在这里实施得很好，'两水'① 开发很有成绩，可以说农业产业化在这里是在健康、快速地发展，像蜜柚、香蕉、麻竹、龙眼、荔枝、芦笋、芦柑，这么多基地，蔚为壮观。"习近平对漳州农业综合开发印象深刻，"沿途我们接触的县委、县领导都很有朝气，几个县委领导都是属猴的，都是美猴王，要建设好花果山。"

建设"花果山"，营造"绿金库"，直奔"小康路"。习近平给"花果山"算了一笔账："现在全市人均生产水果 230 公斤，南靖县人均 650 公斤，如果每斤 1 元，就是 1300 元，成了我们脱贫致富奔小康的基础。"

二

当时，福建全省农村小康建设已进入攻坚阶段。

到 20 世纪末实现小康，是党和国家制定的我国社会主义现代化建设分三步走战略至关重要的一步。进入 90 年代，福建以奔小康为主线，统揽整个农业农村工作。

1995 年 10 月，福建省第六次党代会作出战略决策：1997 年比

---

① 两水，指水果和水产。

全国提前三年基本实现小康，2000 年全面实现小康，2010 年人民生活达到世界中等收入国家水平。1995 年 12 月，福建省委、省政府印发《关于加快实施农村奔小康计划的意见》，拉开了福建有计划有组织开展农村小康建设工作的序幕。

也是在省第六次党代会上，习近平当选省委副书记，分管全省"三农"等工作，后又担任省委农村脱贫致富奔小康工作领导小组组长。

1996 年 4 月，习近平正式到省委工作。此后半年，他用了 50 多天时间，到全省 9 个地（市）、42 个不同类型的县（市、区）、60 多个乡（镇）、80 多个村和企业，召开 80 多场干部群众座谈会，走访了一批农户，对各地农村小康建设情况进行调查研究。

时任省委小康办综合组组长赖诗双还记得，习近平调研时有"四看"：看产业项目，地里种了什么，长势好不好，价钱高不高；看住房，牢不牢靠，会不会漏风漏雨；看衣柜，过冬的衣服能不能穿得暖；看饭锅，吃不吃得起肉，营养够不够。

1996 年 7 月，习近平赴南平建阳市水吉镇调研农村奔小康工作。当时，水吉广大乡村奔小康气氛浓厚，"小康歌"广为传唱："什么是小康，听我讲一讲。人均三千元，户户砖混房。门前水泥路，家中电器化。全民学文化，青壮无文盲。村村通公路，电话程控化。全民齐努力，共同奔小康。"

"要把帮助农民增产增收作为关键来抓。"在镇里的汇报会上，习近平听说市头村农民自办蔬菜食品厂，当即决定前往参观。他参观了生产车间和包装车间，还品尝了工厂生产的糟菜，夸赞味道不错。

周鹤年清楚记得习近平到自家食品厂参观时的情形。

当得知工厂年产值 60 多万元，吸纳 20 多个村民就业，每年能帮每户增收 4000 多元时，习近平握住老周的手，夸他干得不错，"晓得改革开放去办厂"，还问他企业是否有困难。当时，食品厂急需收购十几万斤辣椒原料，老周正为资金缺口犯难，便脱口而出："收辣椒，还差几万块钱呢。"

听到这里，习近平对陪同调研的干部说："看看有什么办法帮助他们渡过难关，像这样对农民有益的企业，我们要重视起来。"习近平还叮嘱周鹤年，要格外注意食品质量安全问题，要树立自己的品牌，把企业做好做强，带动农民增收。

很快，建阳市帮助协调了十万元周转资金，足够收购一年原料，解了周鹤年的燃眉之急。

1996 年 10 月，基于深入细致的调研，习近平向省委提交了名为《坚定信心，把握机遇，扎扎实实地推进农村小康建设》的调查报告。报告客观评价了当时全省小康建设的形势，展现了各地"提着菜篮奔小康""扛着毛竹奔小康""挑着桃李奔小康""赶着黄牛奔小康"的生动图景，也指出了奔小康进程中出现的新情况、新问题。

三

小康不小康，如何衡量？

习近平认为，小康建设是一个综合系统工程，应包括经济、社会、环境三个方面。这三者是辩证统一、缺一不可的。他要求，必须按照经济、社会、环境三个基本内容的要求，大力推动农村社会进步，做到物质文明与精神文明建设协调发展，经济、社会与环境协调发展。

1995 年，国家计委和国家统计局研究确定了全国人民生活水平小康的基本标准，包括 5 类 13 个指标。之后，国家统计局与农业部又发布了全国农村小康生活水平的基本标准，涵盖收入分配、物质生活、精神生活、人口素质、生活环境和安全保障 6 个方面，共 16 项指标。

"我们在此基础上，根据本省实际情况，对某些指标作了必要调整或技术性处理，比如农民人均纯收入小康标准比全国提高 100 元，达到 1300 元。"赖诗双还记得，习近平对小康指标体系一项项分析，一项项论证，一项项指导。

习近平认为，农村小康建设，不能落下一个人。小康指标体系既要考虑全局，又要兼顾个体，不能让掩盖在平均数下的少数贫困个体在奔小康路上掉队。

"不要撒胡椒面与大水漫灌，而要精准识别、精准帮扶、精准管理、精准考核，这与现在倡导的精准扶贫理念是一脉相承的。"赖诗双说。

最终，福建确定了多层次、多维度的小康指标体系。

这套体系分为省、地（市）、县，乡（镇）、村以及户共三个层次。县级以上农村小康标准共 6 个方面、16 项指标；小康乡（镇）、小康村标准共 10 项指标；小康户标准共 6 项指标。各地在具体量化标准上只能提高，不能降低。经济基础好的，按超小康确定目标；一般的，按达小康确定目标；后进的，按脱贫致富奔小康确定目标。到 1997 年，全省要有 80％以上的农户、80％以上的建制村、80％以上的乡（镇）达到小康。

目标既定，措施跟进。

1996 年 11 月，福建省委、省政府印发了《关于加快农村扶贫开发与小康建设步伐的若干政策措施》。

"不能虚，要有干货。"习近平全程参与了措施制定，逐条研究、逐项梳理。由于小康建设工作覆盖面广，涉及部门众多，他一个一个协调，争取各个部门支持，理顺权责，最终促成政策出台。

这份政策有许多创新：

财政扶贫资金，可以用作集体的股本金，参股创办各类经济实体；

省预算内农业基建经营性投资 60％以上用于安排省级农村主导产业生产基地的基建项目；

从 1997 年至 2000 年，每年安排不少于 3000 万元的专项经费，用于解决农村卫生饮水，地县两级按照 1 ∶ 1 比例相应配套；

省对解决无电户通电每户补助 300 元；

对全省未通公路的建制村公路建设，省按每修建 1 公里补助 2.5 万元；

每新开通一个建制村电话，按照架设光缆 20 万元、其他方式 5 万元的补贴标准；

……

为稳步推进农村奔小康，福建在各级党委、政府一把手负总责的基础上，坚持齐抓共管，建立起了条块结合、纵横交叉的双重责任制，为农村小康建设上了双保险，同时构建最严格的考核评估体系，定期对小康建设工作开展严格考核，对指标完成情况进行严密监测。

作为省委农村脱贫致富奔小康工作领导小组组长，习近平每个月至少听取一次专题汇报，每个季度至少开展一次会商调度，每年至少召开一次现场推进会。

谋定而后动。全省各地响鼓重槌，铁心拼搏奔小康。

四

1998 年 5 月 5 日，全省农村脱贫致富奔小康工作总结表彰大会召开。

会议宣布，到 1997 年底，福建提前三年完成国家八七扶贫攻坚计划的任务，基本消除绝对贫困；超额完成了省里原定三年搬迁 10 万人的"造福工程"；按计划实现了 1995 年提出的基本达到小康水平的综合指标，农村小康进程综合得分达到 90 分以上，80% 以上的乡（镇）、村和农户达到小康标准，农村经济社会发展进入了一个新的历史阶段。

"全省农村基本达到小康水平综合指标，标志着我省为实现社会主义现代化建设的第二步战略目标迈出了关键的一步，这是历史性跨越。"在总结成绩、展望未来的同时，习近平强调小康建设具有长期性，不可存在松劲思想，全面推进小康建设任重而道远，需要做更大努力。

福建开始探索宽裕型小康之路。

1998 年，福建省委、省政府印发《关于组织实施农村宽裕型小康建设的意见》，提出到 2010 年全省农村主要社会经济发展指标和人民的小康生活达到或超过届时世界中等收入国家的平均水平，力争在 21 世纪二三十年代率先基本实现现代化。福建还确定了福清、杏林、晋江、石狮、龙海等 10 个县（市、区）作为宽裕型小康试点，由 10 个省直部门挂钩指导，并派出工作队帮助工作。

1999 年 3 月 23 日召开的宽裕型小康试点县和山区经济欠发达县挂钩帮扶工作队动员会上，习近平说："我省农村已基本实现小康，基本消除绝对贫困，但这并不意味着全省扶贫任务已全面完成，发展的不平衡性还客观存在，平均数底下仍然掩盖了一些贫困户，小康县中还有贫困乡，小康乡中还有贫困村，小康村中还有贫困户，因灾返贫也将长期存在。"

宽裕型小康指标体系由省、地（市）、县和乡、村两级组成，其中增添了绿化率、环境污染治理合格率等指标。

"经济、社会、环境协调发展，是农村小康建设的内在要求，也是实现现代化的必然途径。"此前的总结表彰大会上，习近平就强调，积极探索农村可持续发展的新路子，进一步提高扶贫开发和小康建设的质量和水平。

日月如流，时任南平市延平区炉下镇镇长林国强依然忘不了习近平的那次"沉默不语"。

1998 年 10 月 23 日，习近平到炉下镇调研农村奔小康工作。炉下镇是闽江水口库区移民乡镇之一，为解决农民生计问题，镇里鼓励发展畜牧业，生猪养殖一度成为这里的支柱产业。全镇近一半村民家里养猪，商品猪年存栏规模最高时达到 50 万头，年产仔猪量也达到 50 万头。

当天，镇里在洋沺村闽北仔猪交易中心门口拉出了"全国最大母猪基地"的横幅，满心期待能获得省领导的肯定。

"出乎大家意料，在听完生猪产业发展介绍后，习近平同志并没有对生猪产业作太多回应。"林国强还记得，当时习近平一直环视着四周成片的猪栏，似乎在思考着什么问题。

从仔猪交易中心出来后，习近平反倒被路边"一春饲料"的广告牌所吸引，驻足观看。

林国强向他介绍，一春公司是一家种养加一体化、产供销一条龙的综合性农业发展公司，通过回收养猪的粪污，做成有机肥和灌溉用沼液。

"要转变观念，把资源开发从单纯的经济生产转到开发与保护并重，保持农业资源的永续利用，要认真走好绿色农业、生态农业的路子。"习近平的一番话让林国强恍然大悟。

调研结束后，南平开展了一次"炉下之问"。

"粗放的生猪养殖回报高，但要用污染环境来换取。二者如何选择？今后的路怎么走？"林国强说，后来南平市开始推行科技特派员制度，为炉下发展绿色农业、生态农业注入了科技力量。

五

全省各地纷纷因地制宜，探索宽裕型小康的实现路径。

1999 年 3 月，时任福建省委副书记习近平在三明沙县考察调研时指出，要领会小康是一个历史过程，宽裕型小康仍要向更高的方向发展，直到富裕阶段。

沙县美食文化源远流长，沙县人自古就有做小吃的传统。沙县属南方稻作地区，盛产米、芋。唐宋时期，入闽中原人以米、芋替代小麦制作食品，其传统风味和工艺保留至今。明清时期，借江流带来的交通便利，沙县成为闽西北重要商品集散地。五方杂处，南北交汇，小吃品种不断增多。20世纪90年代初，以夏茂镇为代表，沙县上千人浩浩荡荡外出做小吃谋生。

赚到第一桶金的人，回乡盖起了新房。眼馋的乡邻在犹豫要不要出门；沙县的政府部门也在犹豫——"小打小闹"的沙县小吃，能不能作为一个产业来培育？

时任沙县县长助理、县农委主任黄福松回忆，1997年5月13日，县委、县政府召开了一场专题研究沙县小吃业发展的会议，会议达成共识：沙县小吃业是一个真正为农民打造的产业，是富民工程。虽然对县财政增收直接影响不大，但做好小吃业，能吸纳众多农村剩余劳动力就业。

自此，早期呈"散兵游勇"状态的沙县小吃，开始组建起"正规军"，发展驶入快车道。

1998年，三明沙县农民人均收入增长了306元，增幅位居全省第一，小吃业功不可没。

习近平关注到了这个富民产业。他指出，沙县小吃业的成功之处在于定位准确，填补了低消费的空白，薄利多销，闯出一条路子，现在应当认真进行总结，加强研究和培训，深入挖掘小吃业的拓展空间。

2000 年 8 月 8 日，习近平再赴沙县，在夏茂镇座谈时强调，要找准今后经济发展的支撑点，特别是加强以沙县小吃业为支柱的第三产业，使之成为新的经济增长点。

习近平一行还到了家住莲花新村别墅区的农民青年企业家罗光灿家中。了解到罗光灿是沙县第一批响应改革开放号召，离开农村进城创业办厂、脱贫致富奔小康、盖起别墅的农民青年企业家时，习近平对他赞赏有加，临走时再次和他握手，鼓励他："年轻人，好好干。"

罗光灿备受鼓舞，之后的日子更加用心经营。如今，他不仅在北京开了沙县小吃店，还拓展了新加坡等海外市场。

20 多年来，众多像罗光灿这样的沙县人，把店开到了全球 60 多个国家和地区，全国门店超过 8.8 万家，年营业额超过 500 亿元，带动 30 万人就业。他们用勤劳的双手，以扁肉做"砖"，拌面为"钢"，建起了沙县的高楼大厦。依托小吃业的溢出效应，沙县农民人均年收入由 1997 年的 2805 元增长到 2020 年的 21855 元，闯出了一条富民强县的致富路。

2021 年 3 月 23 日，夏茂镇俞邦村，古树廊桥、流水人家、小吃飘香。习近平走在洁净的村道上，一路同乡亲们聊天，仔细了解沙县小吃现状。他殷切嘱咐："乡村振兴和城镇化为你们提供了机遇，你们也为乡村振兴和城镇化作出了贡献。可谓是应运而生、相向而行，希望在创造美好生活新征程上再领风骚。"

六

2001年7月15日，盛夏的漳州东山岛，海风拂面，渔港喧闹。东山岛，别称"陵岛""蝶岛"，为全国第七大、福建省第二大岛，四周拥有广阔的海域、沙滩和滩涂，是海洋捕捞业和养殖业生产发展的重要基地。在东山县澳角村村民郭汉栋三层楼的新居里，时任福建省省长习近平正在召开一场特殊的座谈会。

"澳角村已从'三不起'蜕变为'四看'。"时任村党支部书记林亚民向习近平描绘澳角之变以及当下的小康画卷，"以往'三不起'：报纸订不起，电话费交不起，煤油灯点不起。如今'四看'：看海面，满港新船；看地面，满村新房；看山面，郁郁葱葱；看人面，喜气洋洋。"

听完汇报，全场笑了起来，习近平也很高兴。

习近平曾在1996年10月的漳州调研中评价东山奔小康工作："东山是全省第一批实现小康的示范县，各项工作开展不错。农业产业化的经验这里也是很突出的，有一批小康村、小康乡镇。"

澳角村是其中之一。改革开放后，澳角村在全省率先实行渔业生产责任制，在农村小康建设中，又大力扶持发展大型钢质渔船和水产养殖业，传统落后的渔村华丽变身福建省重点渔区之一。

汇报结束，一行人上楼参观。到了三楼，凭窗远眺，习近平描绘起新的小康蓝图："以后农村的政策会一年比一年好。"

点 草 成 金

一

2000 年 7 月 5 日，福建省人民政府会议室。

一场特殊的颁奖会在此举行。这是专门为一个人授奖的颁奖会，也是福建第一次为科技工作者记一等功。

获奖者是菌草技术发明人林占熺。为他颁奖的，是时任省长习近平。

"我们树立这样的典型，第一是因为科技知识分子在攻坚克难方面，在一些关系到国民经济、国计民生，关系到国际声誉的领域去忘我工作，作出贡献，这应得到弘扬。第二是要号召鼓舞广大知识分子投身到生产第一线，投身到科教兴省、科技兴国的洪流中来，去贡献自己的聪明才智。"颁奖会上，习近平开宗明义，"我们的科技知识分子只有把自己的聪明才智同时代的需要结合起来，才能创造出为世人瞩目的、为人民群众所欢迎的卓越贡献。"

习近平说，菌草技术的优势在全国相当突出，要继续让它在扶贫致富方面发挥重要作用。他希望林占熺能够把已取得的成绩作为新的起点，"继续攀登新的高峰，制定新的科技研发目标，加大科研与开发力度，进一步加以应用推广，提高产业化程度，在新的起点上做出更好的成绩"。

2000 年 7 月 5 日，习近平为福建农业大学菌草研究所所长、菌草技术发明人林占熺颁发福建省人民政府授予的"一等功"荣誉证书

颁奖会仪式结束后，习近平来到林占熺跟前关切问询："林教授，您还有什么建议？"

面对习近平充满信任的目光，林占熺直言不讳："国内外前来学习、参访菌草技术的人越来越多，最好能建立国际菌草技术研究发展中心。"

习近平当即表示："如果具备发展成为有国际影响的菌草中心的条件，符合体制改革方向，省政府可以给予支持。"

二

菌草是草的一个新类别，是"菌"与"草"交叉的科学研究与产业发展的一个新领域。菌草技术源自林占熺的发明。

20 世纪 80 年代初，已在福建农学院① 工作的林占熺参加福建省科技扶贫考察团，赴长汀、上杭等闽西革命老区调研，发现当地农民还处于贫困状态。

"如何帮助他们摆脱贫困呢？"林占熺认为，食用菌产业经济效益不错，投入少、见效快，能迅速脱贫致富，但传统的段木栽培食用菌的办法要消耗大量的木材，难以持续，尤其在水土流失严重的长汀。

林占熺决定探寻生态扶贫之路。1983 年，在福建农学院一间破旧的实验室里，他开始了以草代木栽培食用菌的实验。

---

① 1994 年 1 月，福建农学院改名为福建农业大学。2000 年 10 月，福建农业大学和福建林学院合并组建福建农林大学。

1986 年 10 月，第一朵利用芒萁培育的香菇终于长成。1987 年 4 月，福建农学院组织专家鉴定后认为，该技术"开辟了一条不受林木资源制约的发展食用菌生产的新路，具有应用价值和理论意义"。

菌草技术，迅速成为福建扶贫开发战场上的生力军，引起长期探索生态保护、脱贫致富问题的习近平的关注。

三

在宁德工作时期，习近平便致力于破解"菌林矛盾"。

"闽东是全国第一批大规模开展食用菌种植的区域之一。老百姓大量砍伐阔叶林，用段木栽培食用菌，生火做饭也需要上山砍柴火。"时任福建日报社宁德记者站站长卓新德还记得，20 世纪 80 年代，闽东森林覆盖率一度逐年下降，古田县甚至曾下令禁止栽培食用菌。

破解"菌林矛盾"的探索，持续推进。

古田县大甲乡（现为大甲镇）是个赤贫之地。这里的农民"吃的甘薯饭，穿的粉袋裳，住着低瓦房，烤火笼取暖"。在乡民记忆中，平日几乎没有菜吃，只能炒盐巴下饭。就是炒菜也没有油，一块大肥肉在热锅上擦一遍再收起来，擦的次数多了，肉都变黑了。

后来，乡里有人利用段木栽培香菇，效益不俗。可砍树种菇不持久，产出还不高，每百斤段木只能生产约 1.8 斤干香菇。

有没有替代方案呢？

当地有个菌菇"田秀才"叫彭兆旺，经过 8 年试验，发明了"袋料菌棒栽培香菇"技术，将木屑、秸秆、棉籽壳、麸糠等混合后装入塑料薄膜制成菌棒，作为香菇生长载体。新技术减少了林木采伐，使香菇生产周期从 2 至 4 年缩短至 8 个月左右，成本降低 50% 到 80%，产量提高 5 至 6 倍。香菇采收后，菌渣还能还田滋养土壤，构建起循环农业体系。

1983 年起，彭兆旺无偿将这一技术提供给广大农户。据《古田县志》记载："1987 年，全县有 32258 户农民栽培香菇 8400 万袋，占总农户 45%。"

禁段木兴菌棒，林茂菇丰民富。习近平听说了彭兆旺的故事后，先后两次到他的基地考察。

彭兆旺还记得习近平第一次到访的情景，那是 1988 年 7 月的一天。习近平甫任宁德地委书记，就带着地委和有关局办同志把闽东九县走了个遍。调研的第一站是古田县。

习近平带着问题来到了彭兆旺的基地。参观完菇棚后，他向彭兆旺抛出一串问题："这个香菇种植扶贫的项目怎么样？""如果推广发展栽培，失败的风险大不大？""推广种植，经济效益怎么样？农民收入增加多少？""这项技术，对农民来说好不好？学习和操作简单不简单，容易学会吗？""推广种植香菇，对农民来说成本高不高，农民能不能接受？"

习近平鼓励彭兆旺再接再厉，带动当地经济发展，促进乡村脱贫致富。特别是要针对古田县农民采用一帮一、以一带十等方式，让他们种香菇摆脱贫困，过上幸福的生活。习近平主持编纂并作序的《滴水集》《闽东四十年》均提到彭兆旺及其香菇栽培技术扶贫的事迹。

1989 年 8 月，在古田县专题调研食用菌产业的现场办公会上，习近平再次强调，食用菌促进了闽东的经济发展，但必须处理好食用菌和其他产业的关系，特别是和林业的关系。

四

长期以来对产业扶贫与生态保护辩证关系的深刻思考，让习近平对菌草技术格外关注。

2001年初福建省两会期间，作为省政协委员的林占熺在省政协大会上作了专题发言，呼吁在菌草技术发源地——福建农林大学设立菌草科学实验室。

当时，许多国家在福建的支持下先后建立各类菌草科学实验室，国内不少省份也在奋力追赶。但福建农林大学菌草研究所已有技术力量相对薄弱，林占熺忧心忡忡："如不抓紧改善科研实验条件，不加强科学研究，福建作为菌草技术发源地的国际、国内地位将无法保持。"他希望省里拨付100万元专项资金，支持福建农林大学设立菌草科学实验室，以保持福建在菌草技术方面的领先地位。

那次大会发言经修改充实后，被列为省政协委员重点提案上报。

时任福建省省长习近平现场听取了林占熺的专题发言。随后，他在此提案上作出批示，要求有关部门认真办理。

8月，办理意见出来了。经办部门认为："以菌草为原料栽培食用菌技术只是食用菌产业中'代料栽培'的一种，不宜设立菌草科学实验室。"

9月30日，习近平在办理意见上批示："可向农林大学和林教授反馈。"

收到反馈后，林占熺的心情久久难以平复。

作为全新的学科，菌草技术打破了木、草、菌间的学科界限，开辟了一个全新的技术门类，十多年间常常招致非议与质疑。

林占熺有些气馁。但习近平简短的批示，又让他觉得事情似乎尚有转圜余地。"既然他批示把这个报告反馈给我，说明他还想征求我的意见。"

他的底气，还来自2001年6月全省农业科学技术大会上习近平的表态。在谈及农业科技创新时，习近平脱稿介绍了林占熺和他发明的菌草技术："我们对口帮扶宁夏把他推出去，我们智力援疆把他推出去，我们援助巴布亚新几内亚东高地省又把他推出去，我们和东高地省结成友好省，就是他和菌草技术起了穿针引线的作用。"

习近平的鼓励言犹在耳。几经思量，林占熺决定给习近平写一封信。在信中，他再次强调改善科学实验条件、加强菌草科研的紧迫性："菌草技术的制高点可能会被其他国家或省份所取代，我们在世界上拥有的菌草技术优势，也有可能丧失。"

习近平收到来信后，交由省教育厅办理。2002年3月18日，几经调研，省教育厅向省政府提交了报告。省教育厅认为，有必要在菌草技术上继续扩大和深化研究，并保持其领先地位。在加强实验条件建设的同时，建议学校就菌草技术研究的人员力量调配、研究队伍建设、实验场地、机构设置等进行统一规划，以促使菌草技术研究成为福建农林大学的一个可持续发展的特色优势领域。

2002 年 4 月 3 日，在省教育厅送来的办理报告上，习近平一锤定音："菌草技术是福建的优势科研成果，已产生广泛影响，应进一步支持发展。""这个项目较其他一些项目更贴近现实，有经济和社会效益。"

省政府很快召集有关部门召开会议加以落实。会上决定：拨款 100 万元，支持在福建农林大学创建菌草科学实验室。这是全国第一个菌草科学实验室。

多年来，林占熺从野草和人工栽培的草本植物中共筛选、培育出 46 种菌草，并发展出菌草栽培食药用菌和生产菌草饲料、菌草菌物饲料、菌草菌物肥料的综合技术。

"如果没有习近平同志的大力支持，福建省菌草科学实验室是建不起来的。"林占熺经常谈及这段曲折经历。他说，有了这个实验室，才会有日后国家菌草工程技术研究中心、菌草综合开发利用技术国家地方联合工程研究中心、菌草生态产业省部共建协同创新中心等 3 个国家级菌草技术创新平台，菌草技术也才能被列为联合国经济和社会事务部"中国—联合国和平与发展基金"项目，向全球推广。

五

菌草技术的多个高光时刻，都与习近平有关。

1996 年，党中央、国务院作出东部较发达的 13 个省市结对帮扶西部 10 个省区的战略部署，指定福建对口帮扶宁夏。随后，福建成立对口帮扶宁夏领导小组，时任省委副书记习近平担任组长。1997 年 4 月在银川召开的闽宁对口扶贫协作第二次联席会议上，菌草技术被列入闽宁对口扶贫协作项目。习近平在联席会议纪要文本上签字。

1998年10月，福建农业大学向省政府提交《关于赴宁夏开展小流域生态环境综合治理情况汇报》，建议利用包括菌草技术在内的多项技术，在宁夏实施小流域生态环境综合治理。习近平作出批示，明确指出"菌草是我省之优势"，要求"扬长避短"，"要做自己'拿手'的"。

"习近平同志对这小小的菌草如此关注、如此了解，出乎我的意料。"林占熺说。

跨越山海，闽宁情长。很快，菌草成为宁夏百姓的"幸福草""摇钱树"。高峰时，全区发展菇农1.7万户，兴建菇棚1.7万个，种植菌草60多万亩，创产值近亿元，带动菇农户年均增收5000元。

不仅在宁夏，多年来，菌草技术相继在全国31个省份推广，还漂洋过海走向世界。

习近平曾推动实施福建省援助巴布亚新几内亚东高地省菌草、旱稻种植技术示范项目。

1997年7月，应巴布亚新几内亚东高地省政府邀请，林占熺带领菌草技术专家组赴东高地省鲁法区实施菌草技术重演示范。

专家组成员们沉下身心，克服缺水没电，甚至人身安全得不到保障的困难，手把手培训当地人，对技术简化再简化，让村民一看就懂、一做就能成功。

8米高的巨菌草，一年能收割3至6次，鲜草最高产量达每公顷853吨；种植1公顷巨菌草，作饲料可喂养400至500只羊，作菌料可生产100吨鲜菇……菌草技术成功落地。喜获丰收的村民又唱又跳，呼喊着："中国，菌草！"

习近平还推动国家援助斐济菌草项目落地实施，在多个场合对菌草技术援助斐济工作给予关注关心并提出期望。

如今，发源于福建的菌草技术已推广到世界 106 个国家，并在巴布亚新几内亚、斐济、卢旺达等 13 个国家建立示范基地，为全球减贫事业播撒希望的种子，贡献中国智慧。

跨越山海，这株小小的菌草，在越来越多地方扎下友谊之根，续写点草成金的绿色奇迹。

六

远渡重洋，与世界共享的还有习近平的扶贫理念。

1992 年，收录习近平在宁德工作期间的 29 篇重要讲话和文章的《摆脱贫困》一书由福建人民出版社出版。摆脱意识和思路的"贫困"、"滴水穿石"的精神、"弱鸟先飞"的意识……关于摆脱贫困的论述娓娓道来、掷地有声。《摆脱贫困》一书 2014 年重印，此后又被译为多个外文版本，与世界分享来自中国的减贫方案。该书被公认为指导中国扶贫脱贫工作的理论基础和重要方针。

战贫，中国始终与世界在一起。

除了带领中国人民创造世界减贫史上的奇迹，多年来，习近平大力倡导国际减贫合作，着力推动构建人类命运共同体，为实现《联合国 2030 年可持续发展议程》目标贡献中国智慧和力量。

2020 年 10 月 12 日，"摆脱贫困与政党的责任"国际理论研讨会在福州开幕。100 多个国家的约 400 位政党代表和驻华使节、国际机构驻华代表、发展中国家媒体驻华代表、智库学者等通过线上或线下的方式参与。

中共中央总书记、国家主席习近平向会议致贺信。他指出，消除贫困、改善民生、实现共同富裕，是中国特色社会主义的本质要求，是中国共产党的重要使命。他希望，包括各国政党在内的国际社会凝聚共识、携手合作，坚持多边主义，维护和平稳定，加快推动全球减贫进程。

研讨会上，一部8分半钟的开场视频《梦想照亮现实》惊艳了世界：面朝大海，背倚群山，当年极度贫困、被形容为一只"弱鸟"的宁德，如今高楼林立，村美民富，产业兴旺，经济增速位居全省前列。

滴水穿石，久久为功。摆脱贫困的梦想已经照进现实，并通过互学互鉴，在国际战贫的原野上点燃希望之光。

三、牢记政府前面的"人民"两个字

"四下基层"，就在群众中间

—

1988 年 6 月，刚满 35 岁的习近平一到宁德赴任，就一头扎进了基层。

第一个月，习近平轻车简从，只带着两三个人下乡调研。第二个月，习近平还是调研，基本是两天一个县，每个县的主要乡镇、村庄都要走一走。他走遍闽东九个县，后来又跑了绝大部分乡镇。

新书记的一言一行，陪同调研的地区行署专员陈增光看在眼里：每到一个县必先听工作汇报，不提倡念稿子，有多少讲多少；继而调阅当地的县志，深入了解县情；每到一处，必须走访村庄、企业、农户。

"他给我的第一印象，不是一个坐在办公室里听汇报的领导，而是向基层要真相、要思路、要答案的务实领导。"陈增光多次回忆起调研中的一个细节：在屏南，当地群众以最高礼节——艾叶冲蛋①来招待习近平。陪同的工作人员担心习近平喝不惯这些，连忙

---

① 即用艾草熬出热乎乎的汤汁，冲进打散的生鸡蛋里，再加些白糖，搅拌均匀后用来招待贵客。

阻止。习近平摆摆手，一把端起碗喝了下去。老百姓很高兴，一下子和他熟络起来。

以深入基层调研为起步，习近平逐步建立"四下基层"机制：宣传党的路线、方针、政策下基层，调查研究下基层，信访接待下基层，现场办公下基层。

时任宁德地区行署副专员张学清分管信访工作，却是"新手"。"四下基层"机制制定后，他有畏难情绪。

"一是怕没事找事，引火烧身；二是怕群众的工作难做，万一碰到胡搅蛮缠的怎么办；三是担心群众提出的问题解决不了；四是担心'四下基层'的机制难以持久，最后变成'半拉子工程'。"张学清说。

这不是他一个人的顾虑，不少干部都在看习近平会怎么做。

二

1988年12月20日，霞浦县龙首山下的县委党校里人来人往，宁德地区首次开展的"地县领导接待群众来访日"活动正在这里进行。率队的，是时任宁德地委书记习近平。

中年妇女舒穗英向习近平诉说难处：几年前，县对台部在她家附近的河道上建房，河道砌小了，造成淤积阻塞，今年9月，一场暴雨引发的洪水冲进了她家门，她家损失很大。

"你有什么要求？向有关部门反映过吗？""县对台部建房子有没有经过批准？"习近平问得很细。

县信访办同志答："经过城建部门批准。"

"问题就复杂在这里，对台部在河道上建房子，把河道砌小，是不对的，但是经过城建部门批准的，责任又不全在对台部。"习近平说。

习近平提出到舒穗英家查看，现场给出处理意见。

不久，有关部门做了赔偿并清理了河道。舒穗英感念至今。

当天，得了重感冒的习近平，一直打喷嚏、流鼻涕，但和其他干部一道，坚持完成了全天的接访。

习近平接任宁德地委书记时，宁德经济总量排全省最末，俗称"闽东老九"，是全国18个集中连片贫困地区之一。群众对尽快摆脱贫困的期望值较高，但地方经济基础落后，一时难以达到快速发展的要求，加上一些干部、群众观念也处于"贫困"状态，一些老问题未及时解决，新问题又不断出现。社会矛盾增多，群众上访骤增，信访量全省排第一。

习近平认为，领导干部要主动到基层接访群众，在信访中倾听人民的呼声，了解人民的愿望。"我们工作目的是为人民服务，不仅要对上面负责，而且要对群众负责，为人民做主。"

那天，接访结束后统计发现，来了102位上访群众，受理各种问题86件，其中有12件当面答复解决。有些不能当场解决的问题，习近平就和相关部门说好，哪天、哪个时间，几个部门凑到一起，一次性现场办公，这样，老百姓办事就简便多了。

当天晚上，他对这件事深入思考：有这么多来访群众，应该形成一个规范化的制度，既让群众满意，也让群众好找。

当时的闽东交通不便，偏远山村路途颠簸，群众有事找政府，耗时不止一天。

"与其群众跋山涉水上访，不如我们干部直接下访，几个干部下去，总比那么多群众上来要强一些。"习近平说。

为此，宁德地委、行署研究制定了《领导干部下基层巡回接待群众来访制度》，分别定出"书记约访日"和"专员接待日"制度，由地委委员和副专员轮流带领地直有关部门负责人到各县（市）与当地党政领导一起接待群众来访。

把矛盾解决在基层，这样到了一定程度就没有人来申诉了，明代文学家、曾任寿宁知县的冯梦龙曾阐述过他的"无讼"理念。

当时的寿宁，许多山民"不知法律，以气相食，凌弱蔑寡，习为固然"。冯梦龙认为"世人惟不平则鸣，圣人以无讼为贵"，他察隐情于秋毫，访真情于实地，其大事化小、小事化了的治理理念，劝惩教化、减轻诉累的无讼实践，取得"牢房时时尽空、百姓安居乐业"的好成效。习近平对此倍加赞赏。

"书记约访日"和"专员接待日"制度推出后，闽东的老百姓没想到，在传统的喜庆节日外，他们又添了一个新节——定于每月20 日的地县乡三级领导接待群众来访日。各级干部称之为"服务日""公仆日"，而有的群众管它叫"连心节"。

这以后，发生了许多与"连心节"有关的故事。

霞浦县长春乡传胪村老支书投诉，从 1958 年起，他们先后在多个水库建设中投下了数以万计的无偿义务工，水库建成后传胪村不能受益，缺水问题依然困扰着村民们的生产和生活。后来，技术员远赴传胪村，解决了缺水问题。

霞浦县溪南镇居民吴月香老房被洪水冲倒，未及时修复。居民张某趁机盖店，吴月香与之理论不成，镇里多次调解无效。最终吴月香在服务日来投诉，县政府和土地管理部门研究决定，正式批地给吴月香盖房。

……

1990年3月统计数据显示，一年来，参加地区到县乡接访的厅处级干部达278人次，接待来访群众2339人；受理各类问题1601件，当场拍板解决584件，占36.5%；地县立案办理1017件，办结934件，办结率达91.8%。

宁德"四下基层"的工作机制在全省引起反响，各地信访局局长来到宁德现场观摩，学习好做法。

"四下基层"制度不仅倡导良好工作作风，也是干部了解村情民意、商讨解决发展难题的重要渠道。

"致理之要，惟在于安民，安民之道，在察其疾苦而已。"1990年4月，习近平在《把心贴近人民——谈新形势下领导的信访工作》一文中写道："我们提倡各级领导带任务、带问题深入基层，解剖麻雀。通过深入基层，提高领导机关的办事效率，有利于把问题解决在源头，把矛盾消弭在萌发状态；同时，要积极做好群众的宣传、发动和思想教育工作，改进各级领导的工作作风，使党的方针、政策真正落到实处。"

三

习近平调任福州市委书记后，工作仍然以调研开局。

到任的第二天，习近平就下基层，半年多时间，走遍福州市八县五区，每个县至少跑五六个乡镇，每个区也都走了两三个街道，有的县跑了十多次。

他把很大的精力花在调查研究上，强调各级领导干部要关心群众疾苦，提出"四个万家"——下基层到老百姓家，开展"进万家门、知万家情、解万家忧、办万家事"活动，并提出四条具体要求——

要深入扎实，不搞形式主义，要真心实意地深入群众，与群众交朋友，而不是为下基层而下基层；

要到最困难的地方去，解决群众最需要解决的"急""难"问题，让群众真正感受到党和政府的温暖；

要讲求工作方法，本着实事求是的精神，对可以解决的问题及时解决，对解决起来确有困难的问题要耐心向群众解释，求得谅解；

要热情接待群众来信来访，做好"送上门"的工作，通过领导接待日、领导接待周等活动"活血化瘀"，化解各种矛盾纠纷，把不安定因素解决在萌芽状态。

习近平强调，要抓住群众最关心的问题、社会反映最强烈的事情，扎扎实实地办几件实事，而且要雷厉风行，说到做到，办一件成一件，避免形式主义，也不搞花架子。

习近平发动全市大调查，由市领导和有关部门组成16个课题小组，开展1991年工作思路暨为民办实事调研活动。那时，福州城市建设中急需解决八大问题：卫生、绿化、交通、水电、"菜篮子"、住房、服务、治安。

自1991年起，在习近平推动下，福州市委、市政府每年都为城乡人民办20件实事，拟办项目通过新闻媒介向全市公布，采用人民群众投票的方式来确定，年终公布项目完成情况，并让群众投票评选完成最满意的项目。

四

20 世纪 90 年代初,日益推进的改革涉及多方利益调整,一些经济、社会的深层次矛盾开始显露,群众上访现象逐渐增多。

一些领导干部怕群众上访。上访到门前,避而不见;上访到北京,派人截访。这些"防访"措施反而激化了矛盾。

习近平的态度截然不同:"领导干部不要怕群众,要关心群众。群众之所以上访,就是因为他们有苦、有难、有问题要解决,他们找到政府、找到领导,是因为相信我们能够秉公办事,能够提供帮助。"

习近平不仅积极接待群众上访,还抓制度变革,改"群众上访"为"干部下访"——每个月,习近平都安排市五套班子和市直有关部门负责人,到县(区)现场接访:下访前,提前告知群众时间、地点,要求县(区)组织调查摸底群众的问题,接访之前能解决的先解决;接访中,大量的工作是解惑、答疑、引导、说服,从某种意义上说,这方面的工作更艰巨、更重要。

1991 年 4 月 12 日,习近平率队到永泰县开展市、县领导联合接待群众活动。

那天晚上,城峰乡(1992 年撤乡改镇)凤星村党支部书记代表村民来求助,带了一份清单,要求市领导拨款修建机耕路。

原来,永泰县 43 个建制村道路不通,严重影响生产、生活。因为没路,这里的农民有"三怕":怕猪壮,壮了抬不出去;怕树高,高了运不出去;怕孩子大,大了娶不到媳妇。当地流传这样一个顺口溜:"解放四十年,年年盼公路;苍天如有眼,早降幸福路。"

了解情况后，习近平说："没有路没法富，要致富，快修路。你们的热情和积极性是好的，但是修村级机耕路应立足自力更生，依靠群众集资投劳来解决。"

习近平还以自己当年担任大队支部书记时和社员一起筑路的经验，现身说法，使来访者很受启发。

不少来访者感叹道："领导干部回归大地，找到了根。"

习近平也有不少感慨。他认为，市领导到基层接访群众，看起来很新鲜，但共产党和群众本来就应该是血肉相连的。通过这次接访活动，大家头脑里又有了许多新的想法，今后我们要寻找更多的途径、创造更多的形式来促进领导作风的转变，使各级领导干部不忘党的宗旨，增强公仆意识。

习近平在1993年8月的一次专题研究会议上指出，对在接访中已经决定的事要落实反馈、不打折扣、取信于民；接访像一面镜子，可以照出我们工作中的差距和薄弱环节，发现当时的热点和难点问题；对接访中暴露出来的问题要举一反三、引以为戒、标本兼治、统筹解决；各级领导要经常到基层中去、到群众中去，当马路巡使，体察民情、掌握民情，及时发现问题、解决问题，为民办实事、好事。

五

习近平组织"下访"是定期的，他深入基层解民困，则是工作常态。

接触过习近平的人都说，他对老百姓有天然的亲近感，完全没有距离。"习近平同志让我感受最深的，就是他时刻把人民群众的冷暖放在首位。"时任福州市委办副主任赵汝棋说。

赵汝棋曾在市委政研室工作过。政研室的工作主要是起草文件讲话、开展调查研究、为领导决策提供参考,长时间俯首案前。习近平对赵汝棋说:"你们不能把眼光只放在政策研究上,要把眼光放到人民群众中去。"

政研室根据习近平的这个想法,将 20 多名工作人员分成几个小组,分别下基层调研,收集群众关心的热点、难点、焦点问题,梳理后形成短平快的"一事一报"刊发在《福州调研》上。

习近平对"一事一报"非常重视,基本上对所有的"一事一报"都要看,大部分都有明确的批示,比较详细的批示占到其中的三分之一。有时候,习近平认为还不够深入的,会批示再深入调研。

习近平交代身边的工作人员:"凡是群众来信,一律都要交给我过目。"他提议把信访工作列入市委、市政府的重要议事日程,还要求自己无条件做到四个"亲自",即亲自研究、亲自部署、亲自批阅、亲自查办。

1992 年 4 月,时任山西省霍州市委统战部部长郝郁民和统战部办公室主任张玉生、市工商联党组书记韩忠民前往多个改革开放前沿城市考察。结束福州调研,一行人在福州"五一"旅社门前一个售票点买了 3 张到温州的"豪华大巴"票。对方承诺大巴上有卧铺。没想到,等待他们的只是一辆普通客车,中途还被逼换车,上了一辆条件更差的客车。一路颠簸,苦不堪言。下车后与车主交涉,换来的却是态度蛮横的回复:"我们就这样做,你们去告吧,看看谁理你!"

36 岁的张玉生年轻气盛，越想越不甘心，带着二人直接找到了邮政局。"写信投诉他们！信就直接写给福州市最大的领导——市委书记！"

"市委书记哪有工夫管这些鸡毛蒜皮的小事？"郝郁民心里没底。

"咱是在他管的地方受了骗，他管不管咱都要反映。"

信寄出去了。因不知福州市委书记名字，信封上写了"中共福州市委书记收"。仨人的气也消了一大半，至于效果如何，压根没抱啥希望。

回到霍州后的一天早上，张玉生紧紧攥着一封信，激动地冲进了郝郁民的办公室说："没想到，我们的投诉有回音了！"

信封右下角鲜红字体印着"中国共产党福州市委员会"。信中说："你们三位同志 4 月 24 日致信市委书记习近平反映出差我市期间购买去温州的车票，在'五一'旅社门前被一些人公开行骗的来信收悉。市委书记习近平十分重视，立即批请有关部门认真查处，并将结果向你们反馈。"这时，他们才知道福州市委书记是习近平。

随后几天，他们果然收到了一系列处理反馈：福州市交通运输管理处接到批示后，用了不到一周时间进行了调查处理。他们乘坐的客车是客运站承包给个体户的，售票点也是未经批准非法设置的。管理处已责令客运站对车辆停业整顿并予以罚款。来信还附上了客运站的检讨书。之后，他们又收到了被多收的 33.6 元票款，还得知事情的新进展：福州市交通运输管理处举一反三，取缔了"五一"旅社周围十家非法售票点，并将诈骗、殴打旅客情节严重的人员送当地派出所。

"不敢相信，一个市委书记能管这样的小事，不仅管了，还要管到让我们满意为止，从写信到最后处理结束只用了40多天。"郝郁民说。

根据1993年福州市委督查科的资料，习近平担任福州市委书记后，批阅的群众来信函件达千余件，他对群众来信几乎每封必看，每看必批。

到省里工作后，习近平仍保留了这个习惯。

1999年11月30日，习近平收到一封外来务工青年的来信。

信中反映外来务工者当时面临的最大困难——子女上学难。

"希望政府能尽快出台相关政策，及时解决外来务工者子女上学难的问题，使我们能够全身心投入福州的经济建设中去。"写信者言辞恳切。

习近平立即作出批示——"应对打工族的生活更加关心，创造更有利于他们发挥积极性的环境"，并将来信批转给福州市政府。

很快，《福州市外来务工从业人员子女就学暂行办法》出台，长期困扰外来务工人员的子女上学难问题，在福州得到圆满解决。

习近平还给来信者回了信，信中写道："你从闽北山区的一个小山村来到省会福州市务工，在短短的四年中，提高了致富技能，丰富了知识，开阔了思路，我为你的进步深感高兴。你在信中提出的政府要关注外来务工青年子女上学问题的建议很好，我已批转福州市政府予以研究。"

由于来信者在信中未署名，习近平只好根据来信中提及的工作单位——金得利集团，请集团领导帮助寻找，才将回信送到了写信者苏仁寿手里。

苏仁寿没想到，自己的一封信得到省长的亲自回复。他说，省长过问打工族反映的问题，解决子女上学问题，这便是"把心贴近人民"的最好诠释。

六

习近平还经常进行随机调研。

1991年初春，时任福州市委书记习近平冒着绵绵春雨来到福州市传染病医院。这所医院虽说是全省唯一的传染病医院，但院舍还是20世纪50年代盖的低矮破旧的房屋，住院病人上厕所不方便，医院与外界的通道也狭窄不堪，救护车难以通行。

习近平到实地察看后，当场决定由有关部门帮助修路，方便进出，久拖未决的难题终于得到解决。在当年研究为民办实事的市委常委会上，他又提出把传染病医院病房楼建设列入为民办实事项目，得到一致赞成。第二年，一座建筑面积5000多平方米、设计病床250张的病房大楼落成投入使用。

1999年10月，已担任福建省代省长的习近平再次来到这所医院时，望着焕然一新的面貌，听了院长的介绍，又看了医院成就图片展，他感慨地说，传染病院的防治水平，从一个侧面体现着一个城市的医疗水平，直接关系到人民群众的身体健康。他希望各部门充分认识传染病防治的重要性和紧迫性，努力在卫生体制、运行体制及管理方式等方面拓展思路，大胆探索，逐步建立起完善的传染病防治体系，保护人民身体健康。

2002年4月，习近平到南平市光泽县调研。在与江西省紧邻的止马镇杉关村，习近平下车后与几位在农田里干活的农民聊起来。

聊了半晌，待要离开时，省直机关的同志问那几位农民知不知道这位领导是谁。

"啥领导？不知道哇。"

"这就是省长习近平。"

"哎呀，习省长的名字我们都知道，但是不知道长啥样，今天才第一次见到。"

"你们平时没看电视？"

"我们这里不通有线电视，用小锅盖收台，因为靠近江西，平时新闻里看到的都是江西的省长，就是没见过我们自己的省长！"

一问一答，习近平和大家都大笑起来。

聊天中，农民反映说，因为两省边界地区长途电话不通，要到邻近的江西省的邮局打长途电话到省内，本该是省内长途，却变成省际长途，既多花钱又不方便。

"作为政府，我们要及时满足群众的基本生活需求，能做到的事情要尽快做，不要拖沓。"在"我们自己的省长"的要求下，有线电视和长途电话很快覆盖到靠近省边界的偏远地区。

2002 年国庆节前夕，习近平到福州检查节日安全和保障工作。在刚刚建成的南江滨公园，看到公园里有一座精致的建筑物，询问后得知是厕所，见那座厕所造型独特，与公园环境融合得很好，习近平说："厕所不可小视，一定要加强管理。许多外国游客来访提的意见最多的就是厕所问题。"

七

1999 年 12 月 26 日，《福建日报》刊发了一条消息：省长电子信箱正式开通。今后，老百姓登录福建省人民政府网站，点击"省长信箱"可以了解到有关信访工作的政策、法规，填写"人民信访表"即可发送人民群众对政府工作的反映和建议。

这成为架设在省长和群众之间的桥梁。试运行期间，就有不少省内外群众、海外人士通过互联网向"省长信箱"发送电子邮件，提出积极的建议。

在宁德工作期间，习近平就强调，造福于民，要与民相知心，切实改进领导作风，深入群众，密切党同人民群众的联系。

1985 年，为方便群众拨打报警电话，也为提高接警后的出动速度，漳州设立了 110 报警电话，以"有警必接、有难必帮、有险必救、有求必应"为目标，赢得了"远亲不如近邻，近邻不如 110"的赞誉，于 1990 年率先建立 110 报警服务台和快速反应机制。

1996 年 8 月，公安部在漳州召开全国城市 110 报警服务台建设工作漳州现场会，中心议题是通过学习"漳州 110"的先进经验，推进 110 报警服务台的建设。9 月 18 日，时任福建省委副书记习近平在福州了解了"漳州 110"为民服务的感人事迹后，提笔写下"人民的保护神"六字感言。10 月 21 日，习近平到漳州实地考察 110 报警服务工作和队伍建设。他进警营、到岗亭，找执勤民警了解工作和训练情况，对"漳州 110"高效的工作方法非常满意。他指出，110 报警服务台的工作，事关群众工作的基础，是党委政府联系群众的重要渠道，同时也密切了公安机关和人民群众的血肉联系。他勉励大家发扬警队优良传统，百尺竿头更进一步。

1997年，"漳州110"被国务院授予"人民的110"荣誉称号，此后"漳州110"的经验做法在全国全面推开。随着110报警服务越来越多，党委、政府协调相关部门对群众求助进行分解，即110社会联动，及时将非警务警情转给有关部门处理。现在的"12345，有事找政府"正是由此演变而来。2021年1月10日，中共中央宣传部向全社会公开发布福建省"漳州110"的先进事迹，授予他们"时代楷模"荣誉称号。

"无论时代如何变迁，习近平同志当年倡导学习'漳州110'的现实意义和历史影响越来越显现，这对我们的警力下沉、面向群众有非常大的推动作用，对公安干警树立群众观念、时刻贴近群众有很大的促进作用。"时任福建省公安厅厅长陈由诚表示。

为市民提供免费法律服务的"148"公共法律热线，同样在习近平的关心下发展壮大。

2000年2月，设立全省统一的"96148"法律服务专用电话服务系统，被确定为省委、省政府为民办实事项目。时任福建省省长习近平要求"切实把这件利国利民的好事实事办实、办好，使之真正成为人民群众的'开心锁''连心桥''守护神'"。

如今，"96148"名称几经更迭，升级为"12348"公共法律服务热线平台。作为福建公共法律服务体系的重要载体，"12348"面向群众和社会组织，提供便捷、高效的法律咨询和应急法律援助等各项法律服务。

"我们党的根本宗旨是全心全意为人民服务，只有把人民的利益摆在第一位，把实现和维护最广大人民群众的利益作为我们一切工作的出发点和落脚点，才能够得到人民的支持。""我们在政府机关工作的每一位同志应牢牢记住，人民政府的权力是人民给的，自己是人民的公仆。""我们要牢记政府前面的'人民'两个字，代表人民的利益，为人民谋利益。"2000年1月6日，当年的首次省政府党组（扩大）会议上，习近平的讲话掷地有声。

牵挂困难群众

一

民为邦本，本固邦宁。

1991年11月30日晚7点多，两三辆面包车徐徐驶出福清城关。时任福州市委书记习近平一行刚刚结束连续两天在长乐、福清举行的县（市）区现场办公会，开始返程。

行至离城关四公里处时，车辆忽然减速。"不好，前方出车祸了！"中巴车上，不知谁说了一句。

透过车窗，借着车灯的光，只见一辆摩托车翻倒在路中央，边上躺着两男一女，暗红的鲜血一摊又一摊，围观者不少，却没人上前帮忙。

"停车，组织抢救！"习近平迅速下车，走到伤者面前，见一男子小腿血流不止，马上安排道："赶快救人，保护现场！""腾出一部车送伤员上医院，马上通知福清公安局！"

现场人员一齐动手，伤员被小心翼翼地抬起来，送上了腾出来的面包车，随后福清市公安局的警车也赶到了现场。

等到伤员送医，中巴重新上路，很快消失在茫茫夜色中。

1992 年初，《福建日报》编辑部收到一封读者来信，写信人正是这场车祸中的三名伤员。他们经过医护人员的精心救治，已逐渐康复。医生说，当天如果再拖延一些时间，恐怕就有生命危险。

他们后来才知道，指挥停车救人的，是市委书记习近平。来信最后写道："如果不是习书记及时把我们送往医院，我们三个人早就没命了。"

二

习近平在福建工作了 17 年半，留下了许多扶危济困、为民解忧的温暖故事。

1989 年 1 月 18 日，时任宁德地委书记习近平深入宁德市九都乡九仙村走访慰问群众。得知村民钟郑英一家四口一年才收十担粮，生活十分困难，习近平吩咐乡干部给予解决。

1991 年初，得知平潭渔业资源枯竭，渔民打不到鱼、揭不开锅，习近平让时任福州市委副书记赵守箴及时了解情况。

赵守箴来到平潭，走进困难群众家，揭开锅盖一看，都是野菜。他如实汇报后，习近平立即召集民政等有关部门，拨了 60 多万斤粮食给平潭。

1999 年 10 月 24 日，时任省委副书记、代省长习近平又一次来到平潭，看望两个与他在 1993 年就结成帮扶对子的孩子林冬梅、林泉。习近平很关心他们的学习，勉励他们说："一定要加倍努力学习，不要辜负大家的希望。家里有困难，我们都会尽力帮助你们的。"在林冬梅的记忆里，她人生中吃到的第一个芒果、第一盒月饼，是习近平送来的；第一次走出村子去福州、第一次游福州西湖、第一次吃汉堡包，也是习近平安排的。

有一回下乡调研，途经福州市区一个交通繁忙的区域，习近平看到几位环卫工人一边扫垃圾，一边躲闪来往的车辆，而这些人在车流中却并不显眼，稍有不慎就可能被撞。他叮嘱随行工作人员第一时间联系分管城建的副市长转达他的要求：环卫工人是城市的美容师，为使他们在车繁人杂的工作环境下有一定的安全保障，要为他们提供统一的标识，要马上落实，不要考虑钱的事。不久，福州市环卫工人都穿戴上了统一配发的反光背心和反光帽，安全事故大幅减少。

习近平要求省政府机关每一位工作人员，时时刻刻都要关注那些关系到人民群众冷暖安危的事情。他强调，人民利益高于天、重于山，群众的事再小也是大事，为人民群众的利益，我们可以牺牲自己的一切，在所不惜。

三

1989年2月23日，是宁德屏南残疾农民杨声球永生难忘的日子。

那天上午，32岁的他特意穿上一身崭新的浅色西装，与其他七位农民代表一起来到宁德地区行署会议厅，向地直机关副科长以上干部作改革十年的形势报告。这次会议正是由时任宁德地委书记习近平主持。

杨声球身残志坚，在双溪、寿山、路下等老区基点村负责香菇生产技术指导，还在城关开大店卖菌种，盖起了有32间房的大房子。

发言席上，杨声球的双手紧紧攥着话筒，激动地说："要不是党的政策好，我这个站着还没有人家坐着高的残疾人，只能过靠亲人扶养的寄生生活，怎么能搞起这么大的香菇生产的家业？怎么会有今天登上地区大讲台的机会？我这是山鸡飞上了凤凰台！"

会后合影时，习近平特地拉着杨声球的手，让他坐在自己身边。得知杨声球还没找对象，习近平鼓励他：好好干，一定有姑娘喜欢你，好好成个家，生儿育女，有事到宁德找我。

习近平的肯定和鼓励，点燃了杨声球的奋斗热情。

2004年春夏之交，杨声球想学养蚕，他一路寻到浙江省桐乡市一家蚕业公司，却被拒之门外。

他带着当年他和习近平的合影照片又找到浙江省委，说自己是从福建来的，要找省委书记习近平。工作忙碌的习近平马上安排秘书联系了有关部门，最终公司同意教他技术，给他资料。

"原来习书记还记得我们'有事到宁德找我'的约定，即便他已离开福建。"杨声球感慨不已。

如今的杨声球，早已娶妻生子，一家四口，生活和美。学会养蚕后，他还带领十多户农户一起干、一起富。那张和习近平的合影，就摆在家里最醒目的位置，他说这是他一辈子的念想和骄傲。

四

1990年夏天，时任福州市委书记兼任闽江职业大学（闽江学院前身）校长的习近平收到了一封来自闽清县的信。写信者是一名残疾考生的父亲，讲述了其子黄道亮的故事，字里行间诚恳真切。

1978 年，年幼的黄道亮在一次事故中失去双臂，在父亲的激励下，他重新振作，学会用脚写字，一路读完小学、初中、高中。

始终以十倍、百倍的努力，去争取与健全人一样成功的黄道亮，却被现实狠狠打击。1988 年、1989 年，他连续两次参加高考，分数都达到大专线，但没有学校愿意录取他。1990 年，国家对残疾人上大学的政策规定有所松动。这让黄道亮看到了希望，第三次参加了高考。

担心孩子愿望再次落空的父亲，给闽江职业大学校长写下了这封信，辗转到达习近平手中。

当年 9 月，在习近平的关心协调下，黄道亮终于迈入闽江职业大学的校门，成为全省第一名无双臂大学生。他顺利完成学业，还在大学期间入了党，毕业后回到闽清县残联上班。

1997 年 5 月 18 日，全国助残日。那一天，福建省领导要接见福建省出席全国"自强与助残"表彰大会的代表和残疾人代表，黄道亮是其中一个。

当省领导入场时，黄道亮眼睛一亮，心里咯噔一下，又惊又喜，他看到了他的大学校长、时任省委副书记习近平。

轮到黄道亮发言时，他在台上讲述了成长中的艰辛、师长的帮助以及工作中的收获，特别提到自己在闽江职业大学三年的幸福时光。

说到此时，黄道亮把满怀感激的目光投向习近平，看到习近平也正含笑注视着他，还微微点了一下头。

五

由于自身发展能力弱，残疾人是困难群体中的贫中之贫、困中之困。对于这一特殊困难群体，习近平倾注心力，格外关注。

1991年10月18日晚，福州东街口。一场为盲人音乐家陈君恩和新闻界、音乐界朋友们举办的小型活动上，一位朋友带来了消息："市委书记习近平同志因有外事活动不能来了，习书记得知你与爱人潘力鹰的事后表态，调她到福州来，他要尽自己的责任……"

陈君恩是福州人，14岁便双目失明，在热心人的帮助引导下，走进了音乐殿堂，后考上长春大学，成为福建省第一个盲人大学生。大学期间，他与同学潘力鹰相爱。毕业后他分配到了福州市盲校担任音乐教师，潘力鹰则在长春市农安县第一中学任教。

福州与长春，相距近3000公里。1991年8月，两人办理了结婚登记。但若想结束两地分居，把潘力鹰调到福州，要解决户口指标、单位编制问题。潘力鹰大学毕业后还在东北师范大学等学校继续深造，深耕英文、教育专业的同时，在音乐文学、中国民间剪纸、写作、心理咨询等方面也有所建树，且持续参与助残志愿服务，是彼时福州急需的人才。

在习近平的关心下，福州市人事局把潘力鹰的商调函发往长春，收到长春方面表示同意的回信后，福州市教委亦表态同意接收，并尽可能照顾安排在他们住处附近的学校任教。

时隔一年，1992年11月15日，陈君恩个人作品演唱会在福州华侨大厦举行。市委书记习近平的贺信，醒目地贴在二楼演唱会厅前。

许多人不请自来，400个座位的大厅挤进了600多名听众。他们通过跃动的音符，感悟理解了这个瘦削的年轻人对人生的执着追求。

台下，已调至福州工作的潘力鹰陪同家人坐在大厅一角，看着台上的陈君恩，回忆往事笑中有泪。

"我只有感谢、感激、感恩。我只有加倍努力，回报党和政府、社会和为我成长付出心血的老师、亲人！"陈君恩说。多年来，他坚持助残善举，教授音乐、指导人生，总结出"多指击拍法"，搀扶着一届又一届的盲童踏上光明的前程。"用爱心驱散黑暗，用知识播撒光明"的座右铭，他从未改变。

在几次有关残疾人工作的会议上，习近平和市委、市政府经过研究布置了更多具体举措。比如，鼓励企业吸收残疾人就业政策，统筹解决白内障治疗、肢体残疾人的假肢补贴、聋哑人的康复等问题。1992 年 12 月 25 日，福州市残疾人事业工作会议召开，习近平明确指出，要从社会文明与进步的高度来认识残疾人工作的重要性。他强调："对我市而言，我们正在实施'3820'工程，能不能保证全市 24 万残疾人同步达到小康生活水平，将直接影响到我市社会经济发展战略的实现。"

六

2002 年 6 月 10 日，《福建日报》热线新闻版刊发了《一个三野老战士的多舛命运》，报道了三野老战士李朝金的境况。

李朝金原名陈四境，参加过渡江战役等重大战役，多次荣立战功。退伍返回家乡仙游县榜头镇象塘村后，他隐功埋名数十载，晚年却不幸和儿子双双罹患癌症。全家六口人只有儿媳妇一个劳动力，唯一的经济来源就是民政部门发放的每月 163 元的抚恤金。

百般无奈中，李朝金托人写了一封言辞恳切的信，由村委会盖章证明所述困难属实，并请求各级有关部门支持解决，然后找到了《福建日报》记者。

6 月 18 日，看到报道的时任福建省省长习近平，从自己的工资中拿出 1000 元，委托《福建日报》记者转交到李朝金手中，并对相关问题作出批示。

6 月 29 日，仙游县榜头镇象塘村，李朝金的病榻前，一名亲属用莆仙方言大声朗读习近平的批示："像李朝金这样为革命胜利负过伤、流过血的老退伍军人，应该让他们同其他老人一样有一个幸福的晚年……"

话音未落，李朝金已是老泪纵横，攥着省长的慰问金，紧紧地贴在胸前。在场的人无不动容。

李朝金嘴唇微张，断断续续地说："为穷人求解放，多少战友牺牲了生命，我只不过出了一点力，受了几次伤，省长这么关心我，我真的很感动。"

李朝金的遭遇，也让习近平进一步思考，如何通过完善机制，从根本上解决类似问题。

习近平还批示："此类事情社会上时有发生，应想办法建立一种社会救助机制，在各级民政部门加大对病、残和'五保'人员等社会困难群体进行扶持的同时，也发动社会各界及时对他们进行救助。"

根据习近平的批示精神，福建要求有关部门进一步完善现行的低保制度，建立上下沟通、多方关心、形成合力的救助机制；同时，要求民政部门发挥职能作用，组织、协调、宣传、发动社会各界包括有关社会团体，救助困难群众。

随后，莆田市的各级党政领导前往李朝金家慰问。仙游县广泛发动社会各界结对帮扶困难党员、救助困难群众，积极探索建立长效帮扶机制。榜头镇党委召开专题会议，形成《关心困难群体，举一反三完善社会救助机制》的决议，对困难群体进行调查摸底，登记造册，开展各种帮扶活动。

2002年7月8日凌晨,83岁的李朝金平静地离开了人世。此前，他最挂念的两个孙子的求学问题，已通过结对帮扶解决。

这以后，福建逐步打破社会保障体系城乡二元化的格局。2013年起把最低生活保障体系向农村延伸，农村"五保户"等贫困家庭的生产生活、大病医疗等难题被摆在优先解决的位置。2004年，新型农村合作医疗试点启动，农民实现了看病报销。到2019年，福建已全面实现城乡救助标准一体化，成为全国第五个实现社会救助标准城乡一体化的省份。

菜篮子·肉案子·米袋子

一

时任福州市财贸委业务科科长胡冀闽第一次见到习近平，是在1991年春节前，习近平到农贸市场检查市场供应情况。那天，胡冀闽在市场配合习近平检查工作。

在视察猪肉蛋品摊点时，习近平说："咱们福州市的老百姓过年吃年夜饭的时候，家家都要准备一碗'太平燕'，主要食材就是猪肉和鸭蛋。你们保证充足的供应，就是'保太平'！"

走到蔬菜区域时，看到这里蔬菜供应充足，品种也很丰富，习近平感到很满意。他说："要保证蔬菜的种植面积，才能保证市场的供应，但是绿叶菜的病虫害比较多，所以要用高效和低毒的农药，保证食品安全。"

一旁的胡冀闽暗暗吃惊：这位新书记检查工作够仔细，对百姓的餐桌是真关心，还对福州饮食文化很内行。

后来，每逢国庆、元旦、春节等重要节日，习近平都会到农贸市场查看市场供应情况。

"群众的衣食住行、开门七件事，始终是我们关心的主要问题。"1991年初，习近平在担任福州市委书记不到一年时说。

彼时，福州蔬菜生产集约化、规模化程度都比较低，技术水平不高，产量一般，保障能力脆弱，大量蔬菜依靠外地运输进来，供应水平始终在低位徘徊。

福州有句俗语："三天不见青，两眼冒金星。"这个"青"，指的就是绿叶菜。"吃菜难"是福州群众反映强烈的问题。

任职福州期间，习近平在每一年度的工作部署中，都把"菜篮子"工程放在首位。

习近平提出，"菜篮子"工程要按照"保面积、扩基地、重投入、多产出、拓流通"的工作思路，严控征用菜地，调整蔬菜生产布局。根据这一思路，福州新开发菜地和改造老菜地1000公顷，将琅岐岛和闽侯的南通、南屿列为福州市最大的"菜篮子"基地，在闽侯大湖乡等地种植高山反季节蔬菜。

习近平还主导建立郊区泉头农场、鼓山和琅岐等一批稳固的副食品综合基地，新建、改建了双坂副食品批发市场、象园副食品综合商场以及当时全省最大的亚峰蔬菜批发市场，水产、水果、糖烟酒、辣椒、禽蛋等各类批发市场也陆续开业，形成了国有商业企业为主导的批发市场体系。

按照习近平的要求，福州市做到了以"当地生产为主，外地供应为辅"的供应格局。

经过一两年努力，福州的菜市场愈发热闹：肉、禽、蛋、菜、果都很充足，价格也很平稳，市民们在一年四季都可以吃上各种各样物美价廉的放心菜。

这些变化，老百姓看在眼里，喜在心里。

当时，一份媒体问卷调查公布，评选市民"最满意的市委、市政府为民所办的实事"，其中，"菜篮子"丰盛、价格平稳，名列第一。福州市还被评为全国"菜篮子工程"建设先进城市。

"菜篮子"基地多了，但农贸市场是个体经营的集合体，来源复杂，经营者难以管控。百姓如何买得放心？而现代大型综合超市存在过度包装、生鲜食品价格高的问题，无法满足群众的消费需求。

习近平指出，"菜篮子"工程要以市场为导向，这样才能有效形成产供销一条龙，并且持续地良性循环下去。

传统商业的变革，需要统筹推进，但又不能过于激进，将农贸市场改造成生鲜食品超市（即"农改超"），恰到好处。

2001 年 1 月，习近平调研福州市春节市场供应

生鲜食品超市受到政府的严格监管，对农副食品的质量、安全进行严格的检测和把关，价格适中，得到了老百姓的充分肯定。越来越多的生鲜食品超市直接与产地链接挂钩，推行"订单农业""合同农业"，使农产品形成生产、加工、流通一条龙的供应链，实现产业优化升级。

"农改超"形成的生鲜食品超市全面支撑市民生活的同时，大型综合超市也在全面发展，还保留了几个特色农贸市场，让小品种商品、海产品等有处容身，并实施针对性监管。

国有企业华榕集团利用香港窗口企业的优势，在福州探索创办了第一家连锁超市；永辉超市、新华都超市等开始崛起，成为口碑很好的生鲜食品超市，逐渐覆盖市场；麦德龙、沃尔玛、家乐福等"洋超市"也进入福州。

慢慢地，农贸市场、生鲜食品超市、大型综合超市在福州呈三足鼎立之势。

习近平大力推行的"农改超"，成为后来"餐桌污染"治理等一系列举措的基础。

二

新世纪之初，福建人民的餐桌和全国人民一样面临着新困扰：经过改革开放以来的持续改善，食品供给虽无数量之忧，但存安全之虞。2000 年 5 月，福州组织了一次抽检，结果令人咋舌：定点屠宰场的瘦肉精检出率高达 76%！

2001 年上半年的一天中午，省政府食堂上演了这样一幕——

"这些肉有没有瘦肉精啊?"正排队打着菜,一位副省长半开玩笑地问。

"应该不会吧!"另一位副省长回答。

这一段看似无意的对话,一下子引起习近平的警觉。习近平马上说:"在我们的食堂里,如果大家还担心吃到瘦肉精,可见老百姓吃得还真是不放心啊!治理瘦肉精这件事我们要好好抓一抓。"

那天中午,省政府食堂成了领导们讨论治理瘦肉精的现场会,大家端着饭、夹着菜,围桌而谈。习近平这一次特别的食堂调研,全面铺开了严查瘦肉精专项工作,一场"民生战役"就此打响。

其实,这场战役早已酝酿。

2001 年 2 月,新华社接连刊发两条反映省外"餐桌污染"的报道。习近平阅后立即作出批示:"'餐桌污染'是一个事关人民群众身体健康和生活安全,关系我省农产品能否扩大国内外市场和不断增加农民收入的大问题,应引起我们的高度重视。"

时间再往前推一点,省政协委员金铁平在当年省两会期间曾提交"加强食品卫生的管理、检查和监督"的提案,也得到了习近平的高度重视。"当时,他就要求主管部门尽快拿出整改措施,使政协提案的建议落到实处。"金铁平说。

当时,农副产品中有害残留物超标严重,畜禽养殖和食品加工过程滥用抗生素或违禁使用添加剂,加工、运输、储存等环节落后导致食品后续污染……但若是论起老百姓餐桌上最大的公敌,仍属瘦肉精。

"为何八个部门管不好一头猪?"习近平曾在会上这样问道。他认为,问题就出在体制机制上。

习近平给出了系统性、整体性批示：农业生产要推广绿色食品标准，加强病虫害生物防治，远离各种饲料药物添加剂，努力使生产出来的农产品都是无公害、无污染的产品；环保部门要强化环境保护措施，防止工业"三废"对农产品生产造成污染；卫生监督和工商管理部门要把好市场的入口关，加强对进入市场农产品的检验，坚决防止被污染的农产品进入市场，对已进入市场的被污染农产品，要依法对销售者进行惩处；环保和卫生检验部门尽快建立科学的检验标准，完善检验技术。

很快，省政府又建立了由 23 个部门组成的治理"餐桌污染"、建设"食品放心工程"联席会议，2005 年改设省食品安全委员会。

2001 年 8 月，在全省治理"餐桌污染"暨建设"食品放心工程"工作会议上，习近平承诺：力争用 3 年时间基本消除全省 23 个城市的"餐桌污染"，用 5 年时间基本消除全省范围内的"餐桌污染"。

"在当时，将治理'餐桌污染'上升到如此重要的位置，并明确提出治理的路径和机制，实在不容易。"原福建省经贸委副主任、省食安办主任钟安平是这场战役的亲历者。他说，综合治理，要注重系统性、整体性和协调性，更要有完善的综合协调机制和治理体系与之相配套。

这事很快在街头巷尾传开了。

"生猪、蔬菜、水产品、饮用水都是治理重点。"

"先进的设备可以开展蔬菜农药残留量的检验。"

……

中央电视台《经济半小时》节目播出了《整顿市场经济秩序——我们在行动》节目，习近平接受了采访。

"习省长，如果说我是一个福建人，我觉得我最大的、最根本的切身利益就是吃得放心、喝得放心，您作为省长能给我承诺吗？"主持人的问题很尖锐。

"这应该是我们的职责所在，但是目前差距还很大。"习近平并不回避问题。

接下来，对瘦肉精、蔬菜农残、水产品污染等症结，他也是信手拈来、侃侃而谈。

"人民所关心的事情就是我们关心的焦点，人民群众不放心的事情、不满意的事情就是我们过失的所在。"

此前，福州市财贸部门接到了习近平的一个任务，去农业部门了解如何检测瘦肉精。

相关同志回来后，走进习近平办公室。

"他们用的是一种土办法：赶一头猪走上坡路，用棍子打猪的屁股，如果它腿软，走不上去，就是吃过瘦肉精；反之则不然。"

"这倒是个土办法，但很难达到精准，结果是不确定的，还是要用设备。"习近平还强调了一句，"这是涉及老百姓食品安全的问题，千万不能糊里糊涂的"。

于是，省、市很快下拨了专项资金，添置了一批进口的瘦肉精检测设备，单台价值 20 多万元，可以通过尿样迅速准确检测。

在这个节目里，习近平强调，福建将有限的资金用在刀刃上，加大对瘦肉精尿样检测需要的设备、试剂等经费的财政投资；同时，率先建立定点屠宰、销售一条龙电脑化的网络平台。"这样，每天定点杀了多少猪，市场上又在卖多少猪，有多少是私宰的，第一时间就能得出结果。"

彼时，福建省是全国第一个治理"餐桌污染"的省份，也是全国第一个实行生猪定点屠宰的省份，还积极研发、购置蔬菜农残和肉食品有害物质监测仪器，防止瘟猪和其他有害食品流入市场；大力推行"三绿"（即绿色消费、绿色市场、绿色通道）工程，在生产、加工、流通领域大力普及健康、安全理念，推行严格管理的办法。

2001年，福建省生猪产销环节的瘦肉精检出率就下降到8%以下，次年又降到1%以下。再后来，福建省多年未检出瘦肉精。

习近平主持省政府工作时，治理"餐桌污染"工作在福建得到持续深化：在没有先例的情况下，将饮用水纳入食品安全管理范畴，成为治理重点之一；推动地沟油的合理利用，将地沟油回收加工成为燃料油；全省建立群防群治制度，协助部门取样化验、检验饭店等"餐桌污染"的治理情况。

2002年调到浙江后，习近平还专门派浙江同志来福建考察学习治理经验。到中央工作后，他多次与福建同志谈话，强调要继续抓好治理"餐桌污染"工作。

到2022年，"餐桌污染"治理已连续22年被列入福建省为民办实事项目。

三

2001年10月17日，福建省粮食局离休干部宁元祯小心翼翼地投递了一封信。收件人是习近平。

第二天，习近平读完信件后，当即批给分管副省长曹德淦，要求抓紧研处。

宁元祯提出了他所了解的粮食经营中存在的五个问题：陈粮、陈化粮太多；粮储设施长期缺乏维修、仓储条件差，上漏下潮严重，如再不采取有效措施改善粮储设施条件，库存粮食难以避免变质；基层粮站经费紧缺，库存粮食虫害严重，无法抑制；消防器具配备不到位，粮库火灾隐患十分突出；拖欠职工工资普遍，职工队伍极不稳定，有的因生活困难只好外出打工，不少粮仓已唱"空城计"，仓管员把锁匙交给家属或上缴粮站。

福建"八山一水一分田"，历史上就是个缺粮省。每年因向外省购粮，花大量的财力、物力、人力，往往拿着调粮指标，调不来粮食，或调来的是陈化粮、劣质粮。

当时，国家正在进行粮食流通体制改革工作。习近平在1999年任代省长时，这项改革已经到了攻坚阶段。

新一轮调研工作开始了。除召开省政府专题会议外，习近平深入粮企、粮库、产粮区，下大力气落实中央提出的"三分开"（政企分开、中央粮食事权与地方粮食事权分开、经营与储备分开）、"三制度"（省、市、县粮食工作三级行政首长负责制、三级粮食储备制度、三级粮食风险基金制度）、"一改革"（粮食企业改革）。

习近平根据福建长期严重缺粮的实际情况，决定将福建的供应储备能力提高到中央粮储要求的两倍，增建粮库，并增加粮食储备金，增加粮食保管费用。

仅仅抓住市场这个环节是不够的，还得从田间地头抓起，从源头上根治。

"习近平同志很注意抓农田改造、兴修水利、培植地力、推广良种，提高和保护粮食生产能力。"曹德淦说，"我感到习近平同志对大局和形势的把握非常准确，做事情有大思路，眼界开阔，站位很高。"

习近平从"菜篮子"问题，发现了产供销结构的问题，又看到了"农改超"的业态发展问题，以及"餐桌污染"整治的食品安全问题，从而捕捉出制度的缺陷，建立从田头到餐桌的全程监管体系。这看似寻常的舌尖小事，却是百姓最关心的问题之一，也始终是习近平心中的大事。

2013 年 12 月 23 日至 24 日，中央农村工作会议在北京举行。习近平总书记强调，食品安全源头在农产品，基础在农业，必须正本清源，首先把农产品质量抓好。要把农产品质量安全作为转变农业发展方式、加快现代农业建设的关键环节，用最严谨的标准、最严格的监管、最严厉的处罚、最严肃的问责，确保广大人民群众"舌尖上的安全"。

2019 年 12 月 1 日，修订后的《中华人民共和国食品安全法实施条例》正式施行。该条例强化生产经营者的食品安全主体责任，增设"处罚到人"制度，充分体现食药领域"四个最严"的要求。

别了，棚屋区

一

习近平任福州市委书记不久，有一次，到机场迎接一位中央部委的领导。车辆已到市中心时,那位领导同志问道:"咱们快进城了吧?"一句无意之问,问出了福州人的无奈。

20世纪90年代初的福州,尽管是省会,还是首批对外开放的沿海城市之一,但很多地方的面貌跟县城差不多,城市居民人均住房、供水、道路、绿化等指标长期低于全国城市的平均水平。

"纸褙福州城"的说法,很快为习近平所知。

"你们知道福州人最怕的是什么吗?"有一次,习近平这样问福州的干部。

有说这个的,有说那个的。

"我在下面转的时候听到,福州人最怕的就是水火无情。为什么?福州这个地方很多都是木板房,火一烧就是一大片。闽江一发大水,水就会倒灌进来,百姓就遭殃了。"习近平说。

二

福州棚屋区的历史,可以追溯到数百年前。

福州地处闽江入海口,每年闽江泛滥,洪水便涌进街巷。砖头遇水浸泡就膨胀粉化,因此棚屋大多由便宜的杉木板横七竖八拼接而成,基本是一层半的结构。

走近了看,木头外墙东倒西歪,有的干裂,有的碳化,像一件补了又补的破外套。楼道、旮旯处一道道霉印清晰,蚊虫成堆,散发着恶臭。

洪水泛滥之时,老百姓就打开木门引水,避免薄木板墙承受不住压力而倾倒；洪水退去，买些报纸再糊一次内墙即可。经年累月，一层又一层，房子竟成了纸糊的。

夏天，不到天黑，家家户户抢着把竹板床支到路边；冬天，内墙上一张张破旧、泛黄的报纸无法挡住四面渗进的寒风。火灾时常发生。棚屋区人口密度高，紧挨着杉木板墙生火做饭，稍不小心，火舌卷起，火势蔓延极快，那时，"火烧厝"①的嘶喊，凄厉又悲凉。

黑咕隆咚的破房，逼仄狭窄的空间，跑进跑出的老鼠，倒马桶、烧煤、挑水，是曾在棚屋区生活的民众的记忆。

20世纪80年代中期，福州从台江建海新村、仓山桃花山新村着手，拉开了棚屋区改造序幕。尽管如此，到90年代初，仍可以看到简陋的窝棚连成的巨大棚屋区。

三

习近平任职福州时，福州旧城改造仅完成应改造量的十分之一。

习近平调查后认为，这是关系到千家万户老百姓安居乐业的大事，棚屋区改造，必须提速。

多次调研、开会探讨后，习近平提出治理闽江泛滥和棚屋区改造两个项目要同时上马。

"第一，不能让洪水再漫入市区，要解决防洪堤问题；第二，

---

① 福州人将火灾叫作"火烧厝"。

市民要住上像样的房子。"习近平说。

加高、加固防洪堤工程率先完成。闽江福州段境内 153 公里从头到尾建成坚固的钢筋水泥的防洪堤,共投资了 46 亿多元,防洪标准大大提升,群众再也不怕"水漫金山"了。

这只是治愈棚屋区沉疴的第一步。当时的福州,基础设施欠债多,因地处海防前线和战备需要,该干的事又太多太急,而福州的财政仅仅是吃饭财政,大面积棚屋区改造,势必造成财力紧张,并影响到其他基础设施建设。

习近平在 1992 年 1 月 24 日《福建日报》上发表署名文章《处理好城市建设中八个关系》,回顾了决策思路:"流经福州市区的闽江段两岸,原先均为破旧低陋的木房棚屋区,我们采取分期分段改造的办法。为避免二次改造造成浪费,我们对规划区内的新建筑进行严格审批,要求上档次、上水平,改造一片、成功一片,与今后的发展相配套。"

分期分批,谁先谁后?

习近平的思路清晰且严谨:根据总体规划和各方面的承受能力,采取脱胎换骨与改头换面相结合的办法。脱胎换骨就是按规划要求尽快全面改造的地区采取全拆重建的办法。改头换面就是需缓几年改造,但目前又有碍观瞻的商业街,重点改造门面,进行"面部整容"和局部加固。

四

1992 年春天,盖有主管部门大印的拆迁公告贴上了台江江滨路棚屋区破旧乌黑的木板墙，这如巨石投江，引起强烈反响。

毕竟穷家难舍，福州人常说："七溜八溜，不离福州；金窝银窝，比不过自己草窝。"更何况，江滨路地处码头闹市，为传统的"黄金宝地"，开店出租都收入不菲，断了居民财路，谁都不答应。

"谁要我搬，我就死在这里给他瞧！"刚听到江滨路要拆迁，一个老依姆①把铺盖从里屋搬到厅堂，横在大门口说。她在江滨路一住40多年，讲话粗声粗气，遇事容易激动，邻里都要避她三舍。

区里、街道、居委会干部没有退缩，反倒一天跑上七八趟，同老人细说慢谈，既讲引进外资成片开发、加快改革开放和经济建设的大道理，也谈改造旧城、构筑新居，老百姓改善居住条件的实惠。

第三天，邻里发现，老依姆的心思变了。打消顾虑的她，连夜请来五六个亲戚，帮忙收拾厅堂铺盖，未待指挥部开动员会就主动投亲去了。

1992年4月15日至18日，在不到100个小时内，江滨路这块88亩土地上涉及2183户、万余居民和38家省市区属单位、381家个体工商户的巨大搬迁工程顺利完成。

参与其中的人心里明白，用实际行动把群众的利益放在第一位，给他们亮出"底牌"、吃下"定心丸"，为他们排忧解难，这才是万余名居民顺利搬迁的原因。

---

① 福州话对上了年纪的女性的称呼。

对旧城改造任务,习近平态度明确:"旧城改造的目的不是地产开发,而是要安置好百姓,特别是贫困的百姓。"

"改造后的住宅要具备一定的标准,功能要齐全、要方便,一定要有卫生间,千万不要再让老百姓在外面洗澡、拎着马桶出门了。"习近平提出了具体要求。

他强调,对特困户,政府的目标则是把其他的一切事情给解决好,让他们"拎包入住"。他还提出要"就地安置",反对把老百姓迁走、让富裕人群搬进来的做法。

五

旧城改造,是一场全民参与的城市巨变。老百姓看到了城市变化,但其背后决策者的思虑并不为人周知。最大的思虑,就是一个字:钱!有限的资金,如何平衡棚屋改造与城市建设?

摸清家底,才能化解矛盾。

福州当时从事房地产开发的各类公司有几十家,其中不少是"三资"企业,外资到资额已突破 6000 万美元。

改革开放后,福州市民手头上的钱逐年增多,到 1990 年城乡居民储蓄余额突破 60 亿元……

习近平提出福州旧城改造搞好"三个结合"的构想:旧城改造与深化土地使用制度改革相结合、与住房制度改革相结合、与金融体制改革相结合。

根据土地资源情况、城市总体规划和开发对象的经济实力,福州市的旧城改造被分为三个类区。棚屋区改造主要鼓励单位和居民住宅解困合作社集资建设，政府从多方面予以扶持。

不宽裕的财政资金，成为撬动棚屋区改造工程的杠杆。

福州市财政先行垫付一些资金，随着改造的实施，楼房代替平房后，拆出来的地块就成为滚动的资金来源。加上民营企业积极介入旧城改造，银行也愿意提供贷款。

经济效益好的地段被房地产开发商率先开发后，离繁华街道较远、地段等级低的成片木棚屋区还亟待改造。1993年调查摸底显示，福州尚有木棚屋440万平方米。

不能让我们的市民提着马桶跨进21世纪！

1993年8月25日，习近平在福州市房地产管理局制定的连片木棚屋改造初步实施方案上批示："应积极进行改造，并给予政策支持，改造时注意规划布局，避免二次改造。"

根据实施方案，木棚屋改造工作被列入各级领导的议事日程。改造难度高、居民要求改建呼声高、经济效益低的"两高一低"木棚屋，成为此次改造重点，以实现福州市委、市政府提出的三五年内基本消灭连片木棚屋区的战略部署。

1995年7月23日，《福建日报》刊出的报道《福州四十万居民乔迁新居》中，提到一组令人振奋的数据：福州市先后改造了400多片大小棚屋区，新建各类住宅800多万平方米，建成12个配套齐全的万人住宅小区和20多个中等规模的居民新村，使全市近40万居民乔迁新居。市区人均居住面积达到了8.3平方米。

一位在棚屋区过了大半辈子的老中医，搬迁至新居后，在厅堂里贴上了一副对联："人心不足吾已足，盛世难逢我今逢。"

六

1996 年，习近平到省里工作后，依然牵挂着棚屋区的百姓。因为历史欠账过多，福州仍有部分群众居住在棚屋区。

2000 年 7 月 2 日，烈日炎炎。下午 2 时，几辆车缓缓地驶进台江区下杭路。

时任省长习近平率队察看了上渡、帮洲、义洲等棚屋区，又来到紧傍着闹市中心的苍霞。

苍霞位于台江区南部江滨地段，自古以商贸发达而闻名。到了抗战时期，苍霞作为重要革命根据点，输送了大量情报。然而，随着陆上交通的兴起，闽江上的船舶开始减少，百年苍霞逐渐转为生活街区，热闹散去，渐趋沉寂。

顺着一行人的目光望去，省城的繁华消失殆尽，只余下破旧的棚屋区。

正义路 27 号是一幢二层木屋，房屋年久失修、旧板横斜，130 多平方米，挤进了 7 户 27 口人。

居民唐庆旺正在院子里帮人宰杀鸭子，看到一行人朝他走来。旁人告诉他，省长来了。"省长笑着跟我打招呼，还让我带他到家里看看。"唐庆旺回忆，"省长本来还想爬到阁楼上去看看，但他身材高大，很难上去，就在梯子下跟我谈。"

蒸笼一样的木板房里，习近平详细询问了老唐一家的生活情况。

唐庆旺是连家船民后代，祖辈一直过着"上无片瓦，下无寸土"的漂泊生活。到他出生时，一家人总算租到房子，从水上搬到了岸上。

就在不足九平方米的房子里，老唐完成了结婚、生子的人生大事。"我们愿望不高，我们这一代就算了，下一代不能再这样住下去了。"

省长的亲切随和，让老唐说出了心里话：希望早日搬迁，也希望花钱少一些。

习近平频频点头，表示理解。

大家在屋子里还没待上一会儿，就满身大汗了。习近平说："我们在中午最热的时候来看，才能真正体会到住棚屋区群众的困难和疾苦。"

随后召开的棚屋区居民座谈会上，八十高龄的老人家杨声锵热泪盈眶："衣食住行是人生四件大事，党和政府为我们解决了三件，现在，又要为我们解决第四件，我多年的梦想就要实现了！"

面对父老乡亲热切期盼的眼神，习近平说："改革开放以来，福州的变化日新月异，但在这样的大好形势下，我们千万不要忘了那些生活条件困难的群众。改造棚屋区就是维护人民群众的利益，就是实践'三个代表'的思想。这是一件好事，我们一定要以人民群众满意为原则，多听意见，集思广益，择其善者而从之。"

"请给群众捎个话，政府一定不辜负大家的期盼，把好事办好。"习近平对参加座谈会的居民代表说。

在棚屋区改造指挥部召开的工作汇报会上，习近平说，安居是群众生活的基本要求，安居才能乐业。在改革开放20多年后的今天，还存在成片的棚屋区、"架子房"。我们的政府不仅要"锦上添花"，更要"雪中送炭"。他说：领导干部有几个住在棚屋区的？如果自己住棚屋区，一定恨不得马上搬出来。将心比心，我们要设身处地为群众着想，把群众的事放在心上，把钱用在急群众所需上。

7月4日，福州市棚屋区拆迁安置优惠政策、城市房屋拆迁管理办法、城市房屋拆迁补偿和安置房计价标准等3个文件出台。

7月10日，苍霞棚屋区拆迁改造工作正式启动。

8月底，苍霞社区共3441户涉及近万人的动迁工作全部完成。

10月，启动改造仓山区上渡等地的棚屋区，仅一个月时间，上渡一期棚改的3531户拆迁户全部搬迁完毕，没有一户上访，创下了福州市旧城改造动迁史上进度最快的纪录。

菖蒲、帮洲、义洲、下藤、洋洽……一个个棚屋区被成功改造，告别了历史。

七

2001年5月23日，时隔近一年，习近平专程前往苍霞、上渡察看棚屋区改造工程进展。

重返故地，当年破烂不堪的棚屋区已变了模样——

安置楼已全部落成，41幢崭新的住宅楼分列成三排整齐的方阵。淡蓝色的屋顶，嫩黄色的外墙，明快淡雅的色调，让新苍霞秀在其外。

"所有的棚屋区住户都分到房子了吗？分房政策群众都了解吗？安置过程中群众有意见吗？"习近平关切地询问工作人员。

他嘱咐市里的干部，一定要把政策给群众说透说明白。

回迁群众纷纷围了上来：习省长，旧城改造你抓得好啊，我们

福州市台江区苍霞棚屋区（2000 年）

福州市台江区苍霞新城（2020 年）

祖祖辈辈都盼望能有个好的居住环境，今天终于实现了！

习近平说，我们代表人民群众的利益，绝不是一句空洞的口号，必须落实到具体的事情上，让群众真正感受到实惠，感受到温暖，从群众最期盼的事情做起，从群众最困难的事情帮起。

2001年8月17日，原住在正义路27号的唐庆旺和他的老街坊们拿到了属于自己的新房钥匙。新房子60平方米，窗明几净、亮堂舒适，总价10万元，他凑了7万元，贷款3万元，月供500元。

"这可是当时全福州最好的房子。住了一辈子棚屋，没想到还能住上这么好的房子，而且是有自己产权的。"回首往事，老唐眼眶湿润。

苍霞新城建成后十余年间，福州市持续投入，对小区道路、沟渠、绿化等进行综合整治，让回迁群众生活更舒适。

如今，跨越闽江的三县洲大桥，下桥不远处，苍霞片区绿树掩映、楼宇林立、店铺密集，特色历史文化街区的修缮也正在进行，有望再现繁华。

从"忧居"到"安居"再到"宜居"，"纸褙福州城"留在了昔日。

2010年9月4日，时任中共中央政治局常委、中央书记处书记、国家副主席习近平再次踏上了他熟悉的这片热土。

习近平没有忘记棚屋区的百姓。他说，现在棚屋区少了，但这项工作还要抓紧。加快旧屋区改造步伐，既可以改善人民群众的住房条件，又可以改善城市面貌。

对福州打造宜居城市的做法，他给予了肯定。他说，福州是有福之州，福州人是有福之人，衷心祝福福州明天更美好。

教育，绝不允许"等一等"

一

1989年初夏的一天，太阳刚爬出山坳，宁德福安坂中畲族乡大林村党支部书记钟通弟正在田里劳作，远远看见三个陌生人向村里走来。

那时，大林村不通公路，一尺宽的山间小路崎岖陡峭，从乡里来，脚力好的也要走一个多小时。

三人走近后，钟通弟看到走在中间的，是一位满头大汗的年轻人。同行的人介绍，这是地委习书记，来村里了解情况。

"我满手泥、满身汗，可习书记一点不嫌弃，主动和我握手。"钟通弟回忆。放下手头的活计，他就带着三人往村里走，边走边介绍村里情况。

村口，一间只有两个小窗洞的老土坯房，就是大林小学。钟通弟说，全校4个年级47个学生，都挤在这唯一的教室里，就一位老师，是个18岁的女孩，每节课一个年级只能分到10分钟。老师住的房子底下养牛、上面晒地瓜米，连个房门都没有，就用个竹帘挡一挡。学生要读五年级，就得去隔壁仙岩村。

听着钟通弟的介绍，看着孩子们破旧的衣衫，习近平神情凝重。

不久之后，习近平专门委托挂钩帮扶大林村的宁德军分区政委赵文法去看看孩子们。赵文法一行肩挑手扛，大包小包，送去各种学习用品。每个孩子领到一个书包、一个铅笔盒、十支铅笔，他们还收到了从未见过的漂亮衣服，女生是连衣裙，男生是短衫短裤套装。

习近平还给大林村批了六万块钱。这些钱被用来修了一条路，盖了四间教室和村"两委"办公场所，安装了一台电视机、一部电话。

"我走了不少乡村，看到不少简陋的校舍，心里沉甸甸的。"在写于 1990 年 2 月的《我们应怎样办好教育》一文中，习近平写道："在同农村干部、农民专业户的交谈中我更感到科技兴农、人才兴业的重要和紧迫。"

彼时的闽东，财力紧张，办好教育困难重重；但也因为教育没有办好，经济发展同样受到人才制约的困扰。"用新的教育观来衡量，我们只能多几分忧患意识。"

什么是新的教育观？习近平阐释道："它不再是过去那种就教育论教育，而是把教育问题同经济、社会的发展联系起来，看这个地方的教育是不是适应并且促进了本地区经济、社会的发展。"

他认为，在闽东的现实态势下，建设为开放所急需的、为经济发展所急需的软环境，"必定要把人才作为软环境中最为重要的一环"，"从中小学开始培养各方面的人才"。因此，"教育问题是绝对不允许'等一等'的"，必须"真正把教育摆在先行官的位置，努力实现教育、科技、经济相互支持、相互促进的良性循环"。

二

"敬教劝学，建国之大本；兴贤育才，为政之先务。"无论在哪个岗位，教育问题始终是习近平关注的重点。

1992年7月4日，一场特大洪灾袭击了南平地区光泽县寨里乡儒洲村，冲毁了该村唯一的小学——儒洲小学。这样一个贫困的小村，根本没有财力为孩子们重建一座校园，231名学生只能暂寄在村委会简陋的过渡用房上课。

消息传到了福州。"儒洲村的困难就是我们的困难！"时任福州市委书记习近平提议，向儒洲村捐款，为山区教育事业尽福州人民的一份心意。建校所需的资金很快到位。

新校舍奠基之际，习近平发来贺信。贺信里说，洪水无情人有情，面对特大洪灾留下的一片废墟，你们为早日恢复安宁的学习生活，为了孩子们的未来，奋起抗灾自救。短短几个月，重建起明净的校舍，其艰苦奋斗、不为困难所屈服的精神令人钦佩。老师们提议，将贺信内容刻成碑，嵌入新建教学楼的墙面里。

经过全村人240多天的奋战，一座美观大方的教学楼在第二年3月落成。师生们第一次走进宽敞明亮的新教室，抑制不住内心的喜悦，推举出13名学生代表，联名给习近平写了一封感谢信："我们倍感社会主义的优越性，党的温暖……"重情义的儒洲人还决定，把儒洲小学改名为"光泽县福州小学"。

2007年，光泽县福州小学通过省级达标校验收，成为南平市第一所村级达标学校。近些年，许多偏远农村小学撤点并校，但这所小学却因为教学成绩和校园环境都不错，师生数不降反增，越办越红火。习近平的贺信，仍刻在教学楼的墙上，激励学校师生通过知识改变命运。

2000 年 9 月 26 日，时任福建省省长习近平到南平市政和实验小学调研视察。沿着操场，校长魏旭方边走边汇报学校情况。当时在校学生 1900 多人、31 个班级，最多的一个班级挤进了 74 名学生。由于面积太小，还有两个年级不得不借县少年宫上课。

"一个地方的发展，基础是教育，后劲也是教育。"习近平的话，魏旭方记忆犹新。

过了不到一个月，学校就获得了省长基金 80 万元拨款，第二年又是 20 万元。"如果没有这 100 万元的扶持，学校的扩建不知道什么时候才能动工。"魏旭方感慨。

2002 年上半年，政和实验小学扩建工程竣工，教学条件大为改善，后来学校还评上了"省级文明学校"。

由于历史、自然条件等原因，长期以来畲族群众的受教育水平普遍偏低，习近平对民族教育始终给予特别关注。

习近平担任省长期间，福建对少数民族教育的扶持已形成制度。2002 年，省政府专门出台《关于深化改革加快发展民族教育的实施意见》，推动民族教育优先发展。同年起，省级财政每年安排民族教育专项资金，重点支持民族学校设施设备配备，改善办学条件。

三

在宁德工作期间，习近平注意到，闽东地区主要是农村，需要有一个"泥土味十足"的教育特色。"我们的目标是培养更多的能脱贫致富的知识型劳动者。为此，必须把发展基础教育和发展职业技术教育、成人教育结合起来。"

职业教育，被认为是离就业和脱贫最近的教育形态。

改革开放初期，为解决地方急需人才的问题，国家专门出台政策，允许各级地方政府开办地方性大学培养自己需要的人才。1981年起，全国涌现出一大批职业大学，其中就有1984年10月正式成立的闽江职业大学（简称"闽大"）。

创校初期的闽江职业大学，依托福州大学、福建师范大学联合办学，没有校舍、没有师资、没有设备，人称"三无"学校，处境艰难。

习近平任福州市委书记之后，兼任了闽江职业大学校长一职。

1990年9月22日，在1990级闽江职业大学迎新暨军民共建大会上，习近平作了即席讲话。

"闽大白手起家，能发展到现在这样的规模，主要靠'艰苦奋斗、勤俭办学'。"他指出，闽江职业大学要继续发扬艰苦奋斗、勤俭办学的好传统，立足于多渠道、多形式地解决办学中的资金困难，不断完善办学条件，把学校的各项工作搞得更好。

开学典礼结束，现场办公会随即召开。

那时，摆在闽江职业大学面前的难题很多。

最紧迫的任务，是迎接1991年国家教委关于"充实整顿"情况的检查验收。1988年国家教委公布了部分办学条件不达标、需要充实整顿的高校名单，其中就包括闽江职业大学。35亩的校园面积和3栋楼的硬件设施，与检查验收标准相距甚远。习近平明确指示按照有关要求提前做好谋划，抓紧落实。

会上，编制问题、硬件设施、教工住房、办学经费等问题，一个接一个抛出。

能敲定的马上解决，一时解决不了的也被列入处理日程。习近平现场承诺："从我开始不当挂名校领导，关心这个学校建设，应该及时解决具体问题。"

1991年2月13日，农历腊月二十九，习近平受邀和闽江职业大学教师代表共度他到福州工作后的第一个春节。

聚餐地点在位于鼓楼区河南新村18座的闽江职业大学教职工宿舍601室。参加者自带餐具和两道拿手菜，每隔十几分钟由家属递送上楼：炒三鲜、芙蓉蛋、泉州元宵、自酿米酒、鱼丸汤……临时拼接的餐桌上，习近平与20余名教师代表围桌而聚，聊家常、聊学校、聊教育、聊每道菜是怎么制作的，不时传出欢声笑语。

"两个小时的相聚，简朴又温馨，习校长平易近人、尊师重教，让老师们如沐春风。"时任校党委副书记兼常务副校长孙芳仲回忆。

春节后，迎接"充实整顿"情况检查验收的整改加速了。1991年，《闽江职业大学1992—1995年发展规划》《闽江职业大学改革与发展的若干建议》出台。根据规划，1995年校园面积将达100亩，2000年校园面积可达200亩。

专业设置调整也及时跟进。闽江职业大学在原有院系的基础上，根据福州市经济建设和社会发展需要，新设旅游系、外国语言文学系、社会工作系等。

1991年9月28日，闽江职业大学通过了国家教委的检查验收，解除了发展路上的"紧箍咒"。

习近平明确指出，闽江职业大学是职业大学，学校性质本身决定了要注重强化技能训练与动手能力的培养。要把每一位学生造就成多功能应用型人才，与工农相结合是知识分子成才的必由之路。

为此，闽江职业大学在校内外建立了实践基地，学生结合本专业特色自选实践单位，开展社会调查。在教学计划安排中，实践训练达总学时的三分之一。

学校还与多家单位合作办学：与福州晚报社合办新闻专业，与福州市中级人民法院合办法律专业，与福州市土地管理局合办土地管理专业……不少毕业生成为各行各业的骨干力量。

据统计，闽江职业大学共有 1074 名学生的毕业证书是由习近平校长签章。

1996 年 4 月 3 日上午，即将卸任闽江职业大学校长的习近平在学校座谈会上再次强调，学校课程设置要适应社会需要，缺什么样的人才，就培养什么样的人才，"这是地方职业大学的生命力之所在"。

两个月后，他致信闽江职业大学全体师生：我将一如既往地心系闽大，热爱闽大，为闽大的发展尽自己一份绵薄之力。

2002 年，成立于 1958 年的福州师范高等专科学校与闽江职业大学合并建立闽江学院。

习近平兑现了"心系闽大"的诺言：1999 年，为闽江职业大学15 周年校庆题词——"办出特色，繁荣十邑"；2008 年、2018 年，闽江学院建校 50 周年、60 周年，他都发来贺信。

如今的闽江学院，已发展成为一所学科门类较为齐全的应用型本科院校，是福建省重点建设高校、一流学科建设高校，拥有国家级特色专业 2 个、省级应用型学科 6 个、省示范性应用型专业群 3 个。

四

闽江学院现有 4 个校区，最大的旗山校区占地 2000 余亩。旗山校区所在的福州地区大学城，正是在时任福建省省长习近平的谋划、部署和推动下，从无到有，由蓝图变为现实。

福建人重教育，福建学生爱读书。但由于历史原因，福建高等学校数量少、规模小，虽然教育部门竭尽全力在省内高校挖潜扩招、在省外高校争取扩大对闽招生，但"九五"期间，福建每万人高校在校生数仅居全国第 19 位，高等教育毛入学率仅为 9.33%，低于全国 11% 的平均水平。

更深层次的问题，则是高校学科结构和人才培养结构不合理，社会需求极大的应用学科、新兴学科和理工科人才严重不足，无法为已露峥嵘的知识经济提供足够的智力支持。

"多办大学，扩大招生"是社会呼声，然而经过持续扩招，各大高校校园用地、仪器设备、图书资料等教育资源更加紧张。

推进科教兴省和人才强省战略，呼唤一个更加广阔的平台！

走出城区，建设福州地区大学城的设想摆上了省委、省政府的重要议程。

几经考察论证，2000 年 6 月，福建省委、省政府正式作出了建设福州地区大学城的重大决策。

2000 年 8 月 17 日，在福建省科技教育领导小组第一次会议上，大学城确定选址闽侯县上街镇。习近平要求，大学城建设规划不仅要考虑高校新校区的发展需要，还要考虑大学城建设所带动的相关产业和社区发展的需要。教学、科研、后勤服务等各类设施的建设要统筹规划，实现资源共享。

省长办公会、省政府专题会议、高等教育专题调研……一系列紧锣密鼓的部署中，高校布局调整、大学城建设路径日渐清晰，各项前期筹备工作有条不紊展开。

2001 年初，福州地区大学城建设列入省委、省政府为民办实事项目之一，并编入"十五"计划。这也是整个"十五"期间，福建社会事业发展的最大建设项目。

2001 年 10 月 8 日，在省长办公会上，福州地区大学城总体规划审议通过。会议明确，大学城建设不是几所高等院校简单的搬迁组合，而是适应国民经济和社会发展，调整教育结构，优化资源配置，引进高等人才，提高教育质量的重大举措。要高起点搞好基础设施建设和学科建设，把大学城建成福建最好的教育基地。

"由于思路清晰，部署得当，分工明确，在习近平同志大力推动下，大学城建设非常顺利。"时任福建省副省长、福州地区大学城建设领导小组副组长潘心城回忆。

世纪之交，全国多地都在兴建大学城，福州地区大学城无论是占地面积、办学规模还是投资总量，在当时都堪称大手笔。

其规划的最大特色，是摆脱小而全的办校模式，打破校际界限，实现资源共享的最大化，不仅推动教学、科研和后勤服务等基础设施共享，人才、信息、环境、氛围等软资源也实现共享。

从 2002 年 12 月 28 日打下第一根桩，到 2003 年 8 月 12 日预验收，近 40 万平方米的大学城一期建设只用了 228 天。

当年 9 月，福州大学、福建师范大学、福建医科大学、福建中医学院（2010 年更名为福建中医药大学）四所高校近万名新生踏入福州地区大学城，此时大学城二期工程已按照规划全面铺开，三期工程也在积极有序的筹划之中。

大学城一期工程交付使用第二天，《福建日报》刊发评论："福州地区大学城一期工程顺利完工，不仅仅是建造了一个规模宏大的美丽校园，也不仅仅是让更多的八闽子弟圆了大学梦，而是实施科教兴省战略与人才强省战略的关键一步，是提高我省发展后劲和综合竞争力的重要举措。"

在习近平的领导下，省政府推动的多件大事，都大大加速了福建省高等教育事业的发展和提升，如福建农业大学和福建林学院合并组建了福建农林大学，制定省政府部门学校管理体制的实施意见，确保各高校的筒子楼改造工作如期完成等。

"习近平同志站位很高，他对高等教育事业的重视，对高校建设的支持，是着眼于为国家、为福建培养高素质人才这个大局。"潘心城回忆。

五

2021 年 3 月 25 日一早，闽江学院"老校长"习近平重返校园。

"总书记好！""习校长好！"在校园广场上等候的师生们高喊着。习近平微笑着向他们挥手致意。习近平感慨道，过去巴掌大的地儿，现在这么大的发展，沧桑之变啊！

在闽江学院校史和应用型办学成果展示厅，"不求最大、但求最优、但求适应社会需要"十分醒目。从为下党乡做发展规划，到海上养殖、畲族服饰、漆器制造，展示厅教学成果累累。习近平说："闽江学院已经不是过去的样子了，但办学方向一直在沿着过去的路子走。"

"社会需要的人才是金字塔形的。高校不仅要培养研究型人才，也要树立应用型办学理念，培养青年一代适应社会需要的技能。"培根铸魂，启智润心。习近平语重心长："实现第二个百年奋斗目标、实现中华民族伟大复兴，青年一代责任在肩。要落实立德树人根本任务，培养德智体美劳全面发展的社会主义建设者和接班人。"

一张蓝图绘到底、一任接着一任干。廿载发展，福州地区大学城浓缩了福建高等教育努力打好翻身仗的历程：

入驻9所本科高校、3所高职高专院校，其中国家级"一流学科"建设高校1所，省级"一流大学"建设高校6所，累计建设各类校舍面积超400万平方米。

在校生规模从2003年第一批高校入驻时的6.3万人扩大到2020年的18.5万人，共培养输送高素质人才68.3万人，成为福建人才培养、科研创新的聚集地。

围绕全省经济社会发展，布局人工智能、智能制造等新兴交叉专业34个，建设服务产业特色专业65个，共有国家级及教育部科研创新平台38个，承担了全省85%以上的国家自然科学基金项目。

放眼八闽，全省已有89所普通高校，其中39所为本科院校。2020年，福建省高等教育毛入学率达57.88%，比2015年提高15.08个百分点，比全国平均水平高3.48个百分点，比全国提早2年进入普及化阶段。福建高教事业，正按照习近平总书记"加快一流大学和一流学科建设，实现高等教育内涵式发展"的要求，提升教育质量和效益，走内涵式发展道路。

守住千公里"生命线"

一

1992 年 6 月底，3 号台风在台湾以东海面转向北上，4 号台风经海南岛登陆西行，副热带高压随之西升北抬。与此同时，北方冷空气南移。冷暖气流激烈交锋于江淮流域，此后锋面一路南下，直指闽江流域上空。

一场暴雨正在酝酿。

7 月 3 日开始，闽江流域自北向南连降暴雨到特大暴雨。干流水位猛涨，出现了 1934 年有实测资料以来的最大洪水。水文部门后来分析确定，这场特大洪水干流洪峰流量相当于 50 年一遇的标准。

连日暴雨，外洪内涝，榕城告急。

7 月 6 日 21 时，福州市委常委会议室，窗外暴雨如注，室内灯火通明，全市抗洪救灾紧急电话会议正在进行。

"立即行动起来，克服麻痹思想，立足抗大灾，抗重灾，全力以赴打好抗洪救灾这一仗。"时任福州市委书记、抗洪救灾领导小组组长习近平发出动员令，反复叮嘱"把财产和人员伤亡减少到最低程度"。

"市委、市政府，闽侯县报告抗洪情况，洪水正在急骤上涨，有可能突破历史最高水位，形势非常严峻……"这时，扩音器里传来时任闽侯县委书记张学梅焦灼的声音。

"走！"习近平带头手持电筒，身披雨衣，赶赴闽侯。

二

中巴车在福古公路上疾驶。

车窗外，江水翻涌，直逼路面。习近平不时下车，察看路旁防洪设施，慰问正在抬沙包、堆土堤的干部群众。

在荆溪乡港头村，习近平站在没过小腿的洪水里，听取乡村干部汇报抗洪情况。听说荆溪堤段有两处漏水，他立即赶到现场，要求县乡马上组织力量采取压载倒流紧急措施。

7月7日0时30分，雨势愈发猛急，洪水淹没了国道。手提电话里传来中洲岛险情吃紧的消息。

"赶快！往回走，到中洲岛！"

位于福州市仓山区的中洲岛，是闽江上的一个岛屿，由解放大桥连接两岸。清末五口通商后，外国传教士、侨民纷至沓来，一时间岛上教堂、医院、洋行林立。新中国成立后，这些建筑被改为企业仓库、办公场所。当时，7万多平方米的岛上住着800多户2200多人。

习近平清楚，闽江只要一发洪水，中洲岛肯定先遭殃，当即决定掉头前往。

一行人赶到解放大桥桥头时，洪水快涨到桥面，漩涡一个接着一个，狂涛巨浪裹着漂浮物，涌向中洲岛。被围困的居民挤到二楼、三楼的窗口，对外呼喊求救。

习近平立即部署紧急措施：抽调副市长林永诚担任现场总指挥，由市交通局、西湖公园等调配船只支援，动用工交系统应急力量，由市防洪指挥部调运木板、麻绳等抢险物资，请解放军部队增援。

安排妥当后，习近平马不停蹄地赶往仓山区上渡、临江等被淹的街道。

7日凌晨，中巴车折回中洲岛。

人民子弟兵来了，他们驾驶摩托艇、橡皮艇，登上屋顶，攀上窗口，把被困群众一个个搭救出来，撑着船送到对岸安全地带，脱下自己身上的衣服给老人、小孩裹上。脱险的青壮年主动加入抗灾自救行列，配合救援人员搬送物资，安抚老幼妇孺。

看到抢险方案有序落实，应急队伍、救援物资悉数到位，习近平松了一口气。3时，中巴车再度消失在风雨中，往灾情严重的郊区建新乡驶去。

7日下午，习近平第三次来到中洲岛。经过十几个小时奋战，绝大部分群众已从岛上安全撤离，但仍有100多人被困楼上，挥动着红色布条求援。

洪涛愈发凶狠地翻滚、咆哮。救援船一次又一次被大浪冲回来，无法靠近被困群众。

此时正是闽江下游洪流最为湍急的阶段。水文记录显示，当日14时，位于中洲岛上游的闽侯竹岐水文站，出现了20世纪以来最高洪峰水位16.51米，超过警戒线5.51米，洪峰流量达每秒30300立方米。

"怎么办?"救援人员心急如焚。摩托艇、橡皮艇上不了岛。一旦下水，救援人员就将身处险境。

习近平派人到供销社找绳子。可是，从岸边搭绳索转移岛上群众还需要时间。最快的办法是出动空军直升机。

习近平当机立断，指示立即联系驻榕空军。空军某部请示上级后调直升机飞过来，开始一批一批地把岛上群众转移出来。这期间，绳索也搭好了，救援人员顺着绳子爬到岛上，加快把群众全部顺利转移出来，无一伤亡。

8日下午，习近平第四次来到中洲岛，慰问脱险的受灾群众。

从部署抗灾方案到检查防洪设施，再到中洲岛指挥营救被困群众，直至全市抗洪及善后处置，习近平三天三夜没有回家。

那几天，他的爱人彭丽媛正在医院生产。奋战在抗洪一线的习近平，没能抽出一点时间去医院看望妻子和刚出生的女儿。

三

在福建工作的领导干部，防汛抗台风是必修课。

福建背山面海，水网密布，河流行洪泄洪能力普遍差，春夏降雨集中，是全国受台风、暴雨、洪水、风暴潮等自然灾害影响最严重的省份之一。新中国成立后，全省每年要遭受多个台风正面袭击，平均每三年发生两次较大的洪涝灾害。

位于闽江下游的福州尤为如此。

福州既得江之利，也饱受江之害。俗谚"延平水，鼓山平"，说的便是闽江上游常常山洪暴发，不出一日，滚滚江水便呼啸而至，直逼下游福州城。

翻阅史料，频见福州水患记载。

明代文学家谢肇淛（福建长乐人）在随笔札记《五杂组》中，详尽记录了明万历三十七年（1609 年）的一次洪灾："方水至时，西南门外白浪连天，建溪浮尸，蔽江而下，亦有连楼屋数间泛泛水面，其中灯火尚荧荧者；亦有儿女尚闻啼哭声者；其得人救援，免于鱼鳖，千万中无一二耳。"

1990 年，习近平到任市委书记当年，福州就接连遇到 9 号、12 号、18 号等几个强台风正面袭击或影响，各县区普遍受灾，损失惨重。

"福建是台风多发地区，习近平同志是从内地来的，当时福州市委班子成员的年龄都比他大，他是常委里面年龄最小的。"时任福州市政府副秘书长、支前办主任梁建勇说，每次台风来袭，习近平都镇定自若、有条不紊地指挥：台风来之前怎么动员防御，台风登陆时做什么，台风过后如何开展工作……展现出"每临大事有静气"的大将风度。

四

缚住洪魔，还百姓永续安宁，是一道更为复杂的民生考题。

不能老打被动战、常规战，要放眼长远。沿着浩瀚江海，修筑坚不可摧的"生命长城"，是"功在当代，利在千秋"之业，也是福建人民的夙愿。

福建工程防洪历史由来已久，自唐以来便广修沿海防洪堤。五代十国的王审知治闽期间，修城固堤，大兴水利。但由于闽地被视为"南蛮之地"，并非粮仓重地，历代统治者对防洪建设支持甚少。村民、乡绅自发修建"自救堤""生产堤"，却筑毁交替，屡毁屡筑。一旦水患来袭，沿海沿江地带仍是不设防状态。

新中国成立后，这一局面得以改善。历届省委、省政府高度重视防灾减灾工作，修建了大量水利设施。但进入 20 世纪 90 年代，福建江堤、海堤依然存在标准低、零散碎片化、防洪防潮能力弱等问题。

当时，全省保护农田千亩以上的海堤 298 处，总长 1134 公里，90% 标准较低，需加固者达 1008 公里。沿海群众提心吊胆："海堤不加固，一旦冲决，海堤变'海啼'，我们可要哭哭啼啼！"有意到闽东南沿海投资兴业的外商，头一句便要问："海堤是否牢固？"

江堤方面，改革开放以来，闽江、九龙江、晋江下游和福州、漳州、泉州 3 个重点城市及其郊区多次重修防洪堤。但县级城区防洪总体能力仍十分脆弱，约 70% 的城区设防标准低，仅达 2 至 10 年一遇，每遇洪灾，险象环生，漫堤决口；有 30% 左右城区不设防，任凭洪水肆虐。

筑起沿江沿海"生命线"，迫在眉睫。

五

1991 年，福建省委、省政府把海堤加固建设纳入为民办实事项目。同年 12 月 29 日，福建省委五届四次全会提出"用三年时间加固达标 935 公里堤防，提高防洪防潮能力"。

1992 年开始，经过 3 年多努力，全省加固海堤 400 多公里，创造了历史纪录。但没有加固的海堤更长，若按以往进度，大体要到 20 世纪末才能完成千公里海堤加固任务。

老百姓等不起。

在福州市委书记任上，习近平携福州领跑全省千公里海堤加固达标建设。福州全市海堤总长 320.44 公里，三年加固达标任务 252.7 公里。福州市委、市政府发出"三年任务两年完成"的铮铮誓言。

1995 年 5 月 5 日，省委、省政府在福清召开以海堤加固达标为重点的"全省五大防御体系建设会议"。会议肯定了福州的经验做法，发出"要像抓公路先行工程那样抓海堤加固"的号召。

这场会议后，全省掀起学习福州、赶超福州的热潮，从根本上改变了全省海堤加固缓慢的局面。沿海 6 个地市、30 个县（市、区）百万军民，众志成城，铁心攻坚。

改革投入机制，创新激励机制，工程队缓领工钱垫资修堤，旅外乡亲回馈桑梓支持家乡水利建设，干群不辞辛苦投工投劳……1996 年底，福建全面按时超额完成千公里海堤加固达标建设任务，实际加固达标 1070 公里。

千公里海堤加宽垒高，石砌外坡。堤外，沧海浪涛深；堤内，细草微风岸。1996 年 8 月 31 日，8 号台风过境，恰逢天文大潮，福建沿海各地潮位普遍突破历史最高纪录，超出海堤加固达标前的原堤高度。所幸，全省绝大部分海堤都已除险加固达标。登陆地福清，无一人死亡。

"海岸长城"已筑就，转战千公里江堤建设正当时。

1995 年 10 月，习近平任省委副书记。1996 年秋冬季节，分管农业农村工作的他便提议省领导和省直机关干部到闽江下游防洪堤上街段工地参加劳动，并现场听取省水利水电厅关于"全省从完成海堤加固工程迅速转移到城区江河堤防建设方案"。

按照方案，福建江河堤防中的闽江、晋江、九龙江下游防洪堤全长 224 公里，加上 65 个应设防的城市防洪堤 790 公里，共计 1014 公里。

1997 年 3 月 22 日，省委、省政府召开"千公里海堤加固建设总结表彰"大会。这是一场表彰会，更是一场动员会。

会上，习近平作主旨报告，提出"要像抓千公里海堤加固建设一样，抓好千公里江河堤防建设，全面铺开，重点突破，确保完成江河堤防建设任务"。

当年夏天，一场福建历史上规模最大、投资最大的千公里江河堤防达标建设工程全面铺开。省委、省政府将千公里江堤建设列入全省重中之重项目和为民办实事的内容。省政府与各地（市）签订目标责任状，要求"奋战四年，本届政府任期内，全面完成"。

六

号角吹响了。千公里江堤建设在全省如火如荼推进。1999 年 1 月 9 日，全省千公里江堤建设工作会议在武平召开。

会议亮出了千公里江堤建设工程开展一年多来的成绩单：全省已完成江河堤防建设 160 公里，已建成的江河堤防在防御 1998 年闽江流域发生的特大洪灾中发挥了重要作用。以江堤建设等工程防洪为代表的"五大防御体系"，取得减灾效益 150 多亿元，创造了八闽抗洪奇迹。

"要增强水患意识，继续抓好'五大防御体系'建设，当务之急是加大投入，加快以县（市、区）城区防洪工程为主的千公里江堤建设，加大'五江一溪'综合治理力度。"时任省委副书记习近平在会议上强调。

当时，不少自然条件好的地方，江堤建设已接近完工。可莆田母亲河木兰溪防洪工程仍未有进展。

木兰溪是千公里江堤建设的重中之重、难中之难。驯服这条桀骜不驯的河流，掣肘在于技术，谁也不敢冒这个险。

1999年10月12日，在时任省委副书记、代省长习近平推荐的著名水利专家窦国仁的主持下，木兰溪防洪一期工程裁弯取直①段论证意见终于确定。木兰溪防洪工程由此迎来转机。

就在专家论证结束、正式出具论证报告前三天，10月9日，第14号台风席卷了莆田全境。

一夜之间，木兰溪沿岸一片汪洋，整个莆田倒塌房屋近6万间，被淹农田45万亩。

地处低洼地带的新度镇蒲坂村成为重灾区。洪水水位超过历史最高纪录1米多，土坝一冲就垮，土坯房一泡就倒，蒲坂全村住房倒塌及造成危房2298间，822人无家可归，直接经济损失达2957万元。

10月17日，习近平来到这里调研灾情。

---

① 裁弯取直：在过分弯曲河段中的狭颈处，采用人工开辟一条新河道代替旧河道，或先开辟一条较小的引河，借水流动力逐渐冲刷成新河道的措施。

洪水退去的村庄，满目疮痍，令人心痛。全程陪同的新度镇党委书记谢珍裕向习近平介绍，新度镇地处木兰溪下游，大灾小灾年年有，百姓苦不堪言。"我记得很清楚，习省长听到这话时，他说是考虑根治木兰溪水患的时候了。"

在蒲坂村，习近平向群众郑重承诺：第一，竭尽全力搞好重建家园工作；第二，妥善安置受灾群众的生活；第三，两个月后你们搬到新房的时候，我再来看望你们。

"他说这话以后，群众都鼓掌了。"时任村党支部书记郑仁明回忆。

不到两个月后的 12 月 14 日，习近平果真来了。

这次，看到新建的房屋大部分都盖了一层，快的已经盖到第三层，习近平很满意。他叮嘱当地干部，要抓紧时间将房子盖好，让受灾群众早日乔迁新居，但也要根据实际情况安排进度，不要因为赶时间而影响了质量。

村民们围上来，邀请习近平为重建的新村种一棵树。他爽快答应了，种下了一棵小叶榕。

13 天后的 12 月 27 日，木兰溪一期防洪工程正式开工，习近平等省领导与 6000 多名干部群众、驻军官兵一起参加了义务劳动。

随着一锹锹挥土和一根根落桩，莆田人根治水患的千年企望一步步走向现实。

从 1999 年 1 月至 2001 年 6 月的两年半时间里，习近平多次去现场、多次专题研究、多次作出指示批示。

莆田市委、市政府围绕木兰溪水安全、水环境、水生态的综合治理，一任接着一任干，最终迎来洪水归槽，生态巨变。

2016 年，与 1999 年第 14 号台风威力相当的"莫兰蒂"台风袭击莆田，沿岸居民甚至拍到了罕见的海水大潮倒灌木兰陂的景象，可木兰溪两岸堤防稳固，洪涝灾害没有复现。

七

2002 年 3 月，时任福建省省长习近平在参加全国两会期间接受《人民日报》专访时透露，经过 4 年奋战，到 2001 年底，福建省千公里江堤建设任务超额完成，保护了全省 28% 的人口和 52% 的工农业总产值。

习近平强调：我们要始终牢记政府前面的"人民"两个字。国计在于民生。一个地方经济发展水平高低，不仅要衡量其增长速度、财政收入等指标，更重要的是看当地群众的生活状况改善程度。

今天，步入位于江滨大道的福州闽江公园闽水园，沿着"闽水谣"石壁东侧的螺旋形阶梯往上走，可通往防洪堤步道，那里有个放射状圆形平台，中央竖立着一座假山状纪念碑。石碑北面，用草书刻写着"千公里江堤纪念"字样。

2002 年 12 月全面完成验收后，福建省政府在闽水园立下这座治水丰碑。石碑背面的碑文记录着千公里"生命线"的诞生始末："四年多来的风风雨雨，老少踊跃，军民联手，群策群力，共完成总投资三十七亿元，填土石四千六百二十三万立方米，至二〇〇一年底，全省九个设区市、七十二个需设防县（市、区）共完成江堤建设一千零一十九公里，防洪标准达到二十至二百年一遇，成为全国第一个所有县级以上城区设防基本达标的省份。"

位于福州闽江公园闽水园内的千公里江堤纪念碑

鼓山古道亮灯了

一

家在福州的林长兴大爷有个习惯，每周六下午都要去近郊的鼓山登登山，活动活动腿脚，出一身透汗。2002 年 1 月 12 日下午，他惊喜地在登山的人群中发现了时任福建省省长习近平的身影，一打听，才知道省长一行是专程前来察看鼓山登山古道路灯建设问题的。

位于福州城区东部的鼓山，海拔 870.3 米，因传山上有巨石如鼓，每当风雨大作，便簌荡有声而得名。以古刹涌泉寺为中心，鼓山东南西北各有胜景。尤其是山上留存的众多摩崖石刻，上起北宋，下迄清代，被誉为"东南碑林"。这个文人墨客抒情感怀的胜地，自古以来也是民众登山锻炼身体、欣赏自然风光的好去处。

随着全民健身运动的升温，到鼓山古道登山，愈发成为福州市民的休闲时尚。1997 年，周末到鼓山登山的只有一两千人，到 2002 年已经增长到上万人。

日渐增多的人流，让鼓山古道不堪重负，加上没有路灯，夜深天黑、路曲难辨，跌倒受伤事故屡有发生，甚至有歹徒趁黑打劫，群众反映强烈。

习近平得知这一情况后，当即批示要求福州市和晋安区"尽快解决鼓山登山古道路灯建设问题，更好地为市民登山健身服务"。当天，他就是专门来看古道路灯建设情况的。

从鼓山廨院出发，沿着蜿蜒的山道，经十八景延伸至半山停车场，路灯安装线路总长约 2.8 公里。沿着这一线路，习近平一行用 45 分钟登到了鼓山十八景休息站。

习近平和福州市、晋安区的领导边走边议。

"群众爱去的地方我们也要多来，这样才知道群众需要什么。"看到沿途登山的群众络绎不绝，习近平对身边工作人员说。

在习近平看来，登山是一项很好的全民健身活动，完善登山环境，是造福百姓的事，一定要把好事做好，本着"安全、适用、美观、和谐"的原则，让古道亮起来，让群众走得更方便更顺畅。

习近平强调，提高为人民服务的质量，要从大处着眼，小处着手，研究人民关心的事，帮助群众排忧解难，这样才能做到"民有所呼，我有所应""民有所呼，我有所为"。

登山古道亮起路灯，正是群众期盼的。

这一天的登山之旅，也是一场现场办公会。

最终，省、市、区共同出资 130 万元实施了鼓山登山古道"亮灯工程"，在 2.8 公里的登山古道两旁，以花岗岩为石墩安装了近 200 盏艺术路灯。

2002 年 2 月 5 日，鼓山古道亮灯了。

晋安区还在鼓山廨院、十八景等部位设立三个治安岗，在鼓山脚下设立"流动派出所"，增派巡逻力量。

新建的两条登山道取名为"勇敢者之路""松之恋"，分别位于鼓山古道的东面、西面。"勇敢者之路"正如其名，顺山涧溪流而上，陡峭刺激;"松之恋"则路线平缓、视野开阔。

2002 年 7 月 30 日,《福建日报》刊登了一则题为《夜登鼓山成时尚》的消息。该消息说,亮灯半年间,鼓山没有发生群众因登山而摔伤的事件,刑事案件也从 2001 年同期的 7 起,减少到 1 起。

二

福建省登山协会会长、时任福建东百集团副总裁朱韶明与习近平相熟结缘,也是因为登鼓山。

1997 年的一个周末,朱韶明的一个朋友邀请时任省委副书记习近平共同登鼓山,他第一次在鼓山见到了习近平。那之后,他们经常在周末一起登山。

习近平登山的速度比较快,有时候从山脚沿着古道一直登到鼓山十八景休息站,中间不休息,耗时约 40 分钟。

从古道起点闽山第一亭拾级而上,越过观瀑亭、乘云亭、半山亭、更衣亭,依次可见"云程发轫""天风吹梦""毋息半途"等摩崖石刻,最终抵达观景台十八景处。登山途中,习近平经常驻足欣赏这些文化瑰宝,乐在其中。

"在休息站,我们会一起喝茶聊天,他把我们都当成自己的朋友,没有任何架子,讲话很亲切、很实在,是一位把情看得很重的人。"朱韶明说。

有时,习近平的妻子彭丽媛回到福州,也和他们一起登山。彭丽媛也很喜欢这项运动。

习近平还总结了登山的几大好处：一是登山属于有氧运动，能增强心肺功能；二是登山需要全身协调运动，能锻炼肌肉、增强骨骼；三是山林之中有很多负氧离子，有利于调节身体机能；四是登山能让身心放松，缓解压力；五是登山要坚持不懈，能锻炼意志力；六是登山能够亲近大自然，在移步换景中陶冶情操。

在习近平看来，登山还能与基层百姓接触，当面聊聊，是一件很高兴的事，人们也不用担心说对说错，说心里话就好。

带着一瓶水、一条毛巾，就几个登山爱好者陪同，登山途中，习近平时常被群众认出，有的还会主动跟他打招呼，他都会微笑着挥手回应。

"小孩念书怎么样？""家里住房还好吗？""看病方便吗？"……习近平经常和登山的市民聊天拉家常。学生、游客、私企老板、普通工人，都是他的聊天对象。从中，他了解了他们的所思所盼。

平均两三个星期就利用周末时间登一次鼓山，这个习惯，习近平一直保持到 2002 年 10 月离开福建到浙江任职。

三

1999 年 10 月，朱韶明向习近平提出，最近正与一些登山爱好者筹备成立福建省登山协会，想邀请他担任名誉会长。

习近平答应得很爽快，并说："我当名誉会长，就要给登山群众做一些实事，推动全民登山健身运动，运动可以给百姓带来幸福。"

这位名誉会长，果然以实际行动支持协会发展，为登山群众做了不少实事。

习近平建议，登山协会要组织一些大型群众登山活动，把福建省的群众登山活动推向一个新的高潮。

1999 年 11 月，福建省登山协会甫一成立，就在鼓山举办了全国首届万人登山大赛。著名登山家李致新应邀参加，回京后还把福建开展群众登山的经验向国家体育总局作了汇报。

国家体育总局肯定了福建群众登山活动经验，并向全国推广：在多个城市组织市民登山健身活动，把每年的 1 月 1 日定为全国新年群众登高健身活动日，在全国 300 多个点全面推开登山活动。

随着登山健身人数快速增加，群众遇险和迷路的情况也快速上升。

2000 年的一天，朱韶明接到一个求助电话，称在闽侯十八重溪发现有登山群众迷路遇险，需要一些登山友前去救援。

一同登山的习近平听到了，当即指示人民生命安全高于一切，建立一支专业的民间山地救援队伍刻不容缓。

两个月的紧张筹备后，2001 年 1 月 1 日，福建省登山协会山地救援队成立，成为政府应急救援力量的重要补充。到 2019 年，这支队伍已经壮大到 120 人，因风雨无阻、不畏艰险、救急救难，收获了"感动福建十大人物""福建省十大最美面孔"以及中宣部、中央文明办授予的"最佳志愿服务组织"等荣誉。

习近平在登山时有个习惯：见到山路上有果皮、塑料瓶、食物的包装纸，就会随手捡起来，看到垃圾桶后，再扔进去。很快，一起的登山者也都效仿起来。

按照习近平"要做到健身的同时保护环境，要向大家宣传保护环境的重要性"的要求，福建省登山协会组织了多场公益活动。

2002 年 8 月，协会在福清大化山组织了千人露营和以捡垃圾为主的环保活动。习近平发来贺信："希望你们经常组织登山爱好者开展将登山与社会公益事业于一体的活动，为推动我省全民健身活动和开展公益事业作出新的贡献。"

2007 年，朱韶明去浙江见到了习近平。习近平说：小朱啊，我非常怀念咱们当年一起登山的日子。这些年，你们把群众登山活动和公益救援工作做得很好，辛苦了！

四

1995 年国务院《全民健身计划纲要》颁布后，全民健身成为一项系统工程在全国推行。特别是 2001 年 7 月 13 日，北京赢得 2008 年奥运会主办权，举国沸腾。群众把关注、支持奥运的热情转化为行动，全民健身运动空前蓬勃开展。"请人吃饭，不如请人流汗"的理念愈发深入人心。

2001 年 10 月 8 日，国庆节刚过，习近平从北京探亲回来，把时任副省长潘心城叫到办公室，指示他要进一步加强公共场所安装全民健身体育器材的工作，方便人民群众参加体育锻炼。

就如何发展全民健身运动，习近平与时任福建省体育局局长蔡天初也有过多次谈心。

"体育不仅仅有竞技体育，还有全民健身运动，还有体育产业，还要搞好思想政治工作和文化教育，这四个部分的内容都要抓，缺一不可。"习近平的话给蔡天初指明了方向。

在习近平看来，落实好"奥运争光计划"和"全民健身计划"不可偏废。他说，搞体育不要只看到金牌、只抓金牌，也要注重全民健身，要把全民健身列入省政府每年为民办实事项目之中，要为群众提供公共健身场所，提高人均活动场所面积，提高体育活动人口数量。

2002年，"全民健身路径"工程被列入省委、省政府为民办实事项目。

蔡天初向习近平汇报了"全民健身路径"工程相关情况，希望他抽空过来看一看。

2002年2月19日，春节长假后上班第一天，早上6点多，习近平就来到福州市鼓楼区五一广场和北江滨金沙园现场察看柔力器、摆腿器、单双杠等健身器材。"要看就早点来，看一看群众晨练的情况。"习近平说。

在闽江边上的一条"全民健身路径"，习近平到摆腿器上摇了摇，还走到篮球场投了个篮，球直接进了。"看准了就要投。"他说。

他还与一位生产体育健身器材的企业家交谈，特别交代"你们企业一定要保证体育器材的质量，确保群众健身安全"。

对全民健身点的建设情况，习近平很满意。他说，为民办实事就是要满足人民群众日益增长的物质文化生活需求，提高全民素质。

自2002年起，福建省把全民健身场地设施建设、全民健身活动作为每年为民办实事项目，先后完成了"全民健身路径""农民体育健身工程点""乡镇文体中心""登山步道""城市社区多功能运动场"等为民办实事项目，为个体健身搭建平台、提供多元服务，全民健身事业不断向前发展。为纪念北京奥运会成功举办，从2009年起，每年8月8日被国家确定为"全民健身日"。2014年10月，全民健身上升为国家战略。

四、站在创造未来的源头上

两座城市，两张蓝图

一

到厦门任职那天，正好是习近平 32 岁的生日。

当晚的饭菜是海蛎煎、炒面线、土笋冻等一些厦门特色菜，异乡的美食让习近平度过了一个难忘的生日。让他同样难忘的还有厦门狭窄又脏乱的街道、市政府对面的养牛场、百姓家里烧火还用着的蜂窝煤……习近平说，这不是他想象中的"海上花园"。

作为我国著名的沿海城市，厦门名声在外，被称作"海上花园"。其时，这里依然是一座"旧城"，大部分建筑都是 20 世纪二三十年代建的。有人这样形容："厦门像一个美丽的姑娘，却穿了一身破旧的衣裳。"

当时，厦门经济特区经过五年建设，进入新阶段，迫切需要一个发展战略作为决策指南，以实现更快更好发展。经济特区的发展模式是什么？城市如何定位？产业如何发展？为此，厦门市委、市政府决定，由习近平牵头组织一班人马专门研究。

年轻的习近平面临挑战。2006 年，为纪念厦门经济特区建设 25 周年，时任浙江省委书记习近平接受厦门电视台专访，回忆起到厦门的初衷时坦言："我当时很兴奋地到厦门来啊，就是想来尝试对改革的实践、对开放的实践。"

同样在这次采访中，习近平把几个特区同时获批生动形象地比作一场百米赛跑。"深圳、珠海、汕头是得开放风气之先呀，准备工作都做好了，发号令一响，就如离弦之箭了，这个时候的厦门说我还没准备好呀，我这鞋带还没系好，我现在还要活动活动我的膝关节，有个热身过程。"对台前线的突然转身、思想观念的骤然转变、基础条件的严重滞后……一切都让站在起跑线上的厦门有点手足无措。

习近平沉下心来展开调研，他需要离这座城市近一点，再近一点。他说："我们一切工作，都要落实到基层。我们一切工作，基层最重要。上面千条线，下面一根针，基层是第一线，也是前线，也是火线。"

为了开展调研，习近平专门购买了一辆厦门自行车厂生产的"武夷"牌自行车。在调研过程中，他和普通老百姓一样，一坐下来，就把烟递过去，沟通一下感情，然后才进入正题。别人泡的茶，他也不管卫生不卫生，接过来就喝。厦门的夏天比较闷热，群众看他工作辛苦，给他切一个西瓜，他也不管周围苍蝇围着嗡嗡飞，接过来就吃。

习近平常常访贫问苦。在河北正定工作期间，他跑遍了所有的村，在厦门亦复如是——深入城市的肌理，了解城市的脉络，为这次改革铺陈出扎实的前奏。

1986年，一场征文活动——"2000年——我心目中的厦门"在《厦门日报》展开。征文活动引发了厦门全市性大讨论，投稿纷至沓来，抒发对未来的畅想。在这场以笔为梦的思想碰撞背后，习近平已经牵头成立了厦门市经济社会发展战略研究办公室，一张直达世纪之交的蓝图已经徐徐展开。在政府内部，"发展战略"同样是个新鲜的词汇。时任厦门市计委副主任郑金沐说："我当时在市计委工作很多年了，一直都是搞'五年计划'、年度计划，从来没搞过什么发展战略，而且特区也很少有人关注发展战略。现在回忆起来，近平同志能提出'发展战略'这几个字就非常了不起。"对于在四个经济特区中面积最小的厦门来说，研究制定很难在短期内体现效果的发展战略，不仅是件摸着石头过河的事情，还是件吃力不讨好的事情。

如何制定发展战略，当时大家都没有经验，习近平就带领大家到北京"取经"。

经济学家于光远是习近平带队到北京登门拜访的第一位专家。见到习近平，于光远说："近平，你又来了！"显然，这不是习近平第一次和于光远打交道。习近平在正定工作期间，就聘请于光远担任县里的顾问团专家。随后，习近平一行又先后拜访了中国社会科学院刘国光、董辅礽等经济学家，以及一些相关部门的领导。

这次北京之行让所有人心里更加有底。随后，习近平组织中国社科院、中国科学院的专家，还有厦门大学有关院系教研人员，抽调市有关部门的工作人员，总共100来人开始做发展战略的研究，围绕对台问题、实施自由港某些政策、建设自由港型的经济特区这三个基本问题，进行了21个专题调研，写出了几十万字的调查材料。最终历时一年半，牵头编制出台了《1985年—2000年厦门经济社会发展战略》，这是中国地方政府最早编制的一个纵跨15年的经济社会发展战略规划。

发展模式、城市定位、产业发展、自由港模式、战略重点、机构改革方向、国有企业组织制度、特区金融体系、生态环境……之前的一系列问题在这份战略规划中都有了明确的答案，起跑线上的厦门系好了鞋带。于光远说："厦门是第一个提到生态问题的；把厦门作为贯彻'一国两制'、实施对台政策的试验区，'两门对开、两马先行'是厦门首先提出来的。逐步开展离岸资金业务，实现资金流动相对自由，也是厦门的首创。"

二

在习近平调离厦门之时，厦门市政府还没有讨论这个发展战略，习近平走前向时任厦门市人大常委会主任王金水建议："这个战略如果市政府讨论通过了，建议市人大讨论研究一下。"在王金水看来，他即使调走了，也念念不忘厦门的发展。

王金水的看法在千禧年之后得到了有力的印证。

有了《1985年—2000年厦门经济社会发展战略》铺就的发展道路，昔日寂寥的海防小城迅速崛起。不过，2000年后，厦门面临新的发展难题。尽管这座岛城自古向海而生，但是如果只有海，没有跨越湾区联通广袤内陆，那便只是孤城小岛。

2002年，时任福建省委副书记、省长习近平再次把目光投向了厦门。当年6月，习近平到厦门调研，一针见血点出厦门发展的瓶颈：厦门本岛基本饱和，而岛外发展却明显滞后，经济腹地空间小。拓展中心城市发展空间，扩大经济发展腹地，已成为厦门城市建设发展的一个十分紧迫的问题。

如何开拓厦门发展的新天地？习近平从战略全局视野发出"提升本岛、跨岛发展"的动员令，他鼓励厦门加快从海岛型城市向海湾型生态城市转变，并指明了"四个结合"的跨岛发展战略思路——提升本岛与拓展海湾结合、城市转型与经济转型结合、农村工业化与城市化结合、凸显城市特色与保护海湾生态结合。

从131平方公里到1573平方公里，跨岛发展让厦门拉开了城市格局与骨架，再一次搭上了时代列车。

厦门市委原书记洪永世说："跨岛发展战略不仅对跨岛扩展发展空间有指导意义，也给干部群众带来思想上的巨大转变。习近平同志当时严肃地讲，厦门要进一步克服岛民意识，避免在舒适中沉醉，要使干部紧张起来，大干快上。"

三

1990年4月习近平到福州任市委书记时，面对的是福州发展相对落后于其他沿海城市的现实。

当时的福州工业底子薄，交通不便利，财政压力大，招商引资政策、投资环境同样不尽如人意，思想观念更是落后周边省份一大截。时任福建省委副书记、政法委书记袁启彤认为："福州市委书记这个岗位是一个非常沉重的担子。福州是省会城市，正所谓'开封府的官难当'。况且，福州占了福建省大约一半的经济总量，块头很大，福州工作好坏直接关系到全省工作。"

在任职讲话中，习近平说："大家不要期待我提什么口号，我也不提口号。"相对滞后的发展基础就是习近平在福州的起点，从另外一个层面看，也给了习近平更大的空间。

6月的福州已经能感受到夏季的燠热，和五年前刚到厦门一样，一切都从调研开始，只是这一次的交通工具从自行车变成了简陋的客轮。在时任福州市委办公厅副主任赵汝棋的记忆中，那艘客轮很小，行驶速度也很慢，习近平、时任福州市市长洪永世，还有几位副市长和各部委办的主要负责同志，以及办公厅的同志都来了。

客轮沿着闽江一直到出海口，然后再回到马尾，两岸杂草丛生，粗陋的沙滩、滩涂在阳光的直射下格外刺眼。在客轮的尾部有一张很简陋的桌子，习近平将福州地图铺在上面，边看边讨论，主要议题是福州下一步该往哪个方向发展，该怎么发展。一天下来，习近平没有说累，也没有说要休息，一直看，一直听，一直在思考。"这些地方是后来'3820'工程规划的重点地区，也就是闽江口金三角经济圈，包括马尾、连江、长乐，还有老城区东南部。"赵汝棋说。

那次闽江调研后不久，福州市在8月份召开的第六次党代会上确定了"一个重点、两条线、三个层次、四个突破"的对外开放基本思路。其中，"一个重点"就是以闽江口开发为重点。习近平说："我们南边有广州，北边有上海，按照这个距离，两者之间应该出现一个大城市，这个大城市应该是福州。"

四

1992 年 1 月 18 日到 2 月 21 日，邓小平先后视察武昌、深圳、珠海和上海，沿途发表了重要谈话（通称"南方谈话"），重申了深化改革、加速发展的必要性和重要性，呼吁人们放弃姓社姓资的无谓争议，一心一意谋发展。

在 1992 年 5 月召开的福州市党代会上，习近平指出："必须加快经济建设步伐，做到每三至五年上一个新台阶，尽快改变港澳粤闽台南中国海区域内我们处于'后排就座'的状况。现在就要做一些深层次的探讨，研究 20 年后福州市将达到怎样一个发展水平。"

"3820"工程正式浮出水面。这一工程是《福州市 20 年经济社会发展战略设想》的简称。1992 年 5 月，习近平牵头，开展福州市发展战略研究，编制《福州市 20 年经济社会发展战略设想》。那是一个宏伟的蓝图，从 1992 年至 1995 年是 3 年，从 1992 年至 2000 年是 8 年，总的跨度是从 1990 年至 2010 年，正好 20 年。时任福州市委办公厅主任陈伦说："其实，一任市委书记也就 5 年时间，习书记却做 20 年的发展规划，这说明他完全不是为了自己的政绩。他是一位能够对历史负责、对后代负责、敢于担当的领导干部。"

全民动员，问计于民。与厦门的畅想 2000 年不同，这一次福州的目标更加明确，"怎样赶超'亚洲四小龙'"的问卷调查一石激起千层浪。自 20 世纪 60 年代末至 90 年代，韩国、中国台湾、中国香港和新加坡凭借其成功的经济发展和转型，创造出举世瞩目的经济奇迹，成为东亚经济体的"楷模"，"亚洲四小龙"的风头一时无两。

这次问卷调查吸引了 3 万多位市民参与，短短半个月的时间就收到了近 3 万份问卷。一对离休老夫妇连续数天乘车在市里调查，就城市交通、商业网点分布等问题提出 10 多条建议；还有市民骑自行车在城里转了 3 天，提出了加强道路网络建设的 16 条建议……问卷调查激发出的热情是福州人渴望改变的心声。

对于福州来说，那是一个全民动员的时代。据不完全统计，1627 名干部围绕 581 个课题进行调查研究，完成了 367 篇调研报告；调研组分头赴广东、海南、上海、山东、江苏、北京等地考察；各领域的专家学者、市直有关部门及县（市、区）领导、市大中型企业负责人以及基层同志也被召集起来，先后开了数十场不同类型的征求意见会……

万人答卷、千人调研、百人论证。半年之后的 1992 年 11 月，十易其稿的《福州市 20 年经济社会发展战略设想》在福州市委六届六次全体（扩大）会议上审议通过。

这一系列发展规划提出后，有的同志不理解，有的同志有顾虑："陆地上还没发展好就发展海上，行吗？""国际化城市会不会离得太远了？""为官一任，想 20 年那么远干什么？"……对于这样的论调，习近平并不陌生。尽管在 1992 年 5 月的福州市党代会上，习近平就提出要排除求稳怕乱、小富即安、等待观望、与己无关、无所作为五个思想障碍，但是和六年前在厦门主持制定《1985 年—2000 年厦门经济社会发展战略》一样，束缚依然存在。

习近平在《福州市 20 年经济社会发展战略设想》序言中说："改革开放是一项长期、艰巨、复杂的事业，在其发展进程中，许多重大问题要从长计议、慎于决策。历史的经验和教训告诉我们，一个地方的建设，如果没有长远的规划，往往会导致建设中产生严重的失误，甚至留下永久的遗憾。""今天，我们是站在创造未来的源头上，就应当树立超前意识，敢做时代的弄潮人。"

加快城市发展的步伐，同样是一次思想解放上的角力。1992年 1 月 24 日，习近平在《福建日报》发表的署名文章《处理好城市建设中八个关系》中说："城市建设是一项承上启下、利在当代、造福子孙的系统工程。既要考虑近期效果，更要考虑长远利益。"

1993 年 7 月 2 日，习近平在《福建日报》发表的署名文章《关于扩大开放的若干思考》中说："冷静思考是为加快发展提供充分的准备，只有深入调查研究，并在实践中善于总结经验，拿出符合实际的政策、方针，才能指导、推动经济建设迅速发展起来。从这一意义上说，冷静思考和搞好长远规划也是一种'磨刀'的功夫，是为了更好更利索地'砍柴'。"

五

志不立，天下无可成之事。"3820"工程的主要目标是，用 3年时间即到 1995 年使经济上一个大台阶，主要指标在 1990 年基础上再翻一番，实现第三个翻番，提前实现小康水平；力争用 8 年时间即到 2000 年，使全市城乡各项人均水平等主要指标达到国内先进城市的发展水平；用 20 年时间即到 2010 年左右，达到或接近亚洲中等发达国家或地区当时的平均发展水平。此外，还有一个战略目标——把福州建成现代化国际城市，一个战略布局——开发形成闽江口金三角经济圈。

"3820" 工程提出，为实现福州市 20 年经济社会发展战略的宏伟目标，必须加快速度，努力促使基础设施建设跃上新的台阶，力争在 "八五" 期末有较大改善和缓解，到 20 世纪末或 21 世纪初，从制约型变成适应型。

跨过闽江，直面大海。把曾经的天堑变成通途成为福州拉开城市框架的第一步。

1993 年底，鳌峰大桥建成通车；1994 年 11 月，闽江大桥完成拓宽改建；1996 年 9 月，解放大桥重建竣工；1999 年，三县洲大桥和乌龙江特大桥先后建成；2000 年 10 月，金山大桥竣工；2002 年，青洲大桥和金上大桥交工验收；2003 年 12 月，尤溪洲大桥竣工……一座座新桥赫然横跨闽江，速度惊人。

新桥造就新城。大桥飞架南北，缩短了时间和空间上的距离，推动福州 "东进南下，沿江向海" 拓展。

3、8、20，一个个数字就是一级级台阶，福州拾级而上，一直抵达 2010 年。这一年是 "3820" 工程的第 20 年。赵汝棋说："我们对照数据就能发现，当年制订的战略目标如期实现，而且与实际发展基本吻合。这说明'3820'工程构想是科学可行、富有前瞻性的。"

福州市"3820"工程战略目标主要指标完成情况

指标	平均每年增长率（%）							
	1990—1995 年		1995—2000 年		2000—2010 年		1990—2010 年	
	目标值	实际值	目标值	实际值	目标值	实际值	目标值	实际值
地区收入总值（GNP）	14.9	23.65	16.9	14.49	15	11.94	15.4	15.42
人均收入总值（人均 GNP）	13	22.24	15.5	13.47	13.6	11.05	14	14.36
地区生产总值（GDP）	—	23.61	—	14.98	—	12.49	—	15.8
人均地区生产总值（人均 GDP）	—	22.22	—	13.96	—	11.5	—	14.71
工农业总产值	14.9	24.74	15.8	20.37	11.8	16.82	13.6	19.65
农业总产值	6.1	12.65	6.3	8.05	5.9	4.08	6.1	7.16
工业总产值	17.1	27.68	17.2	21.99	12.3	17.53	14.7	21.11
出口总值	—	46.33	—	12.85	—	19.58	25	24.57
城镇居民人均可支配收入	14.1	26.08	15.2	10.16	12.1	11.08	13.4	14.42
农村居民人均纯收入	15.8	21.66	15.9	10.88	12.8	8.27	14.3	12.14

习近平认为，作为领导者，既要立足于当前，更要着眼于长远，甘做铺垫工作，甘抓未成之事。要树立正确的政绩观，要有"功成不必在我"的境界，"不贪一时之功，不图一时之名"。

2017 年 9 月 3 日，习近平在金砖国家工商论坛开幕式上发表讲话时说："30 多载春风化雨，今天的厦门已经发展成一座高素质的创新创业之城，新经济新产业快速发展，贸易投资并驾齐驱，海运、陆运、空运通达五洲。今天的厦门也是一座高颜值的生态花园

2010 年 9 月，习近平来到厦门市金安社区考察，社区居民李文玲老人将亲手剪出的"福"字送给习近平

之城，人与自然和谐共生。"

2021 年 3 月 24 日，习近平在福州考察调研时说："福州，有福之州啊！七溜八溜不离虎纠（福州）！""我当时给福州的定位是建设'海滨城市''山水城市'。""现在的建设都符合这个方向，跟我们当时设想是一致的，而且发展得比我们设想还要好。"

两座城市，两张蓝图。

从爱拼会赢的大厦之门到海纳百川的有福之州，从改革开放之初到跨越世纪之交，两座城市的发展脉络相互印证着"功成不必在我"的豪迈、"一张蓝图绘到底"的自信、"一茬接着一茬干"的定力。

山海协作，联动发展

—

福建史称"闽"。"闽"的最早记载见于《山海经》，其卷十《海内南经》中写道："闽在海中，其西北有山。"

如何激活山与海，是福建社会经济发展过程中不能回避的课题。

"八山一水一分田"的福建，海岸线曲折延绵，长度居全国第二；西部武夷山脉和中部戴云山脉两大山脉，呈东北—西南走向，峰岭耸峙，与海岸线平行。

因为山海协作，两条原本平行的线迅速相交融合，从呼唤到呼应，从协作到协同。

关于山海协作，联动发展，习近平说："山海联动发展并不是一般意义上的区域协调发展，而是通过山区与沿海地区之间人、财、物、信息的交流与协作，最终实现优势互补、共同发展。"

长期以来，由于经济发展条件、资源禀赋、产业基础等因素的差异，福建山区与沿海的发展差距不断拉大，影响了全省经济的协调发展。

即便放在全国的发展大局中，福建的综合实力同样不尽如人意。由于长期处于"对台"前线，夹在"长三角"和"珠三角"之间的福建，发展相对滞后，成了黯淡的东南沿海"黄金断裂带"。

福建迫切需要寻找愈合断裂带的解题思路，而这答案恰恰在山排巨浪、水接遥天的山海之中。

福建是最早实施山海协作的省份之一。早在1981年初，时任福建省委常务书记项南就发出"大念'山海经'，是不是福建的根本出路"之问，并由此开启了福建"抓好山海两条线"、实施山海协作的区域发展战略的探索之路。

20世纪90年代初期，福建省委、省政府提出了"沿海、山区一盘棋"和"南北拓展，中部开花，连片开发，山海协作，共同发展"的战略。

1995年10月，福建省第六次党代会把"加快闽东南开放和开发，内地山区迅速崛起，山海协作联动发展"作为全省战略布局的一个重要内容。

在福建工作期间，习近平指出，缩小沿海和山区发展差距，促进沿海和山区协调发展，是全面实现小康的必然要求，沿海和山区都要树立全省"一盘棋"的思想。他推动山海协作，建立全省山海协作联席会议制度并担任召集人，建立全省山海协作对口帮扶制度，开创了"山海协作、联动发展"新局面。

福建省委农办原主任徐登峰说："习近平同志对这三任省委书记① 提出的战略规划都有继承、发展和提炼，提出要'对口帮扶、山海协作、协同发展'。"

用十个指头弹钢琴，山海协作成为福建经济社会快速发展的重要推动力，弥合城乡鸿沟如此，发挥区域优势亦如此。

二

一到福建，习近平就有机会参与山海协作的实践。

1985 年 9 月，刚到厦门任职不久的习近平就参加了全省专员、市长、县长会议。

在会上，来自福州、厦门、泉州、漳州等沿海城市代表在谈到打开"城门"时，纷纷发表感言。有代表深有体会地说："发挥城市潜在优势，开展山海协作，是振兴福建经济的必由之路。"

此时，距离提出"抓好山海两条线，念好山海经"的区域发展战略已有些年头，福建各地市已经慢慢推开"山门""城门"，山与海之间的交流逐渐变得频繁，厦门也和龙岩、三明等地区建立了合作联系。

习近平在会上说："特区经济的繁荣离不开山区的有机结合，支持腹地建设也是特区的一项重要任务。"别的不说，厦门当时打

---

① 即项南、陈光毅和贾庆林。

算引进饲养良种菜牛，需要十万亩草场，这就离不开山区的支持。

在会上，这位一到厦门就主动要求分管农业的副市长并非泛泛而谈。习近平说："厦门要进一步制订更方便更优惠的办法，为山区提供窗口；进一步开展多种形式的山海合作，研究开发的形式，明确区域分工，搞好技术扩散和产品的精加工；还要发挥厦门现有的省、市科研机构的作用，引进推广良种，提供出口创汇渠道，发展贸工农经济体系，走出一条山海协作的特区农业的新路子来。"

1986年4月24日至5月1日，时任厦门市委常委、副市长习近平到建阳地区①考察，并签署了《厦门市建阳地区开展横向经济联合协议书》。十年后，时任省委副书记习近平再次来到南平，他说："十年前的旧街、旧房子不存在了。""闽北的发展势头很好，变化确实很大，在经济发展、基础建设、旧城改造、新村建设等方面都迈了大步，给人看到了闽北未来的希望。"

敞开"心门"才能打开"山门"，更新理念才能开创新局。

这一年11月20日，福州、莆田、三明、宁德、建阳五地市党政主要领导聚会闽北山城建阳，召开了首次横向经济联合恳谈会，目的是互相辐射、互为依托，使开放有更广阔的腹地。"五地市横向经济联合"机制由此确立，这五个地市之间每年举行一次恳谈会，以推动地市之间、企业之间、城乡之间经济联系和各项交流发展。

这次会议在当时被称为"山盟海誓"。在当初许多城市还是单打独斗的阶段，福建省内城市主动"抱团"的确算是走在了前面。

此后，"五地市横向经济联合"发展中频繁出现习近平的身影。

---

① 1988年，建阳地区迁驻南平，改名南平地区。1994年撤地区设地级南平市。

他在山与海之间不断摸索、实践，把"山海协作"这篇文章越做越大。

三

木桶理论认为，一只水桶能盛多少水，并不取决于最长的那块木板，而是取决于最短的那块木板。

1988年，习近平来到福建最短的那块"木板"——宁德地区担任地委书记。这里地处福建东北，是福建通往浙江、对接"长三角"的交接点，也是福建的最贫困地区和全国集中连片贫困地区之一。

这一年，改革开放已经进入第十个年头。当时，闽东沿海四县中，宁德、霞浦已经被列入沿海开放县。但是，对于"老、少、边、岛、贫"一个不落的闽东来说，一方面是相对封闭落后的广大山区农村，另一方面沿海又面临着实施开放发展战略的机遇，改革如坠迷雾，看似很近却又很远。

在宁德，拨开云雾，消除经济"跛脚"现象成为习近平肩上的重任，而山海协作则是他撬动发展的支点。

习近平说："沿海和山区客观存在着差异，有差异就有互补协作的可能。闽东经济发展战略就是要考虑到这种矛盾的统一。"

刚到宁德不久，习近平就提出建设一条汽车专用线。"这条专用线一修通，不仅将宁德城关、福安、霞浦、福鼎之间的距离大大缩短了，而且把沿海几个县搞活了，由此也可辐射带动山区经济的发展。"时任宁德地委办公室主任李金贤说。

宁德打通自身的循环脉络，还是为了投身到更大范围内的山海协作中。

在原宁德地区经济技术协作办公室副主任朱怀瑜的回忆中，习近平到宁德任职后，对"五地市横向经济联合"非常重视。

1989年，第四次恳谈会在莆田举行。当时参加会议的五地市领导中，并不全是"一把手"，但作为宁德地区代表，习近平带队参会，并作了充分的准备。

朱怀瑜说："几次筹备会，他都和大家一起梳理宁德的优势和不足，甄选需要协作的项目，并分析为什么要拿它们出去、协作能给宁德带来哪些好处。"

在这次恳谈会上，习近平的讲话内容集中在宁德的发展方向、重点项目以及需要哪些支持，全都讲到点子上。

"他还和我们讲，要多走出去，要多带企业出去看看。五地市横向联合，宁德肯定首先受益，因为贫困地区总是更需要别人支持。"朱怀瑜说。

事实证明，果断打开"山门"无疑是正确的选择。

这次恳谈会上企业之间的交流合作效果很明显：霞浦电子技术研究所开发的新型电子秤，急需液晶显示器和传感器等主要配件，莆田市电子工业器材公司可以提供，两家在会上达成联合生产协议；莆田天龙电子计时企业联合公司生产电子产品，年需进口线路板1000吨，闽东敷铜板厂年可产600吨敷铜板，双方议定共同加工开发线路板；闽东敷铜板厂年需酒精900吨，莆田可以供应……

朱怀瑜说，这种联动实质上是建立在分工基础上的劳动、资金、技术的组合与协作，企业之间实现了扬长避短，不仅提高了单个企业和局部地区的生产力，而且能产生出更大的社会生产力，"五地市横向经济联合更像一个平台，习近平在当年就把这一平台运用得很好"。

山与海呼应上了。在《摆脱贫困》一书中，习近平写道："只有处于开放交流之中，经常与外界保持经济文化的吐纳关系，才能得到发展，这是历史的规律。"

开放是闽东发展的必由之路，观念转变则是扩大开放的关键条件。水还是这洼水，山还是那片山，村还是那个村，思路观念变了，方式方法变了，发展的步伐就加快了。

福建省委原副秘书长、办公厅主任李育兴认为："闽东有山有海，是习近平同志接触山海的开始，山区怎么发展，海洋怎么发展，山海如何协作发展，如何念好'山海经'，给他提供了不少实践的样本。"

四

在"五地市横向经济联合"中，福州始终扮演着"龙头"的角色。

1990 年 11 月 21 日，连续举办五年的五地市横向经济联合恳谈会在宁德落幕，当时已调任福州市委书记的习近平依然带队参加了这次会议。

五年间，"五地市横向经济联合"已形成各种联合项目 2990 项、出口创汇 344 万美元、交流物资 7.9 亿元、融通资金 416 亿元，在不同程度上增强了各地市的经济实力。

在这一次会议中，"闽东北五地市经济协作区"应运而生，五地市经济联合办公机构进一步充实加强，闽东北投资开发总公司、五地市外商投资联络处先后成立。

会议还提出，进一步发挥福州中心城市的辐射依托作用，以外引带内联，以内联促开放，逐步形成"山海联合、互相辐射、互为依托、共同发展"的战略格局，山海资源开发进一步提速。

当年，内联工作成为福州市改革开放的十件大事之一。

对于山海协作，习近平在1994年12月考察宁德时说："任何一个城市、一个地区的发展都不是孤立的，如果孤立起来，无疑是捆住自己的手脚。福州的发展离不开周围地区包括闽东的支持，所以要强化协作观念，注重山海开发。"

1991年11月22日，闽东北五地市经济协作区联席会议在福州召开。在这次会议上，习近平提出了"以海带山、以富带穷、山海协作、共谋发展"的发展思路。

"五地市横向经济联合"升级后的首次联席会议结出了山海协作的一个硕果——榕屏联营化工厂。

会议期间，福州市经委与宁德地区屏南县政府签订了联合创办氯酸盐化工厂协议书。

屏南榕屏联营化工厂1994年投产以后，一年就实现产值3000万元，利税1200万元。1998年8月，榕屏联营化工厂二期工程扩建成功，设计年产2万吨氯酸盐，成为全国乃至亚洲最大的氯酸盐生产基地。

福州第一化工厂的资金、技术、产品、市场与屏南县的土地、劳力、电力碰撞出了精彩的火花，产生了1+1＞2的叠加效应。

1995年9月21日中午，闽东北五地市经济协作区宁德联席会议刚刚结束，时任福建省委常委、福州市委书记习近平就马不停蹄地驱车前往宁德贫困山区寿宁县。

在寿宁县，当听到人们称赞榕屏联营化工厂是协作典范时，习近平说："对企业的联合与协作，我们历来反对'拉郎配'，但'政府指导、部门搭台、企业唱戏'还是必要的。实践证明，这条路走对了。"

在宁德考察中，习近平每到一地，就对当地的干部和群众说："我给你们穿针引线、牵线搭桥……以后大家要像走亲戚一样，经常来往，走一走、看一看，争取谈成更多的联合协作项目，促进区域经济的协调发展。"

在闽东北五地市经济协作区的框架内，山海联动，硕果累累——

闽东北五地市将旅游资源整合起来，开辟了一条蜚声中外的旅游线路：福州—武夷山—将乐玉华洞—永安桃源洞。

福州福兴医药公司兼并濒临破产的闽东古田抗生素厂，嫁接资金、技术，成为中国最大的卡那霉素生产基地。

贯穿闽东的 104 国道和横穿福州、宁德、南平的 316 国道，工程进度加快。

温福铁路前期工作经福州、宁德共同努力，取得了可喜进展。

……

有了闽东北五地市经济协作区的成功实践，1994 年 12 月，由厦门、漳州、泉州、龙岩、三明五市通过友好协商自愿结成的闽西南五市协作区党政领导联席会上，共同商议制定《闽西南五市区域经济合作章程》。

由此，福建省内形成了闽东北、闽西南两大协作区。

五

从经济特区厦门到山区宁德，再到省会福州，习近平在热火朝天的山海协作中，发现隐藏的问题，摸准发展的脉络。

"一些地方和单位对山海协作的重要性和必要性认识不足"，"山区投资环境缺乏吸引力"，"未能建立起符合市场经济要求的山海协作运行机制"，"缺乏统一的领导和有利的政策扶持"，1998年，时任福建省委副书记习近平对于山海协作存在问题的分析，可谓一针见血。

旧机制已经不能适应新时代，山海协作需要更加多元化的资源优化模式。

1998年的一组数据很能说明问题：厦门、福州、泉州、漳州、莆田五市的生产总值总和占全省的比重为77.1%，人均生产总值达13082元，比全省平均水平高28.3%。沿海与山区之间依然存在着明显差距。

正是在这一年年初，福建省委、省政府把加快山海协作步伐、促进山海联动发展确定为年内要抓好的三件大事之一。

1998年3月4日，省委、省政府召开全省第一次山海协作协调会，安排部署全省山海协作的工作任务，要求各地、各有关部门深入调研，提出有关政策建议。

在习近平的领导下，省里组织全省9个地市、55个省直单位进行8个月的调研活动，并提出了意见与建议。

5月5日，习近平在全省农村脱贫致富奔小康工作总结表彰大会上强调："山区和沿海地区都要充分发挥自身优势，找准经济发展的着力点和突破点，依靠自身的力量，抢抓发展机遇，加速发展自己"，"形成互帮互补、互促共进的经济发展新格局"。

5月6日至8日，习近平在龙岩调研时强调，搞好山海协作，促进联动发展，除了山区自加压力，发挥山区资源、劳动力等方面的优势加快发展，以及沿海地区在资金、人才、信息方面的大力支持外，省里还要下大力气在政策措施上给予必要的倾斜，形成推动新一轮创业的整体优势，加快建设海峡西岸繁荣带。

7月2日至3日，全省山海协作研讨会在福州召开。习近平在会上提出："当前和今后一段时期，山海协作的重点是：加强基础设施建设，构筑山海发展的基地和通道；培育区域支柱产业；优化山海产业结构；推动科教广泛协作交流，促进山区社会事业健康发展。"

7月14日，在福建省第二次山海协作协调会上，习近平再次强调："要按照社会主义市场经济的客观要求，深入开展山海协作。"

飞速发展的时代正在倒逼协作机制迈开更大的步伐。面对市场的"无形之手"，政府的"有形之手"到了更新迭代的时候。

历时8个月的大型调研活动的成果在1998年10月底召开的福建省委六届九次全体（扩大）会议上水落石出。《关于进一步加快山区发展的决定》和《关于进一步加快发展海洋经济的决定》两份文件让"有形之手"和"无形之手"推着山与海靠得更近。

其中，《关于进一步加快山区发展的决定》提出要从加快山区基础设施建设，调整和优化山区经济结构，扩大山区对外开放，切实增加对山区发展的资金投入，加强山区干部、人才的培养、引进和教育工作，积极发展山区社会事业，实施可持续发展战略等七个方面，推动山区经济社会的迅速崛起。

这次全会上，习近平报告了这两份文件的形成过程，以及对有关问题的说明。习近平说："实行山海协作联动发展是提高全省综合竞争力，加快建设海峡西岸繁荣带的战略抉择；是调整优化经济结构，促进区域经济协调发展的内在要求；是加快建立社会主义市场经济体制，促进统一市场形成的现实需要；是缩小地区发展差距，实现共同富裕的重要途径。"

山海协作的触角已经从最初单一的物质交流，延伸到更加多元的层面。

六

1999 年 4 月 7 日，福建省山海协作联席会议第一次会议在福州召开。在会上，习近平说："沿海和山区都要树立全省'一盘棋'的思想。"

缩小山区与沿海的差距始终是这盘棋的基本棋路。

2000 年 9 月 25 日，时任福建省省长习近平率领 13 个省直部门负责人深入南平政和县调研。这里是全省 17 个贫困县之一，是 19 个经济欠发达县之一，也是习近平新确定的挂钩帮扶县。

对于县域经济总量小、财源不广、财政保吃饭都困难的政和，习近平说："继续搞好山海协作，扩大商机和信息交流。""希望发扬愚公移山、滴水穿石的精神，实实在在地发展山区特色经济。"

山海协作的推动需要更加严密的理论支撑。2000 年，在习近平的策划下，《展山海宏图　创世纪辉煌——福建山海联动发展研究》一书付梓。这本厚达 532 页的书对山海联动发展的战略选择、目标定位、实现途径等进行了明确阐述。

在习近平撰写的绪论中，他说："采取有效措施促进山海优势

2000年9月，习近平到挂钩帮扶点政和县调研

互补，实现联动发展，对福建在新世纪中再创辉煌具有极为重要的意义。"

李育兴说："书中关于'加速推进山海协作的战略构想'的实施步骤，分3个阶段共12年时间实现，每个阶段都有主要目标任务及要求，考虑得十分全面，策划是高瞻远瞩的。"

山海协作的机制也在实践中不断地完善。2001年2月5日，福建省委、省政府颁布《关于进一步加快山区发展推进山海协作的若干意见》，提出40条政策举措，包括推进山海协作共建产业园区、建立山海产业转移项目的利益共享机制、完善山海对口帮扶制度等。

徐登峰说："当时，针对习近平同志倡导山海协作、联动发展，省委决定建立23个扶贫开发重点县和23个沿海市（县、区）的对口帮扶关系"，"还确定了每个县每年对口帮扶的资金不能少于1200万元"。

2002年4月9日，习近平到南平光泽、邵武、顺昌三个县市调研。

南平地处闽北，是海峡西岸走向内地腹地的前沿，跨过武夷山脉，福建的发展将面对更加广阔的天地。

习近平说："要按照市场规律，以经济利益为纽带，吸引沿海地区向内地山区转移具有比较优势的产业，实现技术、资源共享，优势互补、互惠互利、共同发展。"

在当年的福建省第七次党代会上，省委、省政府提出构建"山海协作、对内联接、对外开放"三条战略通道。山海协作被置于更加广袤的视野下推进。

2002年9月2日，习近平在《福建日报》发表署名文章《加快建设"三条战略通道" 推动福建经济实现新跨越》，文章指出："构建'三条战略通道'，是全面缩小山海发展差距、促进地区经济协调发展的战略举措。""构建和拓宽包括山海协作通道在内的'三条战略通道'，有利于整合国际、国内和省内各类资源，促进沿海和山区经济的协调发展，逐步缩小山海发展差距，全面提高福建经济的发展层次和水平。"

山海协作再一次衔枚疾进。

<h1 style="text-align:center">七</h1>

如今，城市竞争的维度，已放大到全球的背景下。福建也意识到了问题：福州都市区和厦漳泉都市区发展虽先行一步，具备了一定的辐射带动作用，但龙头效应依然不强。

改变再一次被提上议事日程。

2014 年 10 月，习近平总书记在福建考察时强调："福建山区多、老区多……要通过领导联系、山海协作、对口帮扶，加快科学扶贫和精准扶贫，办好教育、就业、医疗、社会保障等民生实事，支持和帮助贫困地区和贫困群众尽快脱贫致富奔小康，决不能让一个苏区老区掉队。"

2018 年 9 月 29 日，福建省委十届六次全会把"经济协作区"上升为"协同发展区"，明确提出推进闽东北协同发展区、闽西南协同发展区建设，既需要持续推进区域经济的协同发展，更需要加强区域经济、社会、民生、生态等各方面的协同发展，为推动区域经济高质量发展提供"福建方案"。

从横向经济联合到经济协作区，再到区域协同发展，山海协作总能找到与时代共鸣的表达方式。

从紧闭的"山门"和"城门"，到开放的思路和出路是一种；从最初的"单一协助"，到今天的"多元交流"是一种；从城市群内的"经济协作"，到城市群间的"协同发展"也是一种。

在山海协作的战略背景下，福建演奏的是看山不是山、看海不是海的山海交响。

乐谱随着时代更替，乐曲远未落幕……

率先谋划建设"数字福建"

一

"您出差返家的路上，用手机或掌上电脑发出几条简短的指令，启动您家中的数字化电器。当您到家时，微波炉已经把饭菜烧好，热水器已把热水烧足，洗衣机已经把脏衣洗净烘干熨平，物配中心送来您采购的商品……这不是《天方夜谭》，而是'数字福建'将给我们带来的实实在在的新生活。"这段话引自2001年5月21日《福建日报》刊登的一篇名为《此数字非彼数字》的评论文章。

站在如今的时间节点上，这些当年的畅想早已照进现实，而且走得更远。大数据、云计算、人工智能等新兴科技之于国家、之于地区发展的重要性，已然形成社会普遍共识，并已成为布局竞争的热点。

然而，当年"数字"这两个字确实引起了不小的不解、震动和议论。与如今信息化新鲜名词层出不穷相比，当年建设互联共享的"数字福建"则需要极大的胆识和勇气。

从 20 世纪 90 年代中期开始，以美国提出"信息高速公路"建设计划为重要标志，互联网开始了大规模商用进程，信息化迎来了蓬勃发展的第二次浪潮。

2000 年国庆前夕，刚从国外归来不久的国际欧亚科学院院士、福州大学副校长王钦敏向省长习近平递交了一份《"数字福建"项目建议书》。

让王钦敏感到意外的是，"10 月 12 日，习近平同志就作了一个满满一张纸的批示，非常细"。

在批示中，习近平指出，建设"数字福建"意义重大，省政府应全力支持。实施科教兴省战略，必须抢占科技制高点。建设"数字福建"，就是当今世界最重要的科技制高点之一。建设"数字福建"不是可望而不可即的事情，福建省在这方面有较好的人才和经济基础，经过努力是可以实现的。要选准抓住这个科技制高点，集中力量，奋力攻克。

习近平提出，省政府可成立"数字福建"建设领导小组。他在批示上面写道："由我担任领导小组组长"。

王钦敏后来回忆道："习近平同志让我给副省长和省政府秘书长、副秘书长上课。我当时还不知道批复的真正价值，后来才知道，全省要有共识才能把'数字福建'做出来。"

更让王钦敏意外的是，仅半个月后，"数字福建"就被写入省委提出的"十五"计划纲要建议。在两个月后成立的"数字福建"

建设领导小组中，习近平担任组长。同时还成立"数字福建"专家委员会，主任由王钦敏担任；成立顾问委员会，由中科院院士童庆禧等 30 多位专家学者组成。

20 多年前推出的"数字福建"深刻影响了福建发展，成为数字中国建设的探索源头和实践起点。

而习近平与福建信息化建设的渊源则可再前推 15 年。

二

20 世纪 80 年代的福建，交通、通讯基础设施还比较落后。那时的厦门，打电话要到邮电局排队，电脑既笨重又稀奇，只能做一些简单的基础处理，更不要提上网了。

在项南主政福建期间，省委确定要节衣缩食，集中力量建设基础设施，放手利用外资建设十大项目，其中包括在厦门和福州各引进一套万门程控电话。

1984 年，厦门被确定为全国经济信息四级网络系统中的中心城市和特区试点单位。

习近平说："特区要发展市场经济，参加国际经济大循环，光有机场、码头、通讯设施是不够的，还要打造宏观的'千里眼'，准确及时地掌握国内外经济信息。"

1984 年，厦门市成立了计算机站，1985 年改名为经济信息中心；1985 年 9 月，厦门委托中国计算机系统工程公司开展经济信息系统总体规划和设计工作；1986 年 4 月，习近平主持召开有 75 名国内计算机、经济学等领域知名专家参加的厦门市经济信息系统总体方案评审会，并通过了这个方案；1986 年 6 月，厦门市专门成立经济信息管理领导小组，习近平担任组长。

在时任厦门市计委副主任郑金沐眼中，习近平对厦门经济信息中心的筹建工作抓得非常紧，环环相扣，就连编制、经费这些平常比较棘手的问题也都一并统筹解决。郑金沐说："要搞这么大的系统，十几个人干不了。于是市里就批了 120 人的编制。编制解决了，还要解决办公场所，于是又拨款买了 7 层楼，一共 5040 平方米。"

那是一个建机场比建信息中心更加让人赏心悦目的年代。"别人看来是可有可无的事情，他却认为势在必行，还把它列为全市八大工程之一。这就是他的过人之处。"郑金沐说。

厦门需要宏观的"千里眼"，到了落后的宁德，习近平则迫切需要用"顺风耳"缩小交通落后造成的发展鸿沟。

一问电话，二问路，三问项目，四问住。对于 20 世纪八九十年代经济总量长期排名靠后的宁德来说，这四个问题的答案往往让想来这里投资的外商望而却步。

1989 年，习近平任宁德地委书记时，提出用通信改善弥补交通不足，为闽东老区装上"顺风耳"，"交通投资大、工期长，不是容易就解决的事。相比较还是邮电通信投资少，见效快，可行性大，通信改善可以弥补交通不足。这就是所谓'脚不够长，要借助顺风耳'"。

1982 年，福州在全国开通第一套万门程控电话交换系统，实现从"摇把子"到"全电子"时代的历史性跨越。

由于引进这一系统要用外汇和大量投资，因此省里规定除福州以外，每个地区可引进一套系统。宁德地委决定，在宁德市和经济相对发达的福安县各上一套万门程控电话。

1989 年夏天，习近平到福州调研程控电话

1989 年 7 月 8 日，习近平带着宁德地区行署副专员汤金华、宁德地区邮电局局长杨毓敏和福安县邮电局局长杨锦炎，一同到省邮电管理局申请。杨锦炎回忆道："我们来到福州电信局和省微波总站参观。习近平拿起话筒给北京打了个电话，一拨就通，声音很清晰。"

这一趟福州之行让习近平下了决心。习近平说："宁德要改变落后面貌，非加快发展邮电不行，邮电是基础建设的基础，电话不通，开放就是一句空话。闽东比较落后，但我们的通信一定不要落后，闽东的邮电要发展得快一点。"

结果，宁德成了全省第一个上了两套万门程控电话交换系统的地区。

有了这两件事的铺垫，不难理解当 2000 年面对《"数字福建"项目建议书》时，习近平积极的态度。

三

习近平始终从战略高度认识科技进步的重大意义，把科技进步作为一项全局性、战略性问题来抓。

1990 年 5 月 24 日，在福州"科技兴市"工作会议上，习近平强调，转变观念，强化全民的科技意识，是实现"科技兴市"的重要前提。他要求各级领导要带好头，牢固树立经济的、全局的、长远的、开放的观念，重视科技成果的推广应用工作。同时，要加强"科技兴市"的领导，制定规划方案，增加科技投入，建设科技队伍，动员全党、全民，把"科技兴市"的各项任务落到实处。

2000 年 8 月 17 日，在福建省科技教育领导小组第一次会议上，习近平说："面对世界科技进步日新月异的挑战，我们要有世界眼光和战略思维，紧紧抓住创新这个关键，通过对知识、智力资源的有效配置和运用，增创科技新优势，提高经济增长的技术含量和竞争力。"

在"数字福建"拉开澎湃序幕的 2000 年，习近平和王钦敏之间有一段精彩的对话。

习近平问王钦敏："你要做什么？"王钦敏反问："你需要我做什么？"习近平说："我要一点击鼠标，就能看到全省的数据。"

那是一个信息技术革命正在全球兴起的年代，国内很多省市也在搞信息化。在王钦敏看来，传统的信息化建设，只考虑要建多少兆网络、安装多少部电话，这些只是基础设施建设。他想到的是如何走得更远，"信息化的关键应是以内容为灵魂，实现信息的挖掘和共享，网络只是通道。这就好比高速公路修好了，路上要有车有货，还要有交通规则。这样的信息化建设，需要通过实施示范工程来带动"。

关于"数字福建"，有几个重要的节点经常被提及——

2000 年 10 月 27 日，"数字福建"首次公开亮相。在中共福建省委六届十二次全会闭幕式上，"数字福建"被写入省委提出的"十五"计划纲要建议。全会《决议》提出："加快开发利用全省信息技术和资源，建设以实现国民经济和社会信息化为目标，以信息资源数字化、网络化和信息共享为主要内容的'数字福建'。"

2000 年 12 月 23 日，习近平主持召开省政府专题会议，研究"数字福建"建设工作方案。正是这次会议，明晰了"数字福建"的概念、内涵，以及远期和近期建设目标。习近平说，这是福建"增创新优势，更上一层楼"的一大举措。建设"数字福建"，攻占信息化的战略制高点，可以统揽福建省信息化全局，发挥后发优势，实现社会生产力的跨越式发展，意义十分重大。

在 2001 年 2 月召开的福建省九届人大四次会议上，"数字福建"被写入习近平所作的政府工作报告。在会议批准通过的福建省"十五"计划纲要中，"数字福建"被列为重点建设项目。

一切都在以出人意料的速度推进，福建要赶上信息化第二次浪潮的潮头。不过，正因为超前，当时确实有人连"数字福建"是什么都搞不清楚。

福建省政协原副主席陈向先说："他的很多理念、主张、措施都是先人一步，具有预见性、超前性。他主导的'数字福建'建设，在刚刚提出的时候，我们还在想，'数字福建'是不是干部汇报的经济指标中那些数字？后来才搞清楚，'数字福建'实际上指的是福建的信息化建设。"

现实与未来之间不可避免地出现了冲突。习近平还需要做的一件事情就是"扫盲"。在 2001 年省政府第一次全体会议上，他十分严肃地指出："我们提出'数字福建'工程，指的是建设信息化的福建，有的同志竟以为又要搞'数字出干部'了。"他还批评了干部队伍中存在的"科盲"现象，并告诫在座的各地各部门领导干部，应多思、多学、多干。

2001 年 3 月 23 日，在"数字福建"建设领导小组成员会议上，习近平特别要求，公务员队伍要加强"信息化扫盲"工作，把信息化普训与公务员队伍达标考核相结合，提高公务员信息化知识水平。就在前一天晚上，福建省政府学习中心组还召开扩大学习会，邀请王钦敏作"信息化与数字福建"报告，带头学习信息化知识。

习近平在发表于 2002 年 2 月的《"数字福建"向我们走来》一

文中写道："信息化是当今世界经济和社会发展的大趋势，它是我国和我省产业优化升级和实现现代化的关键环节，四个现代化，哪一个也离不开信息化。"

四

"数字福建"的发展注定是一次注重顶层设计与系统工程相结合的旅程。梳理"数字福建"的脉络，有两个发展之初的数字值得记住：一个是131，一个是339。

2001年3月23日，"数字福建"建设领导小组成员会议审议通过了对"数字福建"建设影响深远的"131"计划，即：一个规划（"数字福建""十五"建设规划）、三个工程（福建省公用信息平台、福建政务信息网络工程、福建空间信息工程研究中心）和一项政策（福建省信息共享政策）。

习近平在会上要求：将三个启动工程同时作为示范工程抓实抓紧，确保年内"数字福建"建设取得阶段性成果；纳入当年省重点建设项目计划进行管理，充分论证建设方案，做到目标明确、任务到位、责任到人。

在起步之年取得初步成效的基础上，2002年，"数字福建"进一步巩固和完善"131"计划，同时实施"339"建设计划。

"339"建设计划包括三个基础工程、三类示范项目、九个信息应用系统。三个基础工程是省级政府公众信息服务平台、省网络安全监控中心、分布式基础数据库，三类示范项目是电子商务示范工程、信息技术改造传统产业示范工程、电子公文传输系统示范工程，九个信息应用系统涉及环境生态监测、国土资源、海洋生态、公安信息、储备粮油信息、国民经济动员、国民经济与社会信息、文化信息和计划生育等方面。

由此，"数字福建"建设由政务向更多领域拓展，扩大应用范围，让"数字"在工作、生活等多方面活起来、用起来。

在"131"计划出台的那次会议中还提出，抓紧制定资源共享政策，"信息资源共享政策是'数字福建'建设的重要保障，要对全省信息资源进行普查，提出信息资源的开发、整合、利用方案"，并在全国已有的基础上，根据省情，制定出相关标准。

这点颇让王钦敏自豪："如果各个政府部门信息化都做好了，但却没有统筹协调，标准不一样，没法兼容，没法共建共享，那么，还是信息孤岛状态，实现不了信息资源的挖掘、利用。很欣慰，'数字福建'建设一开始就抓住了这个关键点。"

五

习近平"一点击鼠标，就能看到全省的数据"的愿望很快就实现了。

2001 年 6 月 28 日上午，习近平在省国税局金税工程开通仪式现场，按下了网络联通按钮，分布在全省国税系统基层单位的计算机广域网接点瞬间全线贯通，并网运行。

曾担任金税工程协调小组副组长、省国税局信息中心副主任的方新加回忆说："那时，正值盛夏，会议室在 15 层顶楼，习近平同志不时掏出手绢擦额头上的汗。他还饶有兴致地查询了 2 家纳税企业的情况，通过企业发票使用情况了解企业经营情况。"

说起那次开通仪式，方新加连续用了三个"没想到"："没想到省长这么重视，亲自来参加这个部门的活动"，"没想到他不但认真听取了金税工程汇报，还详细了解业务操作过程"，"没想到他兴致那么浓厚，原来只安排个把小时，结果整整看了一个上午"。

座谈时，习近平说，21世纪，我们提出了一个重要任务，就是建设"数字福建"，也就是福建的信息化，"税务系统的信息化，是'数字福建'的重要组成部分"。

2002年3月，青岛啤酒（福州）有限公司、福建瑞达电子公司等9家企业，作为第一批试用企业，通过互联网成功申报缴纳了税款，税收网上申报在福建成为现实。

2002年1月16日17时18分，这是"数字福建"具有里程碑意义的一刻。习近平轻点鼠标，福建省政务信息网正式开通。该工程2001年4月启动，实现了当年设计、当年施工、当年联网联通的预期目标。

作为"数字福建"的骨干工程，福建省政务信息网联通180个省直单位和9个设区市84个县（区、市），在国内率先实施了省级政务信息资源标准化、数字化、网络化、空间化改造，建成分布式、可共享的政务数据库群。

在开通仪式上，习近平通过视频电话系统与基层干部交谈。这个系统投入使用不到一年，省政府及省直单位召开10多次省市县三级视频会议，各市召开30多次市县两级视频会议，较传统集中起来的开会方式，节省费用数十万元。

习近平说："电子政务是企业信息化和社会生活全面电子化的

2001年6月28日，习近平在福建省国税局出席福建省金税工程开通仪式并讲话（图中大屏幕画面即为按动开通按钮仪式的照片投影）

基础和关键动力。没有政务信息化，就没有全面的企业信息化；没有电子政务，就没有真正的电子商务。"

基于对电子政务的深刻理解，习近平对政务信息化建设提出了"转变工作方式，适应信息网络化的需要""加快政务信息资源整合开发利用，提高政务信息化水平""建立政府公众信息服务网，提高便民利民服务质量"等具体要求。

六

"林先生家住鼓楼区湖前社区。昨天，他家的下水道堵了，他马上打开电脑，登录社区网站，向物业管理部门报修。很快，社区物管部门就派人过来维修。这让刚学会上网的老林很高兴，'以前，这么一点小事，不知要找多少部门处理，有时候还不一定能解决好。现在，不用出家门，在网上报修一下就给解决了'。"

2002年10月22日出版的《海峡都市报》这样描写群众进入网络时代之后的新鲜感。

"让'数字福建'贴近社会、贴近群众、贴近生活。""让人民群众分享'数字福建'建设成果。"这是习近平提出的要求，也是"数字福建"追求的目标之一。

2001年5月，福建省政府将信息化程度较高的福州市鼓楼区确定为"数字福建"重点项目建设示范区。年底，鼓楼区的7个试点小区基本实现宽带网布线到户，网络接入率比原来提高5到10倍，服务内容包括电子商务、远程教学、电子娱乐、社区中介服务等，有几幢楼还安装了水电自动抄表系统。

2002 年 1 月 16 日，福建省政务信息网开通当天下午，习近平察看了鼓楼区湖前小区信息化社区。这并不是一趟计划中的行程，但习近平指定要下到小区去看实际成效。

"快不快？""准不准？"这是习近平最关心的两个问题。

"快不快"问的是居民们的上网速度。当时湖前小区设立了全省第一个社区居民电子阅览室，首批配备了 10 台电脑，供居民上网。

"准不准"则针对的是水电自动抄表系统。习近平仔细了解如何远程抄电表，问："是否精准？"那个时候，网络带宽入户才 2 兆左右，工作人员说，还需配合人工抄表核对。习近平要求他们不搞花架子、不作秀，要扎扎实实做到"四个贴近"，实实在在为老百姓提供信息化服务。

就在考察湖前小区的那天，在小区的活动室里，习近平召集省直有关部门和参与"数字福建"建设的企业负责人开了一场座谈会。

"当时就明确了方向，就是信息化不应由政府大包大揽，而要动员社会力量参与。"福建省数字办负责人回忆说。

榕基公司正是参加那场座谈会的企业之一。"政务信息化，一端是政府，一端是社区居民，我介绍了通过互联网，政府能够为百姓提供哪些服务。"公司董事长、总裁鲁峰说。

2001 年，"数字福建"建设伊始，成立于 1993 年的榕基公司就参与了"三网一库"等项目的前期工作，特别是"中国福建"门户网站的规划、设计、建设，进而成为"数字福建"建设的重要参与企业之一。

凭借在"数字福建"建设中积累的经验和技术、品牌、人才等优势，榕基的市场拓展到北京、河南、广东、浙江等地，如今已是国内电子政务细分领域最具竞争力的服务商之一。

20多年来，福建涌现出多家像榕基一样卓越的信息产业企业，在"数字福建"建设中发挥着重要作用。

七

第一个建成统一的省市县三级电子政务信息网络体系；第一个建成省市县三级政务信息共享平台；第一个实现省级医疗保险联网和医院联网；第一个建成生态环境领域大数据运用的福建生态云平台；率先推行文件证照电子化应用，基本实现群众凭身份证号码、企业凭统一社会信用代码就可以办理个人和涉企服务事项；率先建成全省一体化"12345"政府公共服务平台；"闽政通APP"功能不断完善，基本实现高频便民事项"马上办、掌上办"……

这些年来，"数字福建"系统工程取得多项创新性成果。福建省原副省长、"数字福建"建设领导小组原副组长贾锡太说："'数字福建'今天取得的这些成绩，与习近平同志当年的远见卓识密不可分。他有思想、有胸怀、有魄力，这是非常难能可贵的。"

数据显示，2020年福建省数字经济规模已突破2万亿元，增速达17.6%，占全省生产总值比重超过45%。

"数字福建"的意义不止于此。

2018年4月22日，以"以信息化驱动现代化，加快建设数字中国"为主题的首届数字中国建设峰会在福州开幕，习近平在贺信中这样写道："2000年我在福建工作时，作出了建设数字福建的部署，经过多年探索和实践，福建在电子政务、数字经济、智慧社会等方面取得了长足进展。"加快数字中国建设，就是要适应我国发展新的历史方位，全面贯彻新发展理念，以信息化培育新动能，用新动能推动新发展，以新发展创造新辉煌。"

在"数字福建"建设重大战略实施 20 周年之际，2020 年 10 月 12 日，以"创新驱动数字化转型，智能引领高质量发展"为主题的第三届数字中国建设峰会在福州开幕，习近平再次向峰会致贺信。

习近平指出，当前，我国信息化发展步伐加快，网络强国、数字中国、智慧社会建设扎实推进。在统筹推进新冠肺炎疫情防控和经济社会发展工作中，信息化发挥了重要作用。

习近平强调，要立足推动高质量发展、形成新发展格局，更好发挥信息化在推动经济社会发展、推进国家治理体系和治理能力现代化、满足人民日益增长的美好生活需要等方面的重要作用。希望与会代表积极交流思想、推动深化合作，为加快数字中国建设进程作出更大贡献。

跨越三千公里的牵手

一

"大漠孤烟直，长河落日圆。萧关逢候骑，都护在燕然。"唐朝诗人王维的《使至塞上》中提到的萧关就在西海固。

西海固，中国扶贫史中带着沉甸甸分量的三个字。

西——西吉，海——海原，固——固原，加上隆德、泾源、彭阳、同心，七地构成了西海固。这里曾与甘肃河西、定西并称为"三西"，近一个世纪以来始终是"中国最贫困地区"的代名词。

当年，清朝陕甘总督左宗棠来到这里，看着眼前的漫漫黄沙，长叹"苦瘠甲于天下"；1972年，联合国粮食开发署专家来此考察，叹息这里"不具备人类生存基本条件"。

"这片土地是沙沟连绵的不尽山峦，山上不长树，连草都不长。这里所谓的生活，就是生出来，活下去。"这是作家张承志笔下曾经的西海固。

变化，始于20世纪80年代。

1982年，国家启动"三西扶贫开发计划"，首开中国乃至人类历史上有计划、有组织、大规模"开发式扶贫"的先河。

1996年5月，按照邓小平提出的"共同富裕""两个大局"战略构想，党中央、国务院启动东西对口帮扶战略，确定由东部九个省市和四个计划单列市对口帮扶西部十个省区，福建踏上了宁夏扶贫协作之路，帮扶主战场正是"剁开一粒黄土，半粒在喊渴，半粒在喊饿"的西海固。

这是一份高难度的考卷。直到1996年，这里人均年收入300元以下的人口仍占总人口的16.2%。

1996年10月，福建成立对口帮扶宁夏回族自治区领导小组，时任福建省委副书记习近平担任组长。西海固板结的贫困土壤开始慢慢松动，从"苦瘠甲于天下"到"缚住贫困苍龙"。

二

1996 年，闽宁对口帮扶迈出第一步。

当年 9 月，福建省扶贫办主任林月婵到北京参加国务院东西部协作工作会议，领回了福建对口帮扶宁夏的任务。

"你们那里有几个国定贫困县？都在哪？希望福建怎么帮扶？"林月婵还没离会，就找到宁夏的与会者打听。

带着初步思路，双方各自回到地方向上级汇报。福建省委和省政府明确表态：不仅选八个县市逐一挂钩，而且还要让沿海五个设区市作为"后盾"，不脱贫就不脱钩，把此当作一件政治工作，一定要完成中央部署下来的任务。

1996 年 11 月，宁夏党政代表团来到福建，闽宁对口扶贫协作第一次联席会议在福州召开，闽宁双方签署了对口帮扶协议书，确定两省区政府每年举行一次联席会议；建立扶贫协作发展基金；从沿海五个省辖市中选出八个经济实力较强的县（市、区），对口帮扶宁夏八个国家扶贫开发工作重点县；互派挂职干部；部门对口协作。

截至 2021 年，这个联席会议已开了 25 次。习近平十分重视帮扶工作，在福建任职期间的 6 次联席会议，他 5 次出席，3 次发表重要讲话。一年一度的联席会议，在两省区形成了协商、推进、监督机制，使得每年的协作项目都能与扶贫开发和宁夏发展大局紧紧相扣。

协议也签订了，宁夏究竟是个什么样子呢？1997 年，习近平决定先让林月婵去宁夏看一看。

当年 3 月，肩负着习近平关于如何具体落实闽宁协作的任务，林月婵一行 13 人，第一次踏进了塞上宁夏。从这一次开始，直到 2007 年退休，林月婵总共到过宁夏 40 多次。在闽宁对口帮扶的过程中，林月婵慢慢在当地百姓口中从"林大姐"变成了"林大妈"。

尽管做了多年扶贫工作，去了很多穷地方，但亲眼看到宁夏当地深入骨髓的穷，林月婵的内心刺痛万分：那里的学生根本没有教室，老师是用树枝在地面上写字来教学；孩子们衣服上的补丁是打了又打；农民排着长队，只为将筐里的土豆拿给县里唯一的企业收购；水是咸的，一点水要从很远的地方挑来，没水洗澡……

"回去向习近平同志汇报这边的情况，他指示，光政府行为还不够，只有把企业加进来，才能从根本上改变。"林月婵回忆，省里开会时，习近平专门请来时任福建省省长贺国强，一起观看她拍的短片，同时决定每年无偿帮扶宁夏 1500 万元协助资金，各项工作加速推进：1997 年 3 月，第一批福建赴宁夏山区 8 个县的挂职干部抵达银川，宁夏山区 90 多名农村女青年到莆田新威电子公司上班……

三

1997 年 4 月 15 日，福建省党政代表团一行 35 人来到宁夏，参加闽宁对口扶贫协作第二次联席会议，并进行对口扶贫考察。

将台堡又称西瓦亭，位于宁夏回族自治区固原市西吉县，是古丝绸之路上的一处军事要塞。1936 年 10 月，红军三大主力在会宁

1997 年 4 月 17 日，习近平与宁夏回族自治区政府副主席周生贤分别代表
福建省和宁夏回族自治区签署福建宁夏对口扶贫协作第二次联席会议纪要

和将台堡会师，标志着二万五千里长征胜利结束。

1997 年 4 月 20 日，第一次去宁夏的习近平来到将台堡。

在红军长征纪念亭里，习近平在毛泽东的《清平乐·六盘山》碑文前驻足瞻仰。时任固原市隆德县县长白皋回忆说："可以感觉到他神情肃穆，思绪万千。"

近 20 年后的 2016 年 7 月 18 日，习近平总书记第三次到宁夏考察。从北京直飞固原，又驱车 70 多公里，习近平在将台堡向红军长征会师纪念碑献上了花篮。习近平说："长征永远在路上。这次专程来这里，就是缅怀先烈、不忘初心，走新的长征路。今天是实现'两个一百年'奋斗目标的新长征。我们这一代人要走好我们这一代人的长征路。"

那一年是红军长征胜利 80 周年，也是闽宁对口帮扶 20 周年。而闽宁对口帮扶，也是一次长途跋涉。

1996 年，福建省地区生产总值规模达 2600 亿元，提前实现比 1980 年翻三番的目标；而地处祖国西部的宁夏，地区生产总值只有 202.9 亿元。

福建同样面临自身发展的要求，如何在资金有限的情况下对宁夏进行有效帮扶，这是摆在扶贫小组面前的一道必答题。

在 4 月 16 日召开的闽宁对口扶贫协作第二次联席会议的会议记录中，可以清晰地看到习近平这样定位闽宁两省区的携手扶贫发展战略："宁夏和福建所处的地理位置和自然环境有着明显不同，彼此协作具有较强的互补性。""广泛深入地开展多种形式的扶贫协作，促进闽宁双方共同发展。"

在本次会议上，习近平提出了"优势互补、互惠互利、长期协作、共同发展"的对口帮扶协作原则。

细心的人会发现，对口扶贫协作，当年的国务院文件是"优势互补、互惠互利、共同发展"的 12 字原则，福建确定闽宁协作原则时增加了"长期协作" 4 个字，扩展为 16 字原则。

正是"长期协作" 4 个字，造就了闽宁协作的纵深度。

为宁夏贫困地区打水窖，援建希望小学，发动福建省属国有企业、"三资"企业、乡镇企业及民营企业到宁夏联办创办经济实体，互派干部挂职，扩大宁夏对闽劳务输出，在彭阳县开展菌草示范生产……福建的人才、资金、科技、经验、市场等要素开始源源不断地植入宁夏的"肌体"。

四

1997 年，习近平从银川到了同心，6 天时间，翻山越沟，一路走访了永宁县、同心县、海原县、西吉县、隆德县 5 个对口帮扶县。

4 月 20 日，习近平来到隆德县的联才乡、神林乡。白皋说，习近平对小圆井抽水灌溉和中药材种植很感兴趣。

白皋于 1996 年在福州召开的闽宁对口扶贫协作第一次联席会议上见过习近平，他说："在隆德见面时，他还是像以往一样亲切平和，看上去比实际年龄要显年轻许多。"

习近平在联才乡看到，随着小泵的转动，一股清水顺着管子流向田间，高兴地对白皋说："这里的地下水还挺丰富的嘛。""这是农民的创造吧?"

1997 年 4 月 18 日，习近平到宁夏同心县喊叫水乡周段头村周丰林家慰问

1997 年 4 月 20 日，习近平在宁夏隆德县调研

"是的，是部分农民先自发搞起来的，县上、乡上提倡推广并拿出财力、物力来支持，所以现在家家户户都打井抗旱。"白皋的回答让习近平很欣慰。

习近平说："干旱地区主要是缺水的问题，就是要这样因地制宜解决，根据不同的条件，把天上水、地表水、地下水都利用好。"当地干部、群众听后都感到习近平讲得很在行，一起鼓起掌来。

在联才乡赵楼村，大面积的中药材长势喜人。习近平详细了解中药材种植的品种、技术、产量、市场。他嘱咐福建在隆德的帮扶干部，要加强服务，特别要帮助解决好市场的对接。

西海固的见闻让习近平真正体会到什么叫家徒四壁。

"那里确实穷啊，有的住窑洞，家里光溜溜的，什么值钱的东西也没有，真是家徒四壁。有的一家人才两三条裤子。我到的有一户，在他们家转了一圈，最后看到窑洞顶上吊了一捆发菜，就这么个值钱的东西。他家里有点粮食，但不够吃，一点水是从很远的地方挑来的，人身上都脏乎乎的，没水洗啊。"

"那次考察中，我们都感到，习近平抓的工作件件得人心。"白皋说，习近平建议他们，一是"坡改梯"，增加耕地面积；二是发展马铃薯生产，加工成饲料卖给东部地区用来饲养鳗鱼，带动人均增收 200 元左右；三是抓井窖工程，解决群众生活用水问题。

在这次深入的考察中，意义最重大、影响最深远的事情，就是习近平部署推动"移民吊庄"工程。

习近平站在银川城外永宁县的一片戈壁滩上，那里是闽宁村的发轫之地。习近平坚信：今日的干沙滩，明日要变成金沙滩。

许多年后，"空中不飞鸟，地上不长草，风吹沙砾满地跑"的戈壁滩真的获得了新生。

五

安土重迁抑或迁移发展？闽宁协作势必要破解这一对立的生活取向。数千年来，黄土高原见证着农民与土地之间最坚韧的关系。移民"拔穷根"，某种意义上正是与这种关系角力。

在闽宁对口扶贫协作第二次联席会议上，习近平提议建立一个以福建、宁夏两省区简称命名的移民区。在调研西吉移民搬迁的吊庄玉泉营时，习近平提出了建设闽宁村的设想：集力聚资，将其打造成具有样板意义的闽宁协作示范村，让移民迁得出、稳得住、致得富。

2016年7月，习近平再到宁夏。他对乡亲们说：1997年我来到这里，被当地的贫困状态震撼了，下决心贯彻党中央决策部署，推动福建和宁夏开展对口帮扶。那时，重点实施了"移民吊庄"工程，让生活在"一方水土养活不了一方人"那些地方的群众搬迁到适宜生产生活的地方，建起了闽宁村。

以玉泉营开发区黄羊滩"吊庄"移民点为主体的闽宁村，让贺兰山东麓这片毫无生机的"干沙滩"开始沸腾起来。

谢兴昌的命运也是在这一年出现了转折。作为宁夏西吉县王民乡红太村的村支书，他下定决心要带着村民搬出这片苦瘠之地。谢兴昌领着两户，辗转三天，走过了中宁长山头、石嘴山大武口、银川镇北堡，最终停在了闽宁村。

"我看了两块地，玉米棒子、高粱穗都长得好、长得凶呢。"谢兴昌对村民们说，"别看现在是个干沙滩，人家福建都投资，只要黄河水上来，那是个好地方。"

1997年7月15日，谢兴昌在这片干沙滩上见证了闽宁村的奠基仪式。身材瘦小的他在奠基现场不停地往前挤着，说："都知道福建有个省委副书记叫习近平，听人家读他的贺信呢。"贺信里说："闽宁村的正式兴建，是闽宁两省区开展对口扶贫协作的一项重要成果。"

2001年12月7日，经宁夏回族自治区人民政府批准，在闽宁村的基础上成立了闽宁镇。如今，这里已经从当年只有8000多人的贫困移民村发展成为拥有6.6万人的闽宁镇。2019年，全镇人均可支配收入达到13970元。

2016年7月19日，习近平总书记来到闽宁镇考察，看到在20年对口帮扶下，老百姓过上了好日子，"打心眼里感到高兴"。他与村民代表座谈时说："闽宁镇探索出了一条康庄大道，我们要把这个宝贵经验向全国推广。"

如今，宁夏已相继"孵化"出160多个闽宁示范村，建设了闽宁镇、石狮镇、惠安村、南苑村、南安村、团结村、皇甫村等一批生态移民示范村镇。

六

"我是半个福建人，半个宁夏人。我人生最好的时光都留在了宁夏，这里是我的第二故乡。"63岁的闽商柯允君，一年有80%左右的时间在宁夏，转眼就是 24 年。

1997 年的宁夏之行，习近平还特地邀请了多位福建企业家同行，希望企业家到那里找市场、搞开发，结成联合体，共同发展。

柯允君是宁夏日盛高新产业股份有限公司董事长。1997 年，他作为 11 位闽商代表之一，参加了闽宁对口扶贫协作第二次联席会议。

"习近平希望我们把福建的先进理念和优质项目带到宁夏，鼓励更多福建企业家到宁夏投资发展。"柯允君至今记得习近平当年的嘱托，"要沉下心去，扎扎实实地干"。那次会议后，柯允君决定把事业重心转到宁夏。他专门请人设计了一座寓意"东西合作、闪出火花"的不锈钢雕塑，立于宁夏的公司门前。

同样在闽宁对口扶贫协作第二次联席会议上，福建农业大学菌草研究所所长林占熺的菌草技术被列入闽宁对口扶贫协作项目。

"一接到任务，我立马带上团队和六箱草种直奔宁夏西海固地区的彭阳县。"林占熺说，调研发现这里的环境气候、水热条件和福建大不相同，"以草代木"栽培食用菌只能从头开始。

半年后，第一批蘑菇出棚，27 户示范户种菇收入户均超过 2000 元。"当地不少人，一年到头种地收入还不到 300 元。第二年加入的菇农就翻了一番还多。"林占熺说。

1998 年 10 月，福建农业大学向省里提交一份《关于赴宁夏开展小流域生态环境综合治理情况汇报》。习近平专门作出批示，明确提出"菌草是我省之优势"，要求要"扬长避短""要做自己'拿手'的"。

显然，闽宁对口扶贫协作，不只是雪中送炭，更注重激发内生动力，从输血走向造血。

在 1998 年 6 月的闽宁对口扶贫协作第三次联席会议上，习近平强调，闽宁对口扶贫协作要以基本解决贫困人口的温饱问题为重点，以产业协作为基础，进一步加大企业和社会力量扶贫协作的规模和力度，切实抓好教育、科技和人才的扶贫协作。

在 2002 年 8 月的闽宁对口扶贫协作第六次联席会议上，习近平又提出，要在巩固现有扶贫成果的基础上，根据新时期扶贫开发的特点，调动各方面力量，创新帮扶机制，拓宽合作领域，扩大协作规模，增强帮扶力度，推动闽宁对口扶贫协作再上新台阶。

20 多年来，闽宁双方探索出"联席推进、结对帮扶、产业带动、互学互助、社会参与"的扶贫协作机制：截至 2020 年，福建省 30 多个县（市、区）先后与宁夏 9 个贫困县（区）结成帮扶对子，105 对乡镇、134 对村、114 对村企、62 对学校、28 对医院建立了结对帮扶关系；新（扩）建学校 236 所，资助贫困学生 9 万多名，援建妇幼保健院、医护培训中心等卫生项目 323 个；福建向宁夏选派挂职干部 11 批 183 名，5700 多家闽籍企业、8 万多名闽籍人员在宁从业生活；宁夏选派挂职干部 19 批 325 名，5 万名宁夏群众在福建稳定就业，每年劳务总收入超过 15 亿元……

2020 年 7 月 3 日，"闽宁对口扶贫协作援宁群体"被中央宣传部授予"时代楷模"称号。

七

"东西部扶贫协作和对口支援必须长期坚持下去。"2016 年 7 月，

习近平总书记在东西部扶贫协作座谈会上强调，东西部扶贫协作和
对口支援，是推动区域协调发展、协同发展、共同发展的大战略，
是加强区域合作、优化产业布局、拓展对内对外开放新空间的大布
局，是实现先富帮后富、最终实现共同富裕目标的大举措。

截至 2020 年，福建省、对口帮扶市县（区）及社会各界投入
帮扶资金 30.44 亿元，帮扶资金 60% 以上用于宁夏深度贫困地区，
援建项目 4000 多个。宁夏贫困人口从 2012 年底的 91.35 万人减少
到 2019 年底的 1.88 万人，贫困发生率从 22.9% 下降到 0.47%；贫
困地区农民人均可支配收入从 2012 年的 4856 元增长到 2019 年的
10415 元。

习近平在《摆脱贫困》一书中这样写道："就拿经济比较落后
的地区来说，她的发展总要受历史条件、自然环境、地理因素等诸
方面的制约，没有什么捷径可走，不可能一夜之间就发生巨变，只
能是渐进的，由量变到质变的，滴水穿石般的变化。"

闽宁携手的 25 年同样也是滴水穿石的 25 年！

今天的西海固正在经历着时代的伟大变迁，这也正是一个台
阶，一个越走越高的台阶，通往富裕和文明的台阶。

2020 年 11 月，宁夏最后一个贫困县——西吉县和 1.88 万贫困
人口如期脱贫。

2021 年 1 月，以东西部协作"闽宁经验"为蓝本创作的 23
集电视剧《山海情》在全国多家卫视黄金档和网络平台开播。该
剧在广大干部群众中引发了强烈反响，成为 2021 年开年一大文化
现象。

25 年来，闽宁两省区沿着习近平同志指引的方向，一年接着

一年抓，一任接着一任干，推动闽宁协作成为我国贫困地区通过对口扶贫协作走向全面小康的成功范例。

2021年3月，中央出台《关于坚持和完善东西部协作机制的意见》，确定福建省继续对口帮扶宁夏回族自治区。闽宁协作，更多精彩的发展奇迹将在山海间上演。

五、改革是发展的强大动力

第一个"吃螃蟹"

一

1992年新年刚过,一个午后,时任福建社会科学院经济研究所所长陈明森走进了福州市委大院。当他来到市委书记习近平的办公室时,看到习近平正与福州市经济发展研究中心的负责同志交谈着。他不清楚习近平这次邀约的意图。

陈明森还有另一个"身份"——股份制改革专家。早在1984年,陈明森便涉足这一领域的研究,撰写了一系列论文,并应民营企业福耀玻璃有限公司①邀请,参考上海证券交易所首批改制上市公司的资料,为该公司撰写了改制上市实施方案。

"我一直在关注福耀玻璃改制发行股票的情况,邀请你们来就是专门研究借鉴福耀争取上市的做法,推动国营企业②股份制改革试点。"习近平开门见山地说。

当时在福州,国营企业搞股份制改革还没有先例。习近平说:

---

① 1987年6月,福耀玻璃有限公司在福建省福清市成立;1992年6月,改组为股份有限公司;1993年6月,福耀玻璃在上海证券交易所上市。

② 1993年3月29日,八届全国人大一次会议通过的宪法修正案将"国营经济"改称为"国有经济",将"国营企业"改称为"国有企业"。以下行文中,无法判断明确时间的,统称为"国有企业"。

"要推动更多的企业改制上市，特别是国营企业，已经不得不改了。必须进行政策扶持，加大改革力度，才能增强国营企业的活力。"

整整一个下午，习近平虚心请教了有关企业股份制改制的方方面面——

公司改制是怎么运作的？

股价怎么定？

存量怎么增股？

增量怎么发行？

发行会遇到什么问题？

……

"每个问题，他都问得很细，我也一一解答。整个过程中，他还不时做着记录。"陈明森回忆道。

这次探讨后不久，习近平拍板决定，由福州经济技术开发区建设总公司（以下简称"建总"）来"试水"股份制改革。

二

20 世纪 80 年代，国企改革开始起步。

在这个主旋律为"扩权让利""两权分离"的国企改革突破时期，福建曾扮演重要角色。

1984 年 3 月，《福建日报》刊登了福建国营骨干企业 55 位厂长、经理的呼吁信《请给我们"松绑"》，要求给国营企业进一步放权。这封"呼吁信"对推动经济体制改革，特别是国营企业的改革和发展起了重要作用，在全国引起了巨大反响。

当年 5 月，国务院出台《关于进一步扩大国营工业企业自主权的暂行规定》，进一步下放权力；10 月，党的十二届三中全会通过《中共中央关于经济体制改革的决定》，提出"增强企业活力是经济体制改革的中心环节"，要"确立国家和全民所有制企业之间的正确关系，扩大企业自主权"。

所有权与经营权分离，催生了以承包经营责任制为主的多种搞活企业的经营方式。

进入 20 世纪 90 年代，国企改革开始向"建立现代企业制度"迈进。同时，伴随着邓小平南方谈话的发表与改革开放的推进，以私营经济为主的非国有经济和外资经济如雨后春笋般蓬勃兴起。

到 1992 年，福州市已经引进外资企业 1800 家，创造的产值占全市工业产值的 1/3。面对日趋激烈的市场竞争，不少国企因自身体制机制弊端，疲态尽显、步履维艰。

在这样的背景下，有一些人清醒地意识到，只有从所有权层面进行改革才能切实提高国企的竞争力。习近平便是其中之一。

1990 年春，习近平调任福州后，便将股份制改革作为国企改革的"先手棋"予以推动。

可在选择首批股份制改革试点企业时，却碰了"钉子"——市里筛选出一批合适的企业，但大家都不敢试，不愿试。

压力，就来自姓"社"姓"资"的激烈争论。

"全民所有制的企业还能搞股份制？""国有资产会不会流失？""既没有健全的法律法规，又没有先例可参照，该怎么做？"

各种声音迭出。

"当时改革开放刚十来年，即便是决策层，也有不少人对国有企业搞股份制改革一时不能理解，也无从下手。"陈明森说。习近平要在这一领域第一个"吃螃蟹"，免不了要做充分的调查研究，并请教对股份制改革有所了解的专家学者。

习近平与陈明森的那次会面后不久，福州市再次面向全市寻找试点企业。很快，建总浮出水面。

建总成立于1984年10月12日。随着福州经济技术开发区的发展，建总不仅在主业房地产开发经营上年年有新突破，而且把业务扩展到贸易、商管储运、广告装潢等其他行业。但企业经营者也清楚看到，在改革开放的新形势下，外资房地产企业凭着灵活的经营管理机制和雄厚的资金，也加入到激烈的竞争中来。建总如若不继续加大改革力度，将难以在优胜劣汰的市场竞争中生存和发展！得知福州市正在物色股份制改革的试点企业，建总负责人萌发了转换企业经营机制，实行股份制改革的设想。

了解到这个情况后，1992年2月，福州市经济研究中心立即向市委书记习近平递交了《关于加快开发区建总股份制试点工作的建议》。习近平看后，批示："抓紧落实，尽快促成。"

3月23日，习近平专门听取了建总负责人的汇报。他说："在加大改革分量进程中，必须加快股份制试点工作。'建总'股份制试点抓好了，将对福州探索转变国营企业经营机制，起到先行和示范作用。"

在那之后，建总的改制上市工作步入了快车道——

4月，先后完成了企业内部人事、用工、分配三项制度改革，福建华兴会计师事务所开始对其进行资产评估。

6月，资产评估结束，得到福州市国有资产管理局的确认。

9月，福建省体改委正式批准建总改制后，福州市体改委批转同意。

10月，开始法人股和职工内部股招股工作，并于11月22日招股缴款完毕，股金全部到位。

12月30日，召开第一次股东大会，通过了公司章程，选举了董事会。建总正式易名为福州保税区建总股份有限公司。

至此，全省第三产业的首家股份制企业在闽江口呱呱坠地。

1996年11月21日，企业顺利在深交所正式上市，挂牌交易，更名为"三木集团"。

看到了建总改革的成效，习近平持续推动福州市国营大中型企业实施规范化股份制试点。几次会议上，他都强调，国企要在市场上大胆去闯去试，政府政策上要予以扶持。习近平建议福州工商界选择10家符合产业政策、经济效益好、处于继续发展中、有明确投资项目的国营大中型企业推行规范化股份制试点，争取能多上市几家。

习近平认为，福州的工业企业改革已取得从搞活单个企业转向推进全行业组织结构调整的产权制度改革的重大突破。

在1995年12月的天宇电气集团①成立大会上，习近平说："随着改革不断深化，社会主义市场经济体制的逐步建立和现代化生产的不断发展，市场在国家宏观调控下对资源配置所起的基础性作用

---

① 天宇电气集团是由原福州变压器厂、福州第一开关厂、福州通用电气股份有限公司等三家重点骨干企业组建起来的大型集团，1997年上市。

将越来越大，单凭一家企业自身的力量，难以在激烈的市场竞争中
站稳脚跟。"他认为，联合起来上规模、提高技术上水平、分工协
作专业化，已经成为企业持续发展的必由之路。

而那几年，随着福州东百、闽福发、福州大通、天宇电气等企
业相继改造上市，在当时全国省会城市中，福州改制上市公司的数
量最多、门类最为齐全，不仅有制造业，还有商业和基础设施建设
行业。

三

那个年代，在新思想和旧观念的不断碰撞中，推动国企改革并
非易事。

习近平在福州市委书记任上谈及国企改革时曾说："改革要有一
个'敢'字，要勇挑重担，敢于迎难而上；大胆开拓，敢为天下先。"

1993 年，如何推动福州啤酒厂全资转让给外商，是一个摆在
习近平面前的难题。

1998 年 3 月 17 日，《福建日报》采写的《"苹果"不能等烂了卖》
一文详细记述了福州啤酒厂转让始末。

那时候，有媒体报道，东北一座城市对于净资产为零或负数的
百余家中小国企，按一元钱的最低价出售或竞价出售，引起社会关
注。显然，这些企业出售时已经是不值钱的"烂苹果"了。

可在 1993 年习近平促成福州啤酒厂转让给外商的时候，这家
企业看起来似乎并没有"烂"——年产啤酒 7 万吨，在同行业中是
全省最大、全国十大之一；每年税利以两位数增长，最多一年创税

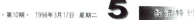

1998年3月17日，《福建日报》刊出报道《"苹果"不能等烂了卖》，详细记述了福州啤酒厂转让始末

利 4000 万元，是福州数一数二的纳税大户。

要把这样的企业转让，阻力不小。

有人质疑，外商能不能把企业办好，工人饭碗砸了怎么办；还有人抱怨，国有牌号变洋牌，变种了。

1993 年 6 月 1 日，习近平在经过调查研究后，一锤定音。经过"讨价还价"，福州啤酒厂以 1.3 亿元转让给新加坡第一家食品厂和新加坡亚洲太平洋酿酒公司，更名为"第一家（福建）啤酒有限公司"。

为了报道此事，《福建日报》记者魏章官在 1998 年初专访了习近平。

习近平谈到，他对福州啤酒厂和国际啤酒市场都做过调查，了解到福州啤酒厂表面上一片繁荣，实际上已背了包袱，潜伏着危机。今后三年不上规模，不进则退，企业发展已是强弩之末。预测未来，令人忧心。

记者随后采访了原福州啤酒厂第一副厂长连国清，事实与习近平的判断如出一辙：转让前，福州啤酒厂已欠银行贷款 5000 万元，是在负债经营，为银行"打工"。原厂拼设备年产量最多才达 7 万吨，且主要在福州下辖八县（市）销售。要增加产量，提高质量，必须实行大的技改，所需巨额投资靠政府不可能，靠银行贷款，企业承受不了。再者，企业原来的管理体制和运行机制也存在明显短板，改革也不容易。

"习近平同志看得很清楚，'苹果'虽没有烂，但确实已经开始变质了。"魏章官回忆说。

企业日后的发展，证明了习近平的判断是对的。

改换门庭后，企业通过外商管理，构建起了现代企业制度——

围绕提高产品质量进行了"开膛破肚"般的技改，投入 2 亿多元，到 1996 年底技改全面完工；

企业设备运行和财务管理实现电脑化，引进成套先进检验设备，从原料进厂，到半成品、成品都经过严格检验；

重视人才培养和管理，聘请荷兰"喜力"啤酒的 3 名专家来厂酿酒，培训技术人员；

加大促销力度，广开销路，企业 1997 年产值达 1 亿多元，总税额达 3000 多万元，比收购初期提高 84%；

……

在那次采访中，习近平说："我们应该打破只讲企业名份，不求企业发展前景和经济效益的传统观念，力求公有制实现形式的多样化，加快国企改革步伐。"

福州啤酒厂转让的"风波"随着新厂的焕然一新告一段落，但这成了加速福州国企改革的动力。

四

福州曾长期处于战备状态，基础投入少，经济起点低，工业基础薄弱。20 世纪 90 年代初，福州大多数工业企业的设备陈旧、老化，企业发展面临着重重困难。

"外资嫁接改造是企业摆脱困境的一条理想出路。"习近平在以"福州啤酒厂转让事件"为代表的改革实践中总结经验。但这只是改革的形式之一。

"改革的形式可以多种多样。要善于因势利导，哪种形式对转换经营机制、搞活企业有利，就采用哪一种形式。"1993年7月，习近平在福州市机械工业老企业改造调研座谈会上如是说。

一个月后，他深入福建机器厂、福州发电设备厂、福州电声器材厂、福州大通企业股份有限公司进行了实地调查研究。

调研中，习近平说："在当前中央加强宏观调控的新形势下，抓住对外开放的机遇，加快产权制度改革步伐，通过大力引进外资嫁接改造、积极推行股份制、实行国有民营和兼并等多种形式的改革措施，实现产业组织结构的调整，是加速发展福州工业企业的根本出路。"

但他也提醒大家，要注意保护"三资"企业中工人的合法权益，保护国有资产，不让流失；要不断探索和实践，不断总结经验，扩大成果，防止出现失误；要加快建立健全社会保障体系，确保社会安定稳定，做到改革、发展、稳定三者有机结合。

当年，在习近平的推动下，新组建的鑫利森公司使得福州丝绸印染厂彻底挣脱出了亏损泥潭；福州轧钢厂与济南钢铁总厂联营，进而由松散型合作转为紧密型合作，并引进外资，成立"中中外"企业；福州硫酸厂成功兼并了两家下游企业，提升了企业竞争力……

在改革初显成效的时候，习近平又对国企改革提出了更高的要求。

"改革的目的是建立现代企业制度"，1993年12月，习近平在福州市工交系统调研活动后提出"选择若干家有条件的企业，实行建立现代企业制度试点，并选择一两家资不抵债企业进行破产试点"。

1994 年 8 月，习近平在对全市工业企业进行调研时指出，搞活国有企业要走好三着棋：班子、方向、资金。"一个企业如果没有一个团结向上的新领导班子，很难领导企业在激烈的市场竞争中求得生存。而方向就是要选好主导产品，只有拥有自己的主导产品，才能确保在激烈的市场竞争中立于不败之地。主管部门有责任帮助企业解决好这两个问题。至于资金，这是困扰国有企业的普遍问题。解决资金的出路不能完全依赖银行贷款，应把更多的精力放在招商引资和开展内联上。"

着眼于建立现代企业制度，当年在习近平的推动下成为国企股份制改革先行者的建总（三木集团），大刀阔斧推进各项制度建设：公司制定了"人尽其才，各尽所能，定岗定薪，自由选择，分级聘用"的方针，并根据不同岗位、肩负责任、劳动强度及任职条件等设定岗位技能工资；对在职职工实行档案工资的同时，规定今后新调入职工的人事关系，一律寄存在人才市场；对职工住房试行公积金制度，对管理干部、技术骨干试行寓所制；引入退休养老保险、待业保险等多项社会保险，从根本上解除了职工的后顾之忧……

这些做法在今天仍有借鉴意义。

"在习近平的支持下，我们可以说是省内推行现代企业制度的先行者，公司率先实现股份制改革，率先实现企业兼并重组，率先实现法人股协议转让、股票上市，率先组建企业集团，在现代企业管理与运营方面积累了丰富的经验。"时任建总总经理陈维辉说。

此后数年，通过采取股份制、有限责任公司、公有民营、独资、合资、租赁、划小、兼并等多种形式转换机制，福州的重点国企大多初步建立起现代企业制度。

国企改革攻坚

—

2002 年 6 月 23 日晚 10 点，第 2 号台风"飞燕"在福州登陆，中心最大风力 12 级。

一时间，福州马尾港狂风肆虐，暴雨滂沱。

马尾造船厂两艘在建的 1.76 万吨级出口船，在风暴的撕扯下颠簸着。突然，缆绳被狂风绷断，船体移位，一下子冲到了江心，随后又被回南风刮回，搁浅在江滨路马尾堤岸；造船厂的一台 200 吨门吊也未能幸免，轰然倒地……

时任省长习近平连夜就抗灾抢险进行了部署。

时任福建省船舶工业集团公司总经理谢作民当晚正在厦门造船厂出差，听闻消息，立刻着急地往福州赶，凌晨四点到达马尾造船厂。

福建省海事局等相关各方的领导也赶到了造船厂。

台风让马尾造船厂的在建船舶、生产设备和设施均不同程度受损。清理倒塌损毁的门吊、制定抢救搁浅船舶的方案、检查其他船舶和码头受损情况……谢作民和全厂职工彻夜未眠。

天还没亮，习近平就给谢作民打电话，关切地询问船厂损失情况，并反复叮嘱注意安全。

中午时分，狂风乍缓，抢修队奔向江滨路，利用中午潮水顶托时机，用拖船将两艘搁浅的万吨巨轮拖拽出浅滩。

"飞燕"无情，直到数月后，马尾造船厂在建船舶和厂区生产设施修复工作才基本完成。但一次及时的抗灾部署、一个暖心的电话、一帮视船厂为家而团结奋斗的员工，让谢作民坚信，"百年船厂"绝不会因为这场风暴而一蹶不振。

正如一年多前，在习近平的全力支持下，马尾造船厂抵御住了濒临倒闭的那场"风暴"一样。

二

有人说，马尾造船厂的历史，就是中国近代工业跌宕起伏的历史缩影。

清同治五年（1866 年），左宗棠于福州马尾创办船政，在中国近代工业近乎空白的土地上建船厂、造兵船、办学堂，造就了当时远东最大的造船基地，也孕育了中国人的工业强国梦。

新中国成立后，作为战备前线，福建工业缺少资金投入，马尾造船厂发展一度停滞不前。加之中国造船工业分中央和地方两块，地方船厂在材料调拨、生产订单等方面受限，马尾造船厂在规模上也很快就被其他船厂赶上和超过了。

即便如此，直到 20 世纪 90 年代，马尾造船厂依旧是中国船舶工业不可忽视的一股力量。

从 1991 年起，因国内市场拓展受阻，马尾造船厂开始将目光投向海外市场。尽管规模不大，但老底子不错，船厂通过了世界级船级社的"入级"检验，拿到了出口欧洲的"入场券"。

借此东风，船厂渐渐地揽接了面向欧洲市场的集装箱船建造业务，订单不断。为此，船厂铆足了劲进行技改，1997 年投入 1.1 亿元对部分造船设备实施改造。

然而，天不遂人愿。当年爆发了亚洲金融危机，原料价格飞涨；国际航运萧条，船市疲软。随之而来的，是接单难，造船难，交船更难！

"那时候，船东对在建船异乎寻常的严格，船舶生产总是在'找茬'和'返工'间循环，进度缓慢，职工情绪低落。"时任马尾造船厂党办主任苏从愿说，"航运业不景气，船停在码头是要缴纳巨额费用的，所以船东宁愿推迟交船也不愿意把船接走。"

船交不出去，巨额船款就收不回来。加上此前投入的 1.1 亿元技改资金绝大多数是银行贷款，两者叠加，马尾造船厂已是资不抵债。

"那时候，不仅尖端人才留不住，职工工资发放都很困难。"苏从愿说。

这时，不少人向谢作民提议，干脆让马尾造船厂破产吧！

"马尾造船厂可是百年老厂啊，如果在我们手中破产了，那就是千古罪人！"谢作民坚决不同意。

1997 年 9 月召开的党的十五大提出，用三年左右时间，使大多数国有大中型亏损企业摆脱困境。

"三年脱困"，由此成为那段时间福建国企改革的"关键词"。

当年，省船舶工业公司在筹建集团公司的同时，把包括马尾造船厂、厦门造船厂在内的船企改革列入重要的议事日程。

马尾造船厂由此开启了以"脱困"为目标的改革，但进展却始终不顺。

"卡脖子"环节，还是如何偿还银行债务问题！

2001 年 5 月 15 日，习近平到马尾造船厂调研改制工作，这是他到省里工作后第三次来到马尾造船厂。

他登上 3.5 万吨船台，仔细察看正在建造的一号、二号 700 标箱集装箱船生产情况；到码头察看正在舾装施工的两艘 1.76 万吨级干散货船，并向忙碌的工人们问候和致意。

接下来的汇报会上，谢作民介绍全省船舶工业的发展状况后，重点讲了马尾造船厂遇到的困难，希望省政府能够给予扶持帮助。

习近平当场给予了回应。这是谢作民所没想到的："他在会上给我们打气，肯定了我们这些年的发展成绩，特别是赞扬了领导班子和工人的精神状态，还开诚布公地讲，省政府在全国的经济结构调整中，有意把造船工业的调整作为推动发展的一个重点。"

造船企业的资本金如何注入？

贷款担保怎么解决？

如何对创汇企业进行技改贴息？

习近平一一作了政策性阐述。他明确表态说，今后省里在财政资金安排上，将继续对马尾造船厂安排适当的投入，同时希望马尾造船厂要开辟多元化投资渠道，多方面融资，甚至可以尝试走合资办企业的路子。

"他鲜明提出，马尾造船厂要搞债转股，要先甩掉负担，才能轻松上阵，再创辉煌。"谢作民说。

这次调研后，马尾造船厂的股份制改革和债转股工作加速推进。

几经周折，最终，马尾造船厂所负工行债务由中国华融资产管

2001 年 5 月 15 日，习近平在马尾造船厂调研

理公司出资 9925 万元入股，占 41.29% 股份；省船舶工业集团公司以固定资产入股，占 55.79% 股份，剩余股份由省东南造船厂、省福船建设开发公司、省琯头海运公司 3 家企业出资。

同年 12 月 21 日，马尾造船厂成功实现改制——一个结合债转股成功改制为多元投资主体的股份制企业诞生了。

12 月 23 日，马尾造船股份有限公司正式挂牌运营。

那一天，恰好是马尾造船厂的 135 岁 "生日"。

三

新公司 "上路"，第一件事，就是赶紧完工先前延期交货的 8 艘轮船。

一年半以后，旧单已清，新单到手。马尾造船厂焕发生机。

自那以后，随着航运市场的逐渐恢复，资金链顺畅了，流失的人才也回来了。

"债转股之前我们一年也就生产两三艘船，改制以后，我们两个船台一年就能生产七八艘船。负债率下降，资金活起来了，再加上通过改制，一些重叠的机构被压缩了，职工的劳动观念正在慢慢改变，生产积极性也越来越高。" 时任公司改制办主任苏从愿说。

马尾造船厂 "起死回生"，但习近平对 "百年船厂" 发展有了新要求。

2002 年 6 月的一个星期日，马尾造船厂一艘出口德国的 700 标箱集装箱船即将交付使用，谢作民专门邀请习近平过来看看。

习近平欣然答应。

一早，习近平轻车简从到来。他从底舱到驾驶室，再到船长居住间，看得非常仔细。

"（这艘船）国产（零部件）占比有多少？"习近平突然问谢作民。

"主要的设备以及导航系统都还是靠进口。"

"我们的造船工业要想真正发展好，还是要把重心放在提高技术水平上，不要总干'苦力活儿'，要着眼高精尖，解决国产化，掌握主动权。"习近平说。

在谢作民看来，人们还未彻底搞清楚刚经历了破产风险和债转股改制的马尾造船厂体制上的"痼疾"，而习近平这一席话是从根源上找到"症结"，并提出对症下药的"良方"。第二年，公司便开始改革造船模式，提出了"以财务管理为中心，以技术进步为基础，全面提高公司管理水平"的生产经营管理指导理念，并以此为切入点，重整机构，精兵简政，按公司法建立有效管理制度，规范办事程序，实施全新的薪酬激励机制。

职工们生产积极性空前高涨，劳动效率大幅度提高，企业也步入良性发展的快车道。

宁夏回族自治区党政代表团、江西省党政代表团分别于2002年8月4日、8月15日来福建学习考察，习近平专门把他们带到马尾造船厂，向他们介绍船厂的发展历史。

2006年，在被誉为船舶界"奥斯卡"的德国汉堡海事国际展览会上，马尾造船厂生产的支线集装箱船被评为标杆产品。

近年来，得益于不断投入的科技研发，公司拓展了海洋特种工程船、远洋渔业设施、工程钢构等新领域，实现了船舶与非船舶制造齐头并进，逐渐闯出了一条蓬勃发展之路。

四

在亚洲金融危机肆虐的 20 世纪 90 年代末，马尾造船厂遭遇的危机并非个案。如何让国企整体实现脱困目标，习近平一直在思考。

2000 年元旦的到来，意味着国有企业"三年脱困攻坚战"进入了关键的最后一年。

新年假期尚未结束，习近平就带着对国企改革与发展的关注，赶赴三明调研，目的便是为国有及国有控股大中型工业企业寻找脱困良方。

在详细了解了企业面临的具体困难并作了认真思考后，习近平提出了从根本上解决企业负债率过高、资金运转困难的"两条措施"："一是积极申报债转股。企业可以申请将银行贷款转为银行（金融资产管理公司）在企业的股份，待经济效益好转后，再回购金融资产管理公司所持股份，这样可解企业的燃眉之急，有效促进企业的技术进步和产品升级，提高经济增长质量和效益。二是企业进行内部改制，走资产重组的道路。企业拥有优质产品和市场，可以此为资本，积极寻求与大公司、大财团的合作，以解决资金问题。与此同时，各级政府、各有关部门也要根据情况，酌情给予帮助，为企业排忧解难。"

一年后，债转股救"活"了马尾造船厂。两年后，在政府帮助下，华闽公司靠资产重组获得新生。

华闽公司是 1980 年经国务院批准成立的福建省驻港"窗口公司"，主要业务是贸易、金融、地产、旅游、航运等。

1997 年，因受亚洲金融危机冲击以及自身经营管理上的问题，华闽公司经营出现巨额亏损，严重资不抵债。

如何处置驻港"窗口公司"的债务危机，不仅事关福建的信誉和形象，影响外资和港、澳、台资的信心，影响进一步扩大改革开放，甚至还会影响刚回归祖国的香港的繁荣稳定。

中央高度重视，成立了由外经贸部牵头、六部委参加的国务院部际协调小组，给予帮助和指导。省委、省政府经过权衡，决定对华闽进行重组，展开救助。

华闽公司当时亏损达44亿港元，涉及香港81家银行，而当时全省的财政收入只有270多亿元。

由于华闽公司是福建驻港"窗口公司"，所以境外债权人视华闽公司的债务为政府债务，追债的最终目标指向福建省政府。

"旅港乡亲出于爱国爱乡情结，出于维护省里形象，热切希望省里出手相救。而省内一些部门和相当一部分干部对于要不要救、怎么救、谁来救、用什么救，看法不尽相同，甚至还有人提出'在完全资本主义制度的条件下，国有企业能办得下去吗？华闽公司的教训还不够深刻吗？'"时任福建省副省长曹德淦负责华闽重组工作，他深感工作难度巨大，心里不免着急。

但习近平宽慰他："老曹，不要急，我们一起想办法。"

要重组就要拿出优良资产向银行抵押贷款、向国务院申请相应外汇指标、向银行申请购汇相应人民币规模，要有强有力的谈判小组。当时没有可以参照的经验，只能"摸着石头过河"。

习近平亲自同国家电力公司谈，把福建省政府占水口电站36%的股权谈下来，作为华闽重组的抵押担保向国务院申请外汇指标，向银行申请购汇人民币规模。

"由于省委、省政府高度重视，加之习近平同志的具体领导和支持，谈判小组终于谈成了一个双方都比较满意的方案。"曹德淦回忆说。

历时两年零八个月的努力，华闽公司重组成功。

经国务院批准，2002 年 6 月，华闽公司与香港 81 家银行签署了重组清偿协议。各方面都认为华闽公司的债务重组是成功的，并给予很高评价——

国务院部际协调小组认为："重组方案是可行的，措施是有效的，谈判是成功的。"

华闽重组顾问认为，华闽重组是一个难度很大的案例，福建省政府尽了很大努力，拿出了各债权银行可以接受的好方案。

香港中联办的领导认为，福建省下大决心挽救华闽，体现了福建省政府对外开放的决心和对香港发展的信心，是目前为止中资企业债务重组最成功的案例之一。

香港主要的 9 家报刊在显著位置对华闽重组的成功进行了正面报道。

"老曹啊，想不到还把这个事办成了！"当曹德淦把经国务院批准的华闽公司重组方案送给习近平看时，习近平欣慰地说。

如今，曹德淦忆起往事，内心充满感激："面对不确定因素和不可预见的风险，他眼界开阔，站位很高。而作为班长，他对班子成员既充分信任又大力支持，既放手放权，又敢负责、有担当。"

在习近平的带领下，福建的国企脱困工作有序推进。

2001 年初，习近平在省九届人大四次会议上作政府工作报告时宣布：截至 2000 年底，列入国家 520 户国有重点企业名单的 11

户企业已有 9 户完成公司制改造，列入国家 6599 户脱困考核的 69 户企业已有 52 户扭亏脱困，改制面和脱困率都超过国家的要求，国企改革和脱困三年目标如期实现。

敢为天下先

一

"30 年前，福建 55 位企业负责人大胆发出给企业'松绑'放权的呼吁，很快在全国上下形成共识，成就了经济体制改革的一段佳话，我对此印象犹深……希望你们和广大企业家一道，深刻领会、深入贯彻党的十八届三中全会精神，继续发扬'敢为天下先、爱拼才会赢'的闯劲……"

2014 年 7 月 8 日，一封来自中南海的回信，让福建企业家们无比振奋。习近平在回信中寄语企业家：进一步解放思想，改革创新，敢于担当，勇于作为，不断做大做强，促进联合发展，实现互利共赢，为国家经济社会持续健康发展发挥更大作用。

福建省企业与企业家联合会（以下简称"福建省企联"）名誉会长黄文麟已是耄耋之龄。"没想到！太欣喜！"得知总书记回信的瞬间，他心绪难平。

福建的企业家们为何要写信给习近平？这还得从 30 年前说起。

1984 年 3 月 21 日，来自全省各地的 55 位厂长、经理聚首榕城，参加福建省厂长（经理）研究会成立大会。会上，大家对计划经济体制对企业"五花大绑"意见很大，原本的交流会成了"诉苦会"。

会后，55位厂长、经理联名向当时的省委书记、省长发出《请给我们"松绑"》的呼吁信。3月24日，《福建日报》头版头条刊出了这封信。

一石激起千层浪。

1984年4月起，福建省政府连续下发9份文件，落实企业自主权；5月10日，国务院出台《关于进一步扩大国营工业企业自主权的暂行规定》；随后，中共中央出台了《关于经济体制改革的决定》，中国国企改革的帷幕由此拉开……

后来，3月24日也由此被定为全国企业家活动日（后改为4月21日）。

2014年，全国企业家活动日暨纪念"松绑放权"30周年大会在福州召开。福建企业家商议后决定，写封信给习近平总书记"说说心里话"。他们找到30年前呼吁信的主要草拟人黄文麟，请他继续执笔，共同写下题为《敢于担当 勇于作为》的信件。

八易其稿，字斟句酌。与30年前"松绑放权"的呼吁相比，这封信除了呼吁政府进一步简政放权，主要汇报了加快改革发展的决心和举措，同时提出了更严格的自我要求。

能否收到回信？大家没把握，但有信心。

"没把握，因为总书记工作繁忙。有信心，一是因为总书记对'松绑放权'很赞赏，多次提及这一历史事件；二是他在福建工作了17年半，对福建企业家有着深厚感情。"黄文麟说。

果然，回信来了。

福建日报

FUJIAN RIBAO

1984年3月24日 星期六
农历甲子年二月廿二 第12477号

五十五名厂长、经理呼吁
请给我们"松绑"

本报讯 在福州参加省厂长（经理）研究会成立大会的五十五名厂长、经理，三月二十二日写信给省委领导同志，题目是"请给我们'松绑'。"情词恳切，使人读后有一种再不改革、再不放权，就要不能前进的感觉。本报记者认为有必要将这封来信公之于众。以下是该信全文。

我们参加福建省厂长（经理）研究会成立大会的五十五个企业的厂长和经理，汇集在福州二化，就如何当好厂长、搞活企业进行了交流和探讨。根据省委领导介绍，一九八三年我省工业发展速度不快，经济效益落在全国后面，一九八四年要争取前两位数，实现三同步。面对这种形势，作为生产经营单位的厂长、经理，我们感到担子很重。我们都想干一番事业，都为振兴福建贡献一份力量。然而，现行体制条条框框捆住了我们手脚，企业处在只有压力，没有动力，也谈不上活力的境地。真是心有余力不足。这是我们最大的烦恼。最近，你们在省六届人大二次会议上提出改革、要放权，要统一思想，狠抓落实，说出了我们的共同心声，给了我们很大的鼓舞。我们认为放权，不能只

限于上层地区、部门之间的权力转移，更重要的是要把权力落实到基层企业，为此，我们不揣冒昧，大胆向你们伸手要权。我们知道目前体制要大改还不可能，但给我们松松绑，给点必要的权力是可以做到的。我们认为，目前企业的潜力还是很大的，只要给企业创造一些必要条件，我们的步子就可以迈得大一些。

我们议了一下，目前至少要给以下五条权利：

（一）企业干部管理除工厂正职由上级任命外，副职应由厂长提名，然后由上级主管部门考核任命，其余干部通通由企业自行任免，上面不要干预。企业任命的中层干部，上级主管部门应予承认，并享受与过去上级任命的中层干部同等待遇。

（二）干部制度，要破除"终身制"和"铁交椅"，实行职务浮动，真正做到能上能下，能"干"能"工"，但可保留干部待遇。

（三）企业提取的奖励基金，企业应有权支配使用，有关部门不要干涉。或者采取与上交税利挂钩的办法，核定

合理的税利发奖率，奖金随税利增减而浮动，不封顶，不保底。在企业内部，可根据自己的实际情况，实行诸如：浮动工资、浮动升级、职务补贴、岗位补贴等多种形式的工资制度和奖惩办法。

（四）在完成国家计划指标的情况下，企业自己组织原材料所增产的产品，允许企业自销和开展协作，价格允许"高进高出"，"低来低去"。

（五）改革企业领导制度，实行厂长（经理）负责制，扩大厂长权力，建议先在参加厂长（经理）研究会的企业中选几个厂进行试点。

有的部门可能担心放权会搞乱了，会出问题。我们认为，应当相信大多数。我们要这些权力，绝不是为了以权谋私，只是想在目前条件下，给企业松绑，使我们能够在搞活企业，落实责任制，克服"大锅饭"方面有所突破，从而实现提高经济效益的目的。为福建能在四化建设中走在全国前头作出努力。如果有人滥用职权，谋取私利，搞违法乱纪，当受党纪、政纪直至国法惩处。

殷切地等待您们的支持。

1984年3月24日，《福建日报》头版头条刊出《请给我们"松绑"》的呼吁信

二

在福建工作期间，习近平对于企业家的关注、关心和关爱始终如一。他在不同场合多次谈及"松绑放权"这一经济体制改革的佳话。

在 20 世纪 90 年代初，"乱检查""乱评比""乱收费"的现象屡屡发生，习近平十分理解企业家的苦衷。

1991 年底，时任福州市委书记习近平和厂长们座谈，有人提起不久前福州市机械系统 7 个厂长罢考的事。他们反映，当时很多部门都可以出题考厂长，内容宽泛，如不及格，还要重考、补考。

听罢，习近平当即表态，不再考厂长了。他同时强调，不考并不代表厂长不要再学习了，而是要把学习放在岗位上。对厂长的监督机制和考核机制同样要健全。

担任省长期间，习近平多次出席福建省企联组织的"3·24"企业家活动日、优秀企业家表彰会和"省领导与企业家共话企业诚信"座谈会。

2001 年，在福建省企业家活动日暨表彰大会上，习近平说："福建企业家素来有'敢为天下先''爱拼才会赢'的开拓创新精神。当年 55 位厂长、经理提出给企业'松绑放权'的呼吁，就是这种精神的具体体现。"

他赞扬福建企业家是企业的统帅和灵魂，是改革和创新的重要力量，也是推动经济社会发展的生力军。他特别强调："我们要理解企业家，尊重企业家，爱护企业家，支持企业家，在全社会形成

2002年8月7日，习近平出席"省领导与企业家共话企业诚信"座谈会

对企业家重要地位和作用的认识。""要把省企业管理协会、省企业家协会办成企业之家、企业家之家。"

会上，习近平向当年发出"松绑放权"呼吁的 55 位厂长、经理颁发了纪念证书，并与老一辈企业家合影留念。

第二天的《福建日报》头版头条，"理解企业家 尊重企业家 爱护企业家 支持企业家"成为加黑的大标题。

2002 年 6 月，习近平在晋江调研时，再次论及企业家们的胆识："正是有这样一大批满怀改革激情的企业家们不懈努力，有一大批'第一个吃螃蟹'胆识企业家的开拓创新，才不断推进了全省改革开放和现代化建设的进程。"

"企业家的事，习近平同志总是特别上心。"多次陪同习近平在晋江调研的时任晋江市委副书记陈章进回忆道。

"比如，民营企业一开始靠自家闲房生产，企业发展了，要扩大生产规模，用地问题就比较突出；各项手续的办理太烦琐；还有很多村向企业收管理费，增加企业负担。"陈章进说，习近平在数次调研了解这些问题后，随即督促政府为企业解决。

晋江市很快就成立了行政服务中心，把所有职能部门都集中在一起，并限定时间办结；随后，发文禁止向企业收管理费，同时对村集体收入不到 20 万元的村，由市财政补到 20 万元。

习近平还多次强调要"切实维护企业和企业家的合法权益"，并大力支持省企联发起为企业家立法维权的倡议。

2002 年起，多部门合力开展专题调研，开始了保护企业家权益相关地方条例初稿的起草。后经企业家座谈会、专家咨询，反复修改，由福建省政府正式报福建省人大常委会审议。最终，福建省人大常委会于 2008 年 12 月高票通过《福建省企业和企业经营管理者权益保护条例》。

立法保护企业家合法权益，福建走在了全国前列。

离开福建后，习近平依然多次提及"松绑放权"这一历史事件——

2007 年 8 月，黄文麟到上海治眼疾，时任上海市委书记习近平得知后主动提出与他会面。

得知他还在担任福建省企联会长时，习近平叮嘱："我参加了多次省企联举办的纪念'松绑放权'的企业家活动日，这种活动形式很好，应该坚持办下去。"

2010 年 9 月，习近平到福建考察，在会见老同志时，他对陪同的时任福建省委书记孙春兰说："当年，福建的'松绑放权'在全国影响很大。"

2011 年 3 月 8 日，习近平在看望十一届全国人大四次会议福建代表团时说："福建在改革方面有一些在全国运筹机先、起到突破作用的探索和创新，如当年的'松绑放权'、林权改革等。"

2014 年 11 月 2 日，习近平考察福建时说："福建素有'敢为人先，爱拼会赢'的传统。1984 年，福建 55 位厂长、经理联名发出《请给我们"松绑"》的呼吁信，推动了国有企业改革。今年 7 月，我在给福建 30 位企业家联名信的回信中，希望他们为改革多作贡献。"

三

"总书记在福建工作时对企业家的关心，还体现在推进重大改革过程中，对企业和企业家的倾力支持。"福建省企联会长刘捷明有着深刻的切身体会。

2000年，习近平兼任省国有资产管理委员会主任。

当年，福建推进机构改革，实施政企分开。省电子工业厅与其他几个厅局一起被撤销，以其所属国有企业资产组建成立福建省电子信息（集团）有限责任公司（以下简称"电子集团"）。

5月，刘捷明从福建省电子工业厅副厅长转任电子集团党委书记、董事长。

上任前，习近平专门与他促膝长谈。

"福建电子行业是'起大早、赶晚集'，百灵计算机、福日电视机、皇后电冰箱、水仙洗衣机等，都是改革开放后国内首批兴起的电子行业品牌，现在反而是省外一批企业后来居上了。"习近平一开始就直陈福建电子行业现状。

"福建电子企业为什么做不大，做到一二十亿就很难上去了，要好好研究对策！"习近平说。

他关切地表示："有需要省政府支持的事情吗？有问题你可以提出来。"

"虽然下了任务，但那次聊天，习近平同志更多的是给我加油鼓劲。他说，电子信息是新兴行业，科技含量高、成长性好、市场需求大、发展前景广阔，是我省的主导产业。新集团成立后，要好好谋划，制定好发展思路；不仅要自己发展好，还要带动全省行业发展和进步。"20年后，刘捷明仍对那次聊天记忆犹新。

刘捷明说，当时自己只提了一个请求：恳请省长在集团正式挂牌运营后去视察，给广大干部职工鼓鼓劲。习近平当即应允。

电子集团 2000 年 10 月 7 日挂牌运营。次年 1 月 11 日，习近平如约而至。

组建之初，在习近平的大力支持和亲自过问下，电子集团干了几件"大事"——参与中华映管（福州）公司股份制改革，收购实达电脑集团旗下星网锐捷通讯公司控股权，将闽东电机的国有控股权从托管民营企业的手中收回，推动福日电子股份公司实行重大资产重组。

"当年，这几件大事情涉及福建改革开放进程中有影响力的几个企业，无论是当面汇报，还是文件请示，习近平同志都给予热情支持。这几个企业也成为电子集团后续发展的重要基础。"刘捷明说。

但新生的集团公司依旧面临一系列的困难：缺乏资金、潜亏严重、负债重、冗员多……

这也是改制后的省属国企的普遍状况。

对此，习近平提出省直委厅办局所属企业都要脱钩，全省 80% 以上国有经营性资产要纳入授权经营公司管理。

2002 年 3 月 20 日，习近平以省国资委主任的身份与 15 家授权经营公司法定代表人签订国有资产授权经营责任书，电子集团也在其中。

"当时，大家都觉得这个授权经营做法，在全国是少有的。体现了习省长改革意识强、行动快的一贯风格。"刘捷明说。

根据授权，5000 万元以内的国有资本投资和国有资产变动，均由授权经营企业自主决定。这样，实际上大部分生产经营自主权都放给企业了。

授权经营，让国有企业放开了手脚，使得电子集团在成立的前三年大刀阔斧地通过关闭、停业、兼并、转让的方式，迅速完成了 120 多家非主业和弱小、空壳、扭亏无望的企业国有资本顺利退出。到 2003 年，电子集团实现了扭亏为盈，从此走上了由小到大、由弱到强的发展之路。2016 年，电子集团被评为全国国企改革 12 个样本之一，2020 年首次进入中国企业 500 强，实现了习近平当年提出的"带动全省行业发展和进步"的要求。

四

敢为天下先，爱拼才会赢！

今日福建，在一批有胆识、敢拼搏的企业家引领下，企业改革与发展呈现出新局面。

曾凡沛至今仍清楚记得，1999 年习近平到龙溪轴承（集团）股份有限公司考察时，对刚升任公司副总经理的他一番叮嘱。

"他对我说，年轻国企领导要加强自我修炼，提升素质；要有闯劲，能够攻坚克难；要引导企业加强创新，突破关键技术；要有担当，领导国企改革发展争创一流。"

龙溪轴承抓住各级政府转变职能、简政放权的大好机遇，加大研发力度，把开发新产品的重心放在国家重点建设需要和替代进口的高精尖产品上。

今天的龙溪轴承，产品广泛应用于航空航天、工业机器人、新能源等九大领域，实现国内主机配套占有率 85%，并实现关节轴承品种数及产销量全球第一。2017 年 1 月，企业入围全国首批"制造业单项冠军示范企业"。

习近平的鼓励和支持，福建企业家们不仅铭记在心，更化为行动。

2015 年 7 月 8 日，在省企联举行纪念习近平总书记给企业家回信一周年大会上，刘捷明、曹德旺、王晶、曾凡沛、蔡金垵等 30 位参与给习近平写信的企业家组成了福建省 E30[①] 联盟。

联盟成立以来，每年 7 月 8 日，福建企业家们都齐聚一堂，举行重温习近平总书记回信精神活动。

如今，联盟已发展到 120 多个成员，每年组织成员企业现场交流改革创新发展经验，开展公益活动，并积极参与帮扶脱贫攻坚和乡村振兴行动。

从呼吁"松绑放权"，到敢为天下先，福建的企业家们在新福建建设中发挥了重要作用。

2021 年 3 月 24 日，习近平在福建考察期间专门来到福建福光股份有限公司，来到科技工作者中间。"'十四五'时期我们国家再往前走，必须靠创新，随大流老跟着人家是不行的。现在就看谁能抢抓机遇，谁有这样的担当和使命感，谁有这样的能力做好。抓创新不问'出身'，只要能为国家作出贡献，国家都会全力支持。谁能做好都是国家的功臣栋梁。"总书记语重心长，字字铿锵！

现场响起了雷鸣般的掌声，这是新时代福建企业对走创新之路的坚定回应。

---

① 即 Entrepreneur 30，意为 30 位企业家。

七下晋江，调研总结"晋江经验"

一

2019年3月10日下午，北京人民大会堂。

"'晋江经验'是民营经济发展的重要法宝，我们都是'晋江经验'的践行者、受益者……"全国人大代表、安踏集团董事局主席丁世忠作题为《弘扬"晋江经验"，推动创新发展》的发言。

这一天，习近平到十三届全国人大二次会议福建代表团参加审议。丁世忠为发言做了精心准备，几易其稿。

丁世忠发言结束后，习近平问道："当时，怎么起的这个名字？"

"'安踏'的意思是'安心创业、踏实做人'。"丁世忠带着浓重的闽南口音答道。

"我到省里工作以后，多次到晋江做了调研，全省推进'晋江经验'。福建省如果有若干个晋江，福建就不一样了。应该说，'晋江经验'现在仍然有指导意义。"对丁世忠在发言中提及的"晋江经验"，习近平予以回应。"做企业、做事业不是仅仅赚几个钱的问题。实实在在、心无旁骛做实业，这才是本分。"

听了习近平的话，丁世忠不住地点头。

"在全国两会再次提到'晋江经验'，足以看出总书记对晋江满怀深情。"丁世忠在接受媒体采访时如是说。

对于晋江，习近平再熟悉不过。在他任福建省委副书记和福建省省长的六年里，曾七次到晋江调研。

2002年8月20日和10月4日，习近平分别在《人民日报》《福建日报》发表署名文章《研究借鉴晋江经验　加快县域经济发展》《研究借鉴晋江经验　加快构建三条战略通道——关于晋江经济持续快速发展的调查与思考》，将"晋江经验"总结为"六个始终坚持"——

始终坚持以发展社会生产力为改革和发展的根本方向；

始终坚持以市场为导向发展经济；

始终坚持在顽强拼搏中取胜；

始终坚持以诚信促进市场经济的健康发展；

始终坚持立足本地优势和选择符合自身条件的最佳方式加快经济发展；

始终坚持加强政府对市场经济发展的引导和服务。

"晋江经验"的总结和推广，对于福建县域经济振兴和全省经济社会发展至今影响深远。

二

2015年6月30日，习近平在会见全国优秀县委书记时指出："郡县治，天下安。我多次讲过，在我们党的组织结构和国家政权结构中，县一级处在承上启下的关键环节，是发展经济、保障民生、维护稳定的重要基础，也是干部干事创业、锻炼成长的基本功训练基地。"

在习近平《摆脱贫困》一书中，收录了一篇题为《从政杂谈》

的文章，谈及了县域发展之于国家的重要意义。

从河北正定到福建厦门、宁德、福州，再到福建省委、省政府，一路走来，县域发展该循着怎样的思路、县域经济该如何突围，习近平始终在思考。

而晋江，作为中国县域发展中的一个典型案例，自然成为他的"研究课题"。

改革开放初期，晋江陈埭镇的群众从"高产穷镇""高产穷村"的现实中，深刻感受到"无农不稳、无工不富、无商不活"的道理。

"穷"则思变。

他们奋起突破"左"的思想对经济发展的束缚，立足侨乡"闲房、闲资、闲散劳动力"多的"三闲"特点，组建乡镇企业，组织生产当时中国社会短缺的肥皂、火柴等日用品，形成"市场—技术—原材料"的模式。

1984 年，陈埭镇成为福建省第一个亿元镇，被时任福建省委第一书记项南誉为"乡镇企业一枝花"。

陈埭的崛起吸引其他乡镇纷纷学习、仿效，在晋江大地上形成了一股兴办乡镇企业的热潮。到 20 世纪 80 年代末，晋江生产的服装鞋帽、日用品等丰富多彩的商品远销全国各地甚至海外，形成了晋江整体的一种发展模式。

1989 年，晋江的工农业总产值已达几十亿元，财政收入首次突破 1 亿元。

1992 年，晋江撤县设市，年均近 30％的生产总值增速仍在继续。

随着改革开放的春风吹遍大江南北，全国上下一片生机勃勃，晋江市党委政府鼓励民营企业建立现代企业制度，放开手脚搏击商海。

1994 年，晋江市开始领跑福建县域经济，当初摇摇晃晃的小舢板已经成为乘风破浪的巨轮……

1994 年 12 月 20 日至 25 日，由中国社会学会主办，福建社科院、福建省委党校、福建省委政研室、福建省社会学会协办的中国农村发展道路（晋江）研讨会召开。来自九个省和中央十几个部委的专家学者参加了会议。会议收到 27 篇论文，其中有 16 篇对"晋江模式"作了详细剖析和阐述。

"晋江模式和苏南模式、温州模式、珠江模式都不一样。"与会专家、学者的看法一致。

"苏南模式"指的是在计划经济时代，苏南的苏州、无锡、常州和南通等地通过发展乡镇企业实现非农化发展的方式；"温州模式"则是指温州地区以家庭工业和专业化市场的方式发展非农产业，从而形成小商品、大市场的发展格局；"珠江模式"指珠江三角洲地区毗邻香港、澳门，可以借助境外的资金、技术、设备和市场，走外向型经济发展道路。

而对"晋江模式"，与会专家学者则概括总结为一种"以市场调节、股份合作制、外向型经济为主，同时兼顾多种经济成分共同发展"的经济发展道路。

当时，习近平认可专家学者提出的"三为主一共同"的"晋江模式"。在 2002 年发表于《福建日报》的《研究借鉴晋江经验　加快构建三条战略通道——关于晋江经济持续快速发展的调查与思考》一文中，习近平对这种模式如此表述：它一方面从生产关系入手，努力破除与生产力发展不相适应的体制性障碍，另一方面从提高生产力自身的发展水平入手，积极引进现代生产技术、设备和管理方式，运用先进技术改造传统产业，不断提高企业经营者和生产者的素质，极大地解放和发展了社会生产力，较好地代表了先进生产力的发展要求。

由于"晋江模式"特别适合当时生产力发展水平，尤其是高度适合晋江本地的实际情况，因此得到费孝通、陆学艺等专家学者的高度重视。从那时起，"晋江模式"逐渐为人知，与"温州模式""苏南模式"以及后来的"珠江模式"并称为中国农村发展的"四大经济模式"。

对晋江的战略研究，习近平始终注重科学性、严谨性。2002年6月，习近平到泉州进行专题调研。就究竟是"晋江模式"还是"晋江经验"的话题，习近平说："除了晋江这种模式以外，其实泉州所有县也都在借鉴'三为主一共同'的思路，但在借鉴过程中又各有各的发展特色，并不是照搬晋江原有的模式，以后其他地区再来借鉴这种思路，也不会照搬模式。所以我们还是叫'晋江经验'比较好。"

时任福建省副省长陈芸曾陪同习近平进行这次专题调研，他清楚地记得，那次调研的最后，习近平把原来讲话稿中的"晋江模式"都改成了"晋江经验"。

习近平对自己的想法作了进一步阐述："模式总带有一种固定的架构，我总觉得我们晋江发展的实践还在继续，创造经验还在不断地成熟，还在不断地完善和发展，可能我们叫'晋江经验'，更符合晋江这些年来走过的道路与付出的汗水，也更符合我们对它将来做得更好、走得更快的一种期待。"

2002年6月16日，在专题调研后的泉州市委、市政府汇报会上，习近平系统阐述了"晋江模式"发展的四个阶段，并第一次在公开场合正式提出"晋江经验"这个概念。

此后，"晋江经验"的提法慢慢在学术界，特别是在经济研究领域流传开来。

三

1996年3月，作为省委副书记习近平开始分管全省的"三农"工作。当年8月，他就到晋江调研。这是他"六年七下晋江"的第一次。

当得知晋江农业的比重只剩下百分之三点多，他说："晋江这些年发展得比较快，取得了可喜成绩，但我们国家始终是农业大国，还是要更加注重农业的发展，否则恐怕会导致发展不平衡。乡镇企业确实给地区发展带来了巨大贡献，但不是大家都要到乡镇企业中来。无农不稳，在产业结构里始终不能忘了农业这一环。"

虽然讲的是农业，但思考的却是如何让晋江的产业结构更加合理。

到了世纪之交，改革开放事业步入新的十字路口：中国刚加入世界贸易组织，深度融入经济全球化体系；亚洲金融危机余波未平……

身处复杂环境中的晋江亦开始面临"成长中的烦恼"：有影响力的大企业不多，产品的技术含量不高，高精尖技术稀少，工业化、城市化发展不相协调……

"面对新形势、新世纪，晋江经济发展下一步该怎么办？"在

1999 年的晋江调研中，习近平给自己出了道"考题"。

他的这次调研更加侧重产业发展、民企转型和城镇化建设了。

"除了进社区、访农村、走基层，他还重点走访了恒安、浔兴、亲亲、优兰发、环球等众多民营企业，与企业家交流谈心。他问得很细，经常一个厂一待就是一个多小时。"曾四次陪同习近平在晋江调研的时任晋江市委副书记陈章进回忆说。

在陈章进看来，晋江以民营经济为本，习近平以民营企业为重点进行观察和调研，进而对发现的问题进行系统梳理，是其探索、总结"晋江经验"的重要思路。

"每一回进企业，他都仔细询问有没有引进新技术、开发新产品，市场是怎么开拓的，企业要怎样才能做大，存在哪些困难。他多次鼓励企业以市场为导向，抓好体制创新、管理创新、结构创新和技术创新，特别要做好市场创新这篇文章。"陈章进说。

习近平的指导对一些企业的发展起到了直接推动作用。

2000 年，新世纪开局之年，中国加入世界贸易组织的谈判进展顺利，中国正以积极姿态主动参与国际竞争与合作。

6 月 26 日至 28 日，时任省长习近平率省直有关部门负责人赴泉州，就产业结构调整、发展非公有制经济及对外开放等关系福建跨世纪发展的有关问题进行调研。

27 日，习近平到凤竹针织漂染实业有限公司（以下简称"凤竹公司"）调研的时候，正是企业发展的关键时期。

董事长陈澄清带习近平走访了车间和化验室。"那段时间来公司调研的领导很多，但他是第一个去看化验室的。"陈澄清说，习近平还跟研究人员深入交谈，问了很多技术问题。

经历亚洲金融危机，纺织行业已是危机四伏，但凤竹公司为了维持市场竞争力，依旧每年斥巨资实施技术改造。可钱从哪里来？

1999 年，凤竹公司引进的外来人才提出了上市的建议。陈澄清接受了这个建议，但他没想到上市之路会如此难："当时作为一家纺织企业，你跟人家说要上市，都没人信。"

调研中，听说凤竹公司 1999 年开始筹备上市，习近平很高兴。他说，晋江民营企业就是要从家族制走向股份制，并强调了技术进步、创新精神对企业的重要性，鼓励企业做好技术创新。

随后的座谈会上，习近平强调，各级政府发展民营经济的胆子要更大一些，步伐要更快一些，政策要更宽松一些，支持力度要更强一些；要为民营经济发展创造更好的环境，着力提高民营经济的整体素质和竞争力，造就一支跨世纪的民营企业家队伍。

习近平的肯定，给陈澄清打了一针"强心剂"。他更加坚定，方向也更清晰了。此后，凤竹公司加快了上市步伐，当年 12 月就完成了股份制改造，开始建立现代企业制度。

同时，晋江市按照习近平的要求，加强政府对市场经济发展的引导和服务。恰如习近平为"晋江经验"总结的"始终坚持加强政府对市场经济发展的引导和服务"那样。

2001 年，晋江市成立了企业上市领导小组办公室；2002 年，晋江市提出了品牌运营和资本运营"双翼计划"……晋江企业开始走上了上市之路。

"在政府部门的帮助下，从 1999 年到 2004 年，整整 5 年时间，我们都在对企业的经营、财务管理制度进行规范，最终于 2004 年 4 月成功在上海证券交易所挂牌上市，成为当时晋江市唯一一家国内主板上市公司。"陈澄清说。

至此，凤竹公司成功实现了从家族式企业向上市公司的转变，实现了所有权、决策权与经营权明晰化。

安踏的发展同样得益于习近平的关心和支持。

2001 年 4 月 20 日，习近平出席了第三届中国（晋江）国际鞋业博览会，在安踏展馆，他与刚满 30 岁的丁世忠进行了长达 20 分钟的交流。

"他来到展馆，了解我们企业的发展情况，我也做了介绍。"丁世忠回忆说。

听完介绍，习近平对企业发展提了三点要求："把好质量关，创出自己的品牌，要有自己的创新产品。"

产品质量，事关诚信，是企业的生命线。在《研究借鉴晋江经验 加快构建三条战略通道——关于晋江经济持续快速发展的调查与思考》一文中，习近平对此有过这样的论述："诚信是市场主体的立身处世之本，发展商品经济必须时时刻刻讲诚信。"

"始终坚持以诚信促进市场经济的健康发展"是"晋江经验"对福建经济发展的重要启示之一。

习近平提出的创品牌，同样引起丁世忠的反思。

那时，品牌意识、创新意识在晋江企业家中亦相当欠缺，为"大牌"代工是晋江鞋服企业赖以为生的生存模式。"不打响品牌，在与一线体育品牌的竞争中，安踏是没有出路的。"丁世忠说。

不久后，安踏聘请乒乓球世界冠军作为代言人，还在央视播出了安踏广告。

创出自己的品牌，这步"棋"下对了。

随后，安踏在全国各大城市设立专卖店、专柜，与消费者建立了直接的购销关系，把销售工作做到了终端，从此，安踏销量迅猛增长。

晋江企业的品牌意识开始觉醒。随后几年，361°、德尔惠、匹克等品牌相继聘请文体明星代言。有人戏言，那时候的央视体育频道几乎成了"晋江频道"。一场轰轰烈烈的打造品牌运动，从整体上推动了晋江的产业升级。

"'要有自己的创新产品'，这是总书记当年说的第三句话，在当时提出创新的重要性，很有前瞻性。"丁世忠说。

如今，创新理念已经深入安踏骨髓，其建立的运动科学实验室是国内体育用品行业唯一的国家级企业技术中心，在我国香港及日本、美国还成立了设计中心。研发费用占销售成本超过5%，这成为安踏驰骋国内外体育用品市场的关键。而在2000年时，这个数字不到0.5%。

丁世忠深切地感受到，习近平当年的总结是安踏如今发展成为中国最大的体育用品集团的"密钥"。"无论是质量、品牌还是创新，根本都是立足市场需求，面向消费者，这是我所理解的'晋江经验'的精髓！"

习近平说："学习借鉴'晋江经验'，就要像晋江市那样，始终坚持以市场为导向，深入把握市场经济的运行规律，大力加强市场体系和机制建设，规范市场秩序，不断提高拓展国内外市场的能力和水平，以市场经济的健康发展带动国民经济在新世纪中实现跨越式发展。"

四

在历次调研中，晋江企业在传统产业的激烈市场竞争中展现出的顽强生命力令习近平印象深刻。

"他们一直在竞争最为激烈、附加值很小的传统产业领域摸爬滚打、逆势而上，硬是把纺织服装、陶瓷建材、制鞋、食品等传统产业发展成晋江的支柱产业，多种产品市场占有率全国第一。""这种爱拼、敢拼、善拼的精神是晋江和泉州人民的最大财富，一旦作用于其他领域，同样会取得巨大的成效。"……

习近平在2002年的专题调研期间曾这么说。

但通过调研，他也发现晋江的产业发展相比苏南、温州，在一些方面存在明显差距：改革创新的力度和规范化程度均与"苏南模式""温州模式"有差距，大企业数量没有苏南和温州那样多，产业结构和产业水平没有苏南和温州那样优、高，城镇化发展不如苏南和温州那样快。

"客观、冷静地审视'晋江经验'的优长和不足，有利于我们在新世纪中扬长避短、博采众长，不断创新和发展'晋江经验'，使之与时俱进、长盛不衰，在指导晋江、泉州乃至全省改革开放与现代化建设的伟大实践中发挥更大作用。"习近平说。

在充分调研的基础上，习近平认为"晋江经验"需要在新世纪的社会实践中不断创新和发展，需要"处理好五个关系"：处理好有形通道和无形通道的关系，处理好发展中小企业和大企业之间的关系，处理好发展高新技术产业和传统产业的关系，处理好工业化和城市化的关系，处理好发展市场经济与建设新型服务型政府之间的关系。

随后数年，晋江市委、市政府按照习近平在调研中提出的要求，开始走上了全面发展的路子。

按照习近平"立足本地优势选择最佳方式加快经济发展"的要求，晋江市科学地确立了自己的发展路径和主攻方向：在坚持"先进制造业立市"的基础上，致力于让传统制造业全面融入"互联网+""质量行动"等发展战略，持续发力产品、技术、品牌、管理和商业模式"五个创新"，努力把传统制造业打造成先进制造业，真正守住实体经济这一"看家宝"。同时，全面发力高新技术产业，围绕集成电路、石墨烯等新兴产业寻求突破，做足全产业链配套，旨在抢占未来竞争制高点；大力发展电子商务、现代物流、数字经济、科技服务、健康教育、文化旅游、赛事经营等高端业态，全力构建"制造与创造融合、传统与新兴并重、二产与三产并举"的晋江"新实体经济"。

在这一过程中，晋江市委、市政府按照"处理好发展市场经济与建设新型服务型政府之间的关系"的要求，用"三个角色"对此作了生动的诠释。

"引路人"——从"质量立市""集群上路"，到"品牌上市"，再到"创新驱动"战略，在不同发展阶段，在每个关键节点，都因势利导，提出不同的发展战略，帮助企业找方向、定航标。

"推车手"——在企业发展遇到困难瓶颈时，及时帮一把、扶一把、推一把，做到政策更精准滴灌、平台更高效便捷、氛围更宽松和谐。

"服务员"——注重转变角色、转变职能，坚持"不叫不到、随叫随到、服务周到、说到做到"的服务理念，在依法依规、不贪不占的前提下，大胆接触企业，大胆为企业谋利，以最快速度响应企业需求，以最大限度支持企业转型，以最强力度服务企业发展。

在产业逐步迈向中高端的时候，还有一个问题亟待解决，那就是长期以来落后于工业化的城市化水准。

2002年习近平在总结"晋江经验"时，提出晋江要"处理好工业化和城市化"的关系。但一段时间来，人们还没有完全领会其深刻含义，随着时间推移，这个问题越来越突出。

有一个阶段，曾经出现一个新现象：一些知名品牌企业不断把总部迁往条件优渥的厦门等地；一些企业感念于晋江市多年来对企业到位的服务，坚持留在晋江，但人才、项目等资源的流失日益严重……

积极探索新型城镇化之路，刻不容缓。

2009年以来，晋江以实施"九大组团"建设和"五大片区"改造为契机，拉开新型城镇化发展框架。在接下来数年里，晋江启动了一场革命式的大规模"梧桐工程"：通过优化功能布局，培育八大专业市场、三大文化创意园区、一个金融聚集区，走"产城一体、融合发展"的路子，打造舒适宜居的城市空间。在这个过程中，晋江坚持以人为本，以外来人口市民化为重点推进新型城镇化……

栽好"梧桐树"，筑好"凤凰巢"。

如今的晋江，坐拥中国伞都、中国鞋都、中国食品工业强市、中国陶瓷重镇等14个"国字号"区域产业品牌，已建成纺织服装、制鞋2个千亿元和建材陶瓷、食品饮料、纸制品、装备制造、化纤5个百亿元产业集群，亿元以上企业超过700家；拥有驰名商标42个，境内外上市企业数量达50家。

更重要的是，经过多年努力，晋江的城市面貌焕然一新，不少新晋江人在这里找到了"家"的归属感。

2014年，习近平总书记在晋江推进新型城镇化试点工作交流材料上作出重要批示：我们的眼睛不要只盯在大城市，中国更宜多发展中小城市及城镇。

这是习近平对晋江新型城镇化建设的肯定。而"晋江经验"也正如他当年说的那样，在"不断地完善和发展"中。

"林改"定民心

—

2002年6月20日，习近平到龙岩市武平县调研农业工作。武平，是福建省距离省会福州最远的县城之一。那时，高速公路还没有开通，从福州到武平坐车需要辗转国道、省道，车程要整整一天。即便如此，这已是习近平就任省长两年多来第四次到武平。晚上，县委书记严金静到习近平下榻的宾馆汇报工作。

严金静把武平县正在进行的一系列改革事项逐一汇报，集体林权制度改革（以下简称"林改"）包含其中。

汇报过程很长，习近平也始终听得仔细。直到结束，他才开口说话——"林改"这一项被习近平敏锐地"拎"了出来。"'林改'的方向是对的，关键是要脚踏实地向前推进，让老百姓真正受益！"

二

福建山多、林多、树多，被称为"八山一水一分田"。自古以来，福建人靠山吃山，山林被誉为"绿色金库"。

可是，20世纪八九十年代，福建林业发展面临种种窘境，广大林农守着"金山银山"过穷日子。

福建是南方集体林区，问题也恰恰出现在"集体"二字。

在计划经济的大背景下，集体山林的产权主体没有明显界定，林农作为集体山林真正的所有权主体被虚置，林权归属不清、机制不活、分配不合理，出现了"乱砍滥伐难制止、林火扑救难动员、造林育林难投入、林业产业难发展、农民望着青山难收益"的"五难"困局，其中，又以"乱砍滥伐"问题最为严重。

在集体林统一经营的年代，林农缺少收益权利，却承担集体林管护责任，结果谁也不愿意管，以致盗伐成风，屡禁不止。

这在全国也不是特例。

当时，全国范围内，农村改革向纵深发展，家庭承包经营已然成为农村田地的基本经营制度。唯独在广袤的山林地区，原有的林业产权制度和经营方式仍占据统治地位。

早在主政宁德时，习近平就萌发了林业体制改革的思想。在1989年1月撰写的《闽东的振兴在于"林"——试谈闽东经济发展的一个战略问题》一文中，习近平明确指出："如何抓住机遇，把闽东林业推上一个更高的层次？首先要有一个明确的指导思想，这就是：深化林业体制改革，充分调动各方面积极性，增强林业自我发展能力；以林为主，加强管护，立体开发，加快造林步伐，提高林业综合效益；广泛动员全社会力量大办林业，把林业发展同粮食生产、出口创汇、脱贫致富以及精神文明建设紧密地结合起来。从这个指导思想出发，闽东发展林业的基本要求是：狠抓统一思想认识、多方筹集资金和落实管护开发措施等三个重点，解决林业政策体制和祖宗山权两大难题，提高经济、社会和生态三种效益。"

担任省委副书记后，习近平多次深入林区开展调研，了解福建林业面临的困难和群众的期盼。

"要考虑林业产业化问题，既然沙县是林业大县，除了要一个林业生态效益外，还应该要林业的经济效益，真正把林业当成产业来办。"1996年，在林业大县沙县的调研中习近平说。

但他显然对这件事有着更深层次的思考——"林改"改的是制度，更是呼应"百姓的期盼"。

1998年4月21日，从福州到龙岩调研的路上，习近平对当时还在省委办公厅工作的黄建兴等同行者畅谈起"土地关乎民心"的话题："中国几千年的封建社会改朝换代都因土地问题而起，自古以来始终演绎着土地兼并和抑制兼并的历史发展过程。土地是农民的命根子。"

他说，领导干部必须有爱民之心，要做到"民有所呼，我有所应"，把老百姓的期盼作为自己的奋斗目标，把老百姓的呼声作为党员领导干部的神圣职责。

多次跟随习近平调研的黄建兴很清楚："那时候，广大林农的'呼声'，其实就是他们一直想说却没敢说出来的：'把集体林权分到户。'"

习近平曾对黄建兴说："福建林业曾经辉煌过，随着形势的变化，各种矛盾的积累越来越多。如果不改革，总有一天矛盾会大爆发，必须首先在林业经营体制上动手术。"

黄建兴知道，经过一系列调研，如何推动集体林权制度改革的设想已经在习近平心中成熟了起来。可他也着实为这位年轻的省领导捏了一把汗——林权制度改革没有先例，这可是个敏感的问题。

"既要慎之又慎，又要积极推进！"习近平反复叮嘱。

基于这一原则，经过再三斟酌，武平被选为了"试验林"，开始了"林改"的试点。

三

武平地处闽、粤、赣三省交界处，除了途经毗邻的上杭县的 205 国道外，全县只有省道 306 线穿城而过，对外交通相对闭塞。当地产业以林业和养殖业为主，几乎没有现代化工业，经济发展在全省的位次相对靠后。直到 1997 年，武平县才脱掉国定贫困县的"帽子"。

2000 年，国家林业局推行换发全国统一样式的林权证。次年，省林业厅组织开展换证试点，武平县被确定为试点县之一。

可在更换旧林权证时，"权属不清，边界不明"的历史问题导致换证工作进行不下去，纠纷不断。武平决定在产权制度上做点文章。

此前一年，也就是 1999 年 1 月 7 日，针对日趋严重的乱砍滥伐现象，龙岩市委发出当年一号文件——《关于深化林业经济体制改革的决定》，其中提及"明晰林木产权主体，打破木材垄断经营，还利于民"，但未直接涉及"林权改革"的字眼。

同年 7 月，龙岩市政府转发《市林委关于深化集体林地林木产权改革指导意见的通知》，决定在武平县选择一个村开展集体林权制度改革试点。这份通知成了武平县开启集体林权制度改革的唯一依据。

没有上级正式授权，更没有其他地方经验可借鉴，武平全县上下顶着巨大压力，在万安、中赤等乡镇几个比较有代表性的村铺开了"林改"工作，领跑全国。

万安乡捷文村在当时饱受乱砍滥伐之苦，集体林地上的林木被砍了无数，村集体账目竟还倒欠 28 万元，村干部和村民主动求变的意愿十分强烈，对被选为集体林地林木产权改革工作的试点村也并没有太大争议。

2001 年 6 月的一天，捷文村全体村民大会座无虚席。针对"山要怎么分，山要由谁分"这个最棘手的问题，武平县委、县政府工作队提出"山要平均分，山要群众自己分"的思路，即把所有集体山林按照"耕者有其山"的原则平均分配到户，得到了村民的一致认可。

当年 12 月 30 日，捷文村村民李桂林领到了全国第一本新版的中华人民共和国林权证，上面清清楚楚写着：林地所有权归捷文村委会，林地使用权、森林或林木所有权、森林或林木使用权归李桂林所有。

那一天，李桂林乐开了花。他手持林权证的照片被制作成巨幅宣传牌放置在今天的捷文村村口。

随后，17 个乡镇每个乡镇选两个试点村，"林改"开始由点到面。

2002 年 4 月，武平县委、县政府成立集体林权制度改革领导小组，并制定《关于深化集体林权制度改革的意见》，要求加大试点力度，"林改"也随即在全县铺开。

从 34 个村，到 200 多个村，随着改革推进，问题也在增多：

有的村山场几十块，地块怎么分，历史上所有权难以界定；有的干部认识不到位，方法欠科学，分山的程序不规范，这让群众意见很大，认为"分得不公平"；有的群众心里不踏实，没有红头文件，发下去的证算不算数，分下来的山会不会被收回……

这一年，涉及"林改"的上访增多，愈发让县委、县政府头疼。

"小严，这样做行吗？会不会出问题？"当时，有老领导善意提醒严金静。可那时候，"林改"的文件已经发出，开弓没有回头箭，严金静已是"进退两难，骑虎难下"。

就在武平"林改"进入至关重要的时间点，2002 年 5 月，习近平把刚就任省林业厅厅长的黄建兴叫到办公室。

"集体林本身就是村民集体共有的，应该还山于民、还权于民、还利于民。能不能把林地当成农田一样家庭承包到农户去？"习近平问黄建兴。

"我上任后的这段时间，主要花时间找省、市、县三级林业干部了解情况，征求意见，他们的共同意见，就是林业要发展必须做到山有其主、主有其权、权有其责、责有其利。武平县委、县政府今年 4 月已经出台了关于林地林木产权制度改革的文件。"黄建兴答道。

"好，我们近期抽时间到武平调研一下，先搞试点。"习近平随即说。

四

2002 年 6 月 21 日，习近平到武平县城厢乡、万安乡的"林改"试点村察看。

2002年6月21日，习近平在武平县万安乡贤溪村调研"林改"工作

林怎么分，老百姓有什么意见，他看得很细，也问得很细。

"当时省长在每个村逗留的时间有限，但他抓住一切机会和村民聊天。"严金静至今仍对那一天的场景记忆犹新。

"他询问村民收入情况，尤其是问他们有多少收入是从'集体林'中得来的。他说，多年来大多数村民并没有从'林'中获益，原因就在产权不明晰、经营主体不落实、利益分配不合理。'林改'就是要解决产权这个核心问题。"

在城厢乡的一场座谈会上，习近平重点向基层干部了解改革中存在的困难。有干部坦言，没有上级的明确要求，对"林改"心存顾虑；也有干部存在畏难情绪，总觉得多一事不如少一事。

当时，"林改"虽已全县推开，但真正动起来的村还不到一半。改革推进的举步维艰，习近平看在眼里。

调研后，习近平充分肯定了该县集体林权制度改革，并作出"集体林权制度改革要像家庭联产承包责任制那样从山下转向山上"的重要指示。

半个多月后的 7 月 12 日，武平县召开全县集体林权制度改革工作会议，旨在贯彻落实习近平省长的调研指示精神，全面推进集体林权制度改革。这是一场"林改"的总动员。

尽管武平"林改"彻底脱掉了"没有上级支持"的"帽子"，但严金静还想多听听习近平的意见。

7 月 27 日，他来到福州，习近平专门抽出时间与他会面，再次强调"林改"的方向是正确的，并要求："把工作做细致，做到位！"

回到武平后，严金静专门整理了一份"林改"的阶段性工作报告。8 月 29 日，他把报告送到习近平办公室。仅仅两天后，习近平就在报告上作出了"请登峰①、建兴同志阅"的批示。

这之后，在省委农办和林业部门指导推动下，武平县，乃至龙岩市的集体林权制度改革试点工作在实现"勘界发证、明晰产权"的基础上，逐步向深层次推进，生态林管护机制、林木采伐管理制度、林业投融资机制、林业经营方式、森林资源流转等配套改革相继展开。

五

2002 年 10 月，习近平离开福建，但他对福建"林改"的关心并没有随着工作地点的更换而改变。

有一回，在浙江出差的黄建兴专程拜访了习近平。

"福建省的'林改'文件出来了吗？"一见面，习近平就关切地问。他叮嘱道，文件一定要出好，"林改"才能获得最后成功。

接下来的话，让黄建兴获益匪浅。"确权到户后，要注意发现新矛盾、研究新问题，比如：钱从哪里来？一定要考虑如何打通农民和银行之间融资渠道。树要怎么砍？一定要改革采伐制度。单家独户怎么办？一定要走联合道路。"

三个问题通俗、明了，直指"林改"如何深入推进。

2003 年 4 月，福建省政府在充分总结武平等地经验的基础上，出台了《关于推进集体林权制度改革的意见》，全面推进集体林权制度改革，旨在实现"山定权、树定根、人定心"。

接下来，福建各地勇于尝试。

---

① 即徐登峰，时任福建省委农村工作办公室主任。

针对"钱从哪里来",永安首创了林权抵押贷款,让林农实现了"撬开银行门,盘活万重山"。

针对"树要怎么砍",根据习近平在福建时提出的做到"农民得实惠、生态得保护"的思路,林业部门牵头改革商品林采伐管理制度,提倡在依规依法的前提下自主采伐。

针对一家一户经营,福建探索以亲情、友情、资金、技术为纽带组建林业新型合作经营组织,实现规模化经营。

2008 年,全国集体林权改革全面启动。当年 6 月,中共中央、国务院《关于全面推进集体林权制度改革的意见》吸收了福建"林改"提出的做法——"明晰产权、放活经营权、落实处置权、确保收益权",并将其作为文件的核心内容。

"林改"也被认为是继土地家庭联产承包责任制之后,我国农村经营制度的又一重大变革。

2012 年 3 月 7 日,习近平在看望十一届全国人大五次会议福建代表团代表时,对武平"林改"予以充分肯定。他说:"我在福建工作时就着手开展集体林权制度改革。多年来,在全省干部群众不懈努力下,这项改革已取得实实在在的成效。"

<h2 style="text-align:center">六</h2>

"林改"让武平这个千年古邑发生了巨变。

2011 年,武平被评为全国集体林权制度改革先进典型县。

2013 年,武平被评为全国绿化模范县、省级园林城市。

2017 年 8 月,武平被评为全国平安建设先进县、福建省经济发展十佳县；9 月被评为"中国天然氧吧"；10 月被评为"国家园林县城"；11 月被评为"全国文明城市"……

一切荣誉都在证明"全国林改第一县"正大步迈进在绿色发展与乡村振兴的康庄大道上。

而通过持续深化改革，鼓励和引导农民大力发展林药、林菌、林花、林畜、林禽、林蜂等林下经济，以及生态旅游等绿色产业，"沉睡森林"早已摇身变成了"绿色银行"。

拿到全国第一本新版林权证的李桂林成了捷文村果蔬专业合作社的"积极分子"。在农技人员指导下，他在自家林地里种下了 1 亩仿野生种植灵芝，首批采收后收购价格比预期好，当年就增收了 1 万多元。得益于武平大力发展林下经济，这些年来，李桂林先后选择了养鸡鸭、养蜂、种植草珊瑚等项目，收入稳定。

……

数据显示，2017 年，武平林下经济经营总面积 143 万亩，参与经营农户 2.99 万户，实现林下经济总产值 27.66 亿元，同比增长 14.2%，全县已成立林业合作经济组织 97 个，扶持带动 996 户贫困户发展林下经济。

2017 年底，作为武平"林改"发源地之一的捷文村群众给当年推动"林改"的习近平写了封信，汇报了这些年村子发生的变化："林改 15 年来，我们村的林子不仅管好了、变密了，不少人还发展了林蜂、林花、林药、采摘红菇等林下经济，森林生态旅游效益初步显现，村民的腰包鼓了，村财收入也多了，村里仅有的 8 户贫困户今年也脱贫了。大家住上新房、开上小车，过起了祖祖辈辈想都不敢想的幸福生活。"

2018 年 1 月 15 日，捷文村群众收到有关方面转达的习近平总书记的勉励："得知通过集体林权制度改革，村里的林子变密了，乡亲们的腰包变鼓了，贫困户们也都脱贫了，感到很高兴。希望大家继续埋头苦干，保护好绿水青山，发展好林下经济、乡村旅游，把村庄建设得更加美丽，让日子越过越红火。"

到 2020 年，武平全县累计完成造林面积 81 万亩，超过"林改"前 25 年的总和，森林覆盖率提高到 79.39%。依托丰富的森林资源，武平建成多个生态景区，让良好的生态环境成为最普惠的民生福祉，成为一张张绿色名片。

2021 年 3 月 23 日，习近平总书记在三明考察时再提"林改"。他说，要坚持正确改革方向，尊重群众首创精神，积极稳妥推进集体林权制度创新，探索完善生态产品价值实现机制，力争实现新的突破。

"科特派"①，从福建走向全国

一

2002 年 4 月 9 日，正在建阳向当地果农传授技艺的谢福鑫接到一个通知后，急急忙忙地往顺昌赶。

① 即科技特派员。这项制度是 1999 年福建省南平市为探索解决"三农"问题，在科技干部交流制度上的一项创新与实践，得到了科技部的充分肯定，并在全国推广。

原来，习近平来顺昌调研，要到张墩村的葡萄种植园看看。

彼时，闽北的绝大多数葡萄园，谢福鑫都曾倾注心血，自然了如指掌，给省长介绍情况的任务非他莫属。

谢福鑫是南平市委农办的科技骨干。早在 1988 年，他便从日本长崎引进巨峰葡萄种植技术，在南平市多个县（市）成功试种，他因此被誉为"福建巨峰葡萄之父"，又被称为"葡萄仙"，1999 年入编南平市首批科技特派员。

那天上午，习近平沿着机耕道察看葡萄生产情况，详细了解葡萄园的种植情况。他一路上问了不少跟葡萄产业有关的问题，谢福鑫一一作答，还介绍了引进的新品种和试种推广的经过。

"当听到一亩葡萄一年能够给农民带来 7000 多元纯收入时，习近平同志很高兴。他说，葡萄产业可以带动农民增收，要继续扩大面积、抓好发展。他专门强调，要发挥好科技特派员的作用，在种植技术上多为农民做好服务。"对那天的场景，谢福鑫记忆犹新。

那时是 4 月初，葡萄尚未成熟，来访的同志们品尝不到，果农们无不感到遗憾。这时，人群中冒出个声音："不然请省长尝一尝张墩的葡萄酒？"

提建议的人叫林启兴，正是在谢福鑫的技术指导下，他成为村里第一位成功酿造葡萄酒的果农。

林启兴一路小跑回家，提了瓶自家酿的葡萄酒，还带来了托盘和小酒杯，一一斟满。

"习近平同志端起酒杯品了一口，问这个葡萄酒是怎么酿造的，用什么装的，一斤能卖多少钱。听完我们的介绍，他称赞这个酒不错，还招呼大家都来尝尝。"林启兴回忆说。

林启兴的"突发奇想",其实就是借机让习近平了解除了种葡萄以外,他们还在科技特派员的帮助下掌握了葡萄酒加工的技术。"当然,自己酿的酒得到分量这么重的表扬,心里美滋滋的。"

同样"心里美"的还有谢福鑫。

"我感觉,习近平同志的赞许是对'科特派'工作的肯定,也成为我多年来一直坚持的动力。"谢福鑫说。

从2002年4月6日到10日,习近平的这次专题调研为期5天,一路走过光泽、邵武和顺昌三个县(市),包括科技特派员在内的下派干部是他考察的重点。

2019年,科技特派员制度诞生20周年,这项制度在习近平的推动下已从福建走向全国。而这一年,76岁的谢福鑫也迎来了自己作为科技特派员的第20个年头。20年间,他累计培训果农1万余人。

二

南平,地处福建北部、闽江之源,是福建开发最早、面积最大、农业资源最丰富的一个市。自古以来,素有"福建粮仓、南方林海、中国竹乡"之称,每年为国家提供的商品粮占全省2/3。正因为如此,20世纪七八十年代,南平的经济总量一度位居全省前茅。

但南平的农业经济也因此留下了两个极深的烙印——粗放型的小农经济、单一种植结构的计划经济。

20世纪90年代中后期,我国经济发展从长期短缺转为相对过剩,卖方市场转为买方市场,伴随政策环境、市场环境和社会环境的变化,闽北传统农业原有优势逐步削弱,"三农"问题日显突出。

"闽北农民长期以种粮为主，他们习惯于'交够国家的、留够集体的，剩下是自己的'的体制，面对当时的农经结构调整，他们一下子无所适从——种什么？怎么种？种出来怎么卖？……全是'问号'！"时任南平市政府副秘书长潘剑才说。

1997 年，南平市平均每亩耕地产出仅为 1185 元，低于当时全省 1592 元的平均水平，仅约相当于另一农业大市漳州的 1/3。

粗放型农业只能提供粗放型产品。1997 年，南平市场上本土柑橘均价五分钱一斤，还卖不出。而那时从日本进口的红富士苹果，六元一斤，还供不应求。

这便是那个时候南平"三农"的现状。

2002 年 8 月，习近平在发表于《求是》杂志的署名文章《努力创新农村工作机制——福建省南平市向农村选派干部的调查与思考》中，对南平的"三农"问题总结道："农业长期以粮食生产为主，产业和产品结构不合理，难以适应市场经济发展的要求；农产品卖难问题突出，市场价格长期低位运行，农村经济增长缓慢；广大农民希望农业科技能够帮助他们尽快走上致富道路，而当前的农村科技推广网络残缺不全，陷入困境……"

如何摆脱困境？关键还在做活"人"这篇文章。

1997 年，习近平在南平市调研"三农"时，敏锐地提出，在脱贫致富奔小康过程中，要把科技放在优先发展的地位。

"实现农业现代化要靠高素质的农民，农民素质低下，什么事都难办，也不可能应用先进的科学技术，我们的希望和担忧都在农民素质是否提高！"习近平说。

1998 年，持续 11 天的大暴雨造成闽江流域百年不遇的特大洪灾，闽北农业生产雪上加霜。

洪灾造成了近 76 亿元的损失，相当于当时南平市十个县（市、区）五年的财政收入总和，其中农业损失 32.51 亿元。更糟糕的是，六七十年代建设的农业基础设施毁损严重。

预期之中的时代变迁，意料之外的自然灾害，把南平彻底推向了"十字路口"。

1998 年 10 月 20 日至 23 日，习近平再访南平，调研灾后重建工作。

"习近平同志先后走了武夷山市、建阳市、建瓯市和延平区，经过调研他发现，在灾后重建的过程中，闽北农业科技应用水平不高、新品种新技术推广滞后、农民素质有待提高的问题愈发突出。"潘剑才说。

调研期间，在建阳出席全省农科教结合示范区（县）对口联系共建工作座谈会时，习近平指出："农业根本出路在科技、在教育。要把科技兴农作为促进国民经济发展的原动力，不断提高农业科技含量，以此提高农业经济效益、发展农业的现代化。"

"必须把农业和农村经济增长转到依靠科技进步和提高劳动者素质的轨道上来！"习近平"问诊"南平后开出的"药方"，说的是科技之于农业的作用，点醒了南平的决策者。

"科特派"的"种子"，就此播下。

三

1998 年 11 月，南平市委、市政府按照习近平的要求，组织了一次史无前例的千人大调研——近千名干部由全市四套班子领导带队，进村入户，寻求"三农"的破题之道。

潘剑才跟随时任南平市委副书记、市长李川前往延平区王台镇溪后村驻村调研，历时三天三夜。

"我们去之前不久习近平同志去调研，溪后村就是其中一站，正是在那里，他提到了农业科技的问题。"潘剑才说。

他们很想知道，究竟是什么触动了习近平。

溪后村山清水秀，山林资源丰富，但农业产业结构单一，除了粮食就是一些水果。

在一片橘子山上，随行科技人员与种植大户魏振桂有这样一段对话——

"橘子好不好卖？"

"真不好卖！"

"为什么？"

"品质不行呗，又酸又硬，从树上掉下来能把人的头皮砸破。"

"没人指导吗？"

"农技站站长不常来，来了讲的很多也听不懂、记不住。我是自己买了一本《柑橘栽培技术》来学的。"

科技人员一看，那是一个外省科委编的旧书。"那里的气候和我们差异那么大，按这个学种出来肯定不行。"魏振桂这才恍然大悟！

水果质差价低卖难，群众收入连年下滑，令人忧心。

随着调研深入，发现问题远比想象的严重！经历了洪灾，身处粮经结构调整之中的老百姓，致富的愿望空前迫切，对科技实用技术需求强烈，但那时，农业科技推广网络却是"线断、网破、人散"。

"那会儿，农村基层的'七所八站'① 面临机构改革，不少人员自谋出路，科技推广力量已显不足；还有人把精力放在评职称、写论文上，根本没把心思放在农业技术推广上。老百姓抱怨一年半载看不到农技人员，便不奇怪了。"潘剑才说。

千人大调研后，综合各调研组得到的情况深入分析，南平市发现环环相扣的五个"结"制约了"三农"发展——滞后的科技服务、乏力的农业投入、难以适应市场的农民、断层的领导体系、农民对民主法制的诉求和实际背离。

值得一提的是，这次调研还从农民那里"抱"回了个"皮球理论"——"你们指导工作的方法就像把一个皮球扔到水里，你们在岸上看，皮球是在水里的，但我们从下面看，球仍浮在水面上，没有沉下来。"

经过大讨论，南平市上下形成共识：农村基层科技力量不足和科技服务缺位导致闽北农村科技的落后，而科技的落后又使得农产品品质不优、产量不高，农产品结构性过剩；农民在市场经济条件下，难以适应现代种养业的发展，从而难以推动农业产业结构的调整和农业产业化的进程。

五个"结"，先解哪个，不言而喻！

必须按习近平在南平调研时提出的要求，以推动科技直接深入农村为突破口，把一批有知识、有能力、素质高的同志充实到基层组织中去。

---

① "七所八站"是指县（市、区）及上级部门在乡村的派出机构，这里的"七"和"八"都是概指，并非确数，如农机站、农技站、土管所、财政所、派出所、司法所、房管所、法庭、卫生院、供电所、工商所、信用社等。

市长李川当时兼任南平市科委主任，他了解到全市机关事业单位中有 2800 多名农业科技人员，其中 690 人具有中高级以上职称。

这是何其宝贵的人力资源！盘活他们，将一举两得——既能激活农村，带动农民致富，又能调动机关事业单位干部工作积极性、创造性，体现科技工作者的价值，改进机关人浮于事的工作作风。

很快，改革方案推出：从机关事业单位中选派一批有农业技术专长、会干事、有基层工作经验的干部去农村任科技特派员，手把手、面对面为农民提供科技服务。

1999 年 2 月，首批 225 名科技人员下派进驻 215 个村，他们主要来自市、县两级政府机关和事业单位，有涉农部门干部、农业科研院所的研究人员和乡镇农技站的技术人员。市里给了他们一个很庄重的称号——科技特派员。

皮球，终于要沉下去了！

四

"科特派"制度诞生后不久，很快在闽北乡野间涌现出了一批"明星"。农民群众对他们非常敬重。

就连习近平对他们也有所耳闻。

2002 年，习近平在专题调研后的讲话中，专门提到被农民誉为"榛仙"的科技特派员詹夷生、"闽北菇王"刘瑞璧，认为他们的事迹非常感人。

经济林专业出身的詹夷生是当时"科特派"队伍中数一数二的明星人物。

2002年4月7日，习近平在南平市光泽县华桥乡调研"科特派"工作

他选择"老、少、边、穷"的高山地区农户作为自己的服务对象。他深知闽北很适合锥栗生产，但当地农民只把它当副业，广种薄收、粗放经营，从不指望靠它致富。

"花最少的投资，用最简单的技术，在最差的土地上，让农民挣最多的钱。"本着这一初衷，詹夷生上了锥栗山。

"三月剪枝好，枝多榛子小；四月新叶出，快把幼虫捉；七月追上肥，树上硕果累……"用最通俗易懂的语言，詹夷生教当地老百姓掌握了种植锥栗的技术。下派当年，他驻点的建瓯市水源乡温洋村，栗果产量就从上一年的 22.5 万公斤猛增至 32 万公斤，平均每户村民增收 3900 余元。

短短几年，全市的锥栗种植面积由最初的不足 30 万亩，总产量不到 5000 吨，发展到 2006 年的 60 余万亩，总产量 4 万多吨。而詹夷生，这个随身带着手电、蚊香、修枝剪、海拔仪，平时总爱漫山遍野转悠的平头男人也从此被称为"榛仙"。

其实，老百姓对他们也经历了从观望、质疑，到接受、尊敬，乃至崇拜的过程。

究竟是什么让这一机制不同于以往热热闹闹的科普大集、科技下乡？

在习近平的关怀指导下，南平打一开始就不把下派科技特派员当作短期行为，而是注重制度设计，让"下派"变为直接参与农村生产，甚至与农民结成"利益共同体"。

"这些科技特派员主要是根据各村按农业产业发展需要提出对科技服务项目的需求来选派，大多数科技特派员只负责一个村的工作，少数人根据产业和产品生产的需要，负责多个村、多个乡镇，甚至跨县（市、区）指导一个产业发展，任职时间一般为一年。"习近平在《努力创新农村工作机制——福建省南平市向农村选派干部的调查与思考》一文中写道。

同时，南平市对下派科技人员在编制、职务、工资、年度考核、机构改革，甚至提拔使用上都采取了相应的保障措施，解除了他们的后顾之忧。

在这篇文章中，习近平充分肯定了科技特派员的作用："大批科技特派员带着任务和责任长住农村，手把手地教农民掌握农业技术，帮助解决生产中的技术难题，既推广了农业科学技术知识，提高了农民的科技素质，培养了一大批乡土技术人员；又引导和组织农民运用现代农业科学技术改造、嫁接传统农业，有效地提高了农业生产效益。"

在"科特派"的基础上，南平市相继延伸下派了村支书、流通助理，旨在解决"基层党组织薄弱"和"农产品销售难"的问题。

在光泽县华桥乡吴屯村，种养大户严金友在下派村支书的大力帮助和支持下，一改过去"事不关己，高高挂起"的态度，兴办科技夜校，带动乡邻乡亲进行山地开发、种草养牛致富。

在顺昌县洋墩乡，以下派流通助理、科技特派员为核心，由乡里流通大户、种植大户共同组成了柑橘同业协会，采用"协会＋公司＋农户"模式打造出柑橘营销联合舰队，成功销售出柑橘186个车皮、800万公斤，产品远销俄罗斯。

调研中习近平还有一些发现："有的下派村支书帮助农民解决缺少生产资金的难题，拿出了自己的家庭存款；还有一位下派村支书将自己在城里住房的房产证抵押给银行为农民贷来扩大生产的资金。"

……

专题调研中所见所闻，都让习近平深感触动，对这支队伍，他同样给予了高度评价："下派到村里任党支部书记的这批机关干部，一到农村就深入农民家中和田间地头，知百姓难，解百姓忧，千方百计，扎扎实实地为村里办公益事业，把党的路线方针政策和优良作风带给了农民，把党和政府的关怀送给了农民。他们还因地制宜，积极带领农民调整农业结构，创办龙头企业，搞活市场流通，促进了农村经济的发展和农民增收。"

五

一个地方的制度创新，习近平如此关注，甚至进行专题调研，显然他有着更深层次的思考。

到福建省委、省政府工作后，习近平多次就"三农"问题到龙岩、漳州、南平等农业大市展开调研，提出了农业产业化、发展现代农业等新理念，并多次论及科技导入农村的重要性——

"农业地区走上致富的道路，走上发达之路，靠农村产业化是一条出路。要形成产业化，首要就是技术。"

"我们很多的农民在这方面发展不起来，主要就是技术上不得法，要么只是小打小闹；要么规模起来了，但是技术跟不上，一下子'全军覆没'，大起大落。"

"现代农业是科技化农业，发展现代农业必须进行农业科技革命。"

"要适应农业和农村经济发展新阶段的要求，全面实施效益农业战略，围绕农业增效、农民增收这个中心，依靠科技进步，加大结构调整力度，提高农业综合生产能力，提高农业现代化水平。"

……

在不同时间、不同场合，习近平还反复强调"三农"工作的战略地位，并提出"开创农业和农村发展新局面，必须在继承的基础上创新农村工作机制"。

2002 年，在对南平下派干部的机制进行专题调研后的讲话中，习近平论述了农村工作存在"三大现实难题"和"五个深层次矛盾"："三大现实难题"，即"货往哪里卖，钱从哪里来，人到哪里去"；"五个深层次矛盾"，包括经济体制转轨中土地家庭承包与分散经营的农民难以进入市场的矛盾，建立统一市场与农产品和农业要素市场长期被严重分割的矛盾，市场经济的平等竞争与农业弱势地位引起的竞争不平等的矛盾，市场经济利益机制与市场中的产供销各个环节及不同市场主体利益分配不合理的矛盾，坚持以经济建设为中心与一些农村基层党组织游离于市场经济发展之外的矛盾。

"如何从根本上解决好农村市场经济发展中出现的这些问题？我感到靠某一种具体的方法是不行的，必须有一种相应的工作机制。"习近平说。

在他看来，南平市在干部下派方面所做的工作，就是市场经济条件下创新农村工作机制的一种有益探索。

"从你们先下派科技特派员，又根据农村经济发展和农村工作的需要，扩展到下派村支书、乡镇流通助理和龙头企业助理的发展过程来看，就是一个对创新农村工作机制的认识和探索不断深化的过程。"

"你们之所以要这样做，是因为你们看到农村市场经济发展中出现和遇到的种种问题，仅靠下派一个科技特派员或村支书、乡镇流通助理、龙头企业助理是不可能得到全部解决的，只有将这些不同类型的下派干部组合起来，才能形成一个互相支持、互相依赖、互相配合的有机整体，发挥出整体合力。这种领导力量、领导方法的有机整合过程，也就是农村工作新机制的形成过程。"

正如习近平所言，南平遇到和正在努力解决的问题，是全国农村都存在的共性问题，从这一意义上，南平在创新农村工作机制上所作的探索，对福建乃至全国农村都有着一定的指导作用。

"在习近平同志关心指导下，南平先作了一个探索，打造了一个样板，取得了显著工作成效。随着理论研究和实践探索的深入，习近平同志逐渐把这一制度推广到全省。"时任福建省委书记陈明义认为，这项制度以科技人员和农民为主体，以发展利益共同体为核心，注重发挥人的潜力和积极性，通过市场机制重组现代生产要素，实现了人才、技术、资本、管理等多重优势资源在农村的高效配置和有效供给，从而获得了可持续发展的内在动力和外部环境。

在前述署名文章中，结合南平市向农村选派干部的调查和思考，习近平提炼出"高位嫁接、重心下移、夯实农村工作基础"的工作思路。

2002年10月，习近平离开福建到浙江工作。第二年8月，他在浙江省科技厅"关于学习借鉴南平经验，向欠发达乡镇派遣科技特派员"的工作汇报上批示："科特派制度是一项创新举措，旨在解决农民生产经营中的现实科技难题和培训适用技能，方向正确。一段时间后，应调研总结，从对象、方法、措施、范围等各方面加以分析，以利于有效地开展下去。"

2006年，科技部、人事部共同在南平召开试点工作会议，总结推广福建省科技特派员工作的创新实践。

2012 年，中央首次把"科特派"工作写入"一号文件"，"科特派"制度上升到国家层面，与"三农"工作实现深度融合。

六

其实，在 2002 年的专题调研结束后的讲话中，习近平结合自己的思考，曾给南平留下一组"附加题"——如何使下派村支书工作制度化？如何将科技特派员与现有的农业科技推广网络整合在一起？如何尽快建立起全市性的农村社会化服务组织和农产品流通网络？如何努力从根本上解决好有钱办事的问题？如何以市场为导向调整农业产业结构？这五个问题，事关如何让这项制度"永葆活力"。

十多年间，这张时代"答卷"在探索中完善，于创新中前行——

南平市逐步改变以政府选派为主的做法，突出公司化市场化运作，由政府主导为主向市场调节为主转变；

科技特派员通过技术入股、知识产权入股、领办创办企业等方式，与农民、企业等服务对象结成"利益共同体"，变被动激励为主动利益联结；

高端科技团队与乡土人才深度结合，创建科技特派员工作站，组建行业科技服务组，变"单人单点"服务为"组团联动"服务；

科技特派员服务从科技服务向生产、加工、检测、流通、销售等全链条、全要素、综合性服务转变，企业科技特派员"变身"产业科技特派员……

多年以来，福建也一直沿着习近平当年的思路在继续发展。

"因为我们重视广大农村的科技和教育，全省的发展始终比较均衡。在沿海各省当中，福建各地区的贫富差距是最小的。"陈明义以闽北为例，有过这样的分析，"闽北人均 GDP 最低的城市也能达到六万多元，是福建人均 GDP 最高的城市一半左右，福建各地区之间的发展相对比较均衡，这与制度的有效性有着密切关系。"

2019 年 10 月，习近平对科技特派员制度推行 20 周年作出重要指示：科技特派员制度推行 20 年来，坚持人才下沉、科技下乡、服务"三农"，队伍不断壮大，成为党的"三农"政策的宣传队、农业科技的传播者、科技创新创业的领头羊、乡村脱贫致富的带头人，使广大农民有了更多获得感、幸福感。

"创新是乡村全面振兴的重要支撑。要坚持把科技特派员制度作为科技创新人才服务乡村振兴的重要工作进一步抓实抓好。广大科技特派员要秉持初心，在科技助力脱贫攻坚和乡村振兴中不断作出新的更大的贡献。"习近平在批示中强调。

如今，发端于闽北的星星之火，已燎原。作为解决"三农"问题的重要抓手，科技特派员制度也得到了众多专家学者的高度认可。

"我在南平发现了一个新大陆，一条新路！"经济学家童大林直言，从科技特派员制度中看到了中国"三农"问题"有解"。

"三农"问题专家温铁军表示，科技特派员制度解决了科技导入农村的问题，下派村支书使农村有了政治权威，加上下派流通和金融助理就形成了一套综合的措施。"看南平的经验不必太复杂，第一它符合逻辑，第二它的几个步骤都有效，从而产生综合效益。"

2021 年 3 月 22 日，在武夷山水间，习近平与茶农拉家常时，专门聊起了科技特派员制度。"星星之火可以燎原，现在全中国都有'科特派'。农业是有生机活力的，乡村振兴要靠科技深度发展。"习近平再次叮嘱，要很好总结科技特派员制度，继续加以完善、巩固、坚持。

六、对外开放兴，福建兴

大厦之门开大些

一

1978年12月，党的十一届三中全会召开，中国走向改革开放，踏上建设中国特色社会主义的伟大征程。

改革需要试验区，开放需要突破口——党中央的目光瞄向沿海，决定在深圳、珠海、汕头和厦门建立经济特区。

1980年10月7日，国务院批复同意在厦门岛西北部的湖里地区划出2.5平方公里的土地设置厦门经济特区。

1984年2月，邓小平来到厦门视察，挥笔题词："把经济特区办得更快些更好些。"时任福建省委第一书记项南一路陪同，并在"鹭江"号游艇上提出把特区扩大到全岛的提议："最好能把特区扩大到全岛！使整个厦门岛都开放。这对引进外资和技术，对改造全岛的老企业，对加强海峡两岸的交往，都可以起到更大的作用。"

厦门，期待起点更高，成效更大，发展更快。

1985年6月，厦门经济特区扩大至全岛（包括鼓浪屿），并逐步实行自由港的某些政策。

同月，习近平抵厦赴任，赶上了厦门经济特区建设进入全方位推进的新阶段。

从2.5平方公里扩至131平方公里，特区建设亟盼境外资金与技术助力。可是，1985年8月，习近平任市委常委、副市长并分管财政时，厦门仅有香港嘉华银行一家外资银行设立本地代表处，开展的还只是洽谈、联络、咨询、服务等非营利性业务。

钱从哪里来？几经考虑，习近平决定找福建乡亲"借"。

他赴港拜会时任香港中华总商会副会长、中银集团港澳管理处副处长林广兆。

林广兆祖籍福建漳州，见家乡来人，倍感亲切，又见这位年轻官员谦和有礼，不自觉聊了好久。

"交谈中，习近平把厦门的特区建设扩大到全岛后具体有哪些发展规划，特别是哪些地方需要中银集团的资金支持，非常详细地进行介绍。尤其是这些项目会给老百姓带来什么好处，他介绍得特别清楚。"林广兆回忆道，虽然记不得当年两人见面是在哪一天，但是对两人交谈内容却记忆犹新。

"当时我说，改革开放，我们应该对福建家乡多关心、多支持。不过，我们很多同事对厦门发展有疑虑，说香港的业务都做不完，内地交通不便、情况不熟，这样的业务不做也罢。"林广兆说。

"请放心，这些项目我们市里一定会负责到底。"习近平回答。

"好，你也算给我吃了'定心丸'。我相信家乡政府。我们一定在同等条件下优先支持家乡。"

此后，在林广兆的努力下，香港中银本着"特区特办、新事新做"的理念，把支持厦门经济特区建设作为重点项目，为厦门发展提供了强大的资金支持。嵩屿电厂、翔鹭化纤等一批项目纷纷上马。

1986年1月8日，中银集团把旗下的集友银行引进厦门，香港集友银行厦门分行开业。

林广兆认为，当时最重要的是金融要搞活。集友银行进来了，境外金融方式就进来了。

二

"厦门，寓意'大厦之门'，我们也可以把它理解为对外开放之门，衷心希望把这个对外开放之门建设得更快些更好些。"1986 年6 月，习近平在题为《发展横向联系，加快特区建设》的讲话稿中写下这么一句话。

这一年，他为引资入厦频频飞赴海外，又为编制《1985 年—2000 年厦门经济社会发展战略》不时飞往北京向专家学者请教。来来去去，他发现了两个问题：机场太小、厦门航空的班机太少。

彼时的厦门机场，是中国第一家完全利用国外贷款进行建设的机场，用的是科威特阿拉伯经济发展基金会向中国政府提供的首批优惠贷款。1983 年 10 月 22 日开航时，运营航线仅 5 条，每周 8 个航班。三年后，初建时按高峰小时旅客流量 250 人次修建的6300 平方米的航站楼就变得拥挤不堪。

机场扩建刻不容缓，可是，巨量资金从何而来？

1987 年，厦门市政府成立了以习近平为组长的厦门机场扩建工程科威特贷款领导小组，积极争取科威特政府的后续贷款，为此后 1988 年、1993 年厦门机场一期和二期扩建资金而努力。

厦门航空成立于 1984 年 7 月，次年 1 月以代飞航班形式正式运营，由民航广州管理局和上海管理局机组代飞。

当时，引进一架飞机要过五关斩六将，需要层层审批。引进开飞机的飞行员、修飞机的技师、懂航空经营管理的人才也很难。

"习近平同志经常跑北京，寻求中央、空军和民航局的支持、支援。经他不懈努力，厦航得到了民航部门的支持，由金融机构担保，向美国波音公司租借了两架波音 737 飞机用于运营。"厦门航空公司原副总经理宋成仁说。

1986 年 11 月，厦门航空公司所属飞机从广州转场到厦门，终于由自己的机组执飞航班。

老厦航人回忆，20 世纪 80 年代，进人要户口，吃饭要粮票，航空公司专业人才招聘、空勤人员家属工作安排、孩子上学等很多具体问题，公司都无力解决，为此，厦航没少找过习近平和其他市领导。

这些问题，厦门市委、市政府积极开会协调，逐个解决。

那时的厦航，人员来自空军、民航和地方三方，有一段时间，三方不是很融洽。习近平得知后对大家说："还是要搞五湖四海，不管你们从哪里来，现在大家都姓'厦'。"

还有个别同志看到公司一穷二白、困难多多，曾产生过"公司办得下去办不下去"的疑问。对此，习近平鼓励说："你们的路子是对的，你们的责任很重，只要坚持总能成功。"

"习近平同志在厦门工作的那三年，正是厦航起步艰难的三年。"宋成仁说，此后，厦航经济效益逐步显现，社会效益日益显著，成功建成我国第一家合资经营、企业化运作的地方航空公司，开创民航改革的先河。

离开厦门后，习近平依然保持着对厦航的关心支持。

2000 年 4 月 23 日，时任福建省省长习近平到厦航调研，看望生产一线员工。

厦航发展过程中亟须解决哪些关键问题？

飞行队伍建设得怎样了？

规范化基础管理实施得顺利吗？

航线开辟及运营得好不好？

......

他一边走，一边看，一边问。他对大家说，厦航的今天，是靠"摸着石头过河"，在艰难的探索中惨淡经营，通过改革创新才得来的。要把厦航当成全省发展大局中一个重要的因素来对待、来支持，让厦航这只"白鹭"飞得更快更高。

2015 年 9 月 23 日，在美国西雅图波音公司商用飞机制造厂里，习近平登上一架即将交付给厦航的波音 787 飞机，深情回忆起参与厦航初创的往事。2017 年在金砖国家工商论坛上，他再次肯定厦航，表示"这里的厦门航空公司，绩效也还是很好的"。

而此时的厦航，已从最初的租赁飞机发展为拥有 205 架飞机、员工超过 2.2 万人、总资产 578 亿元、净资产 191 亿元、年运送旅客量 3700 万人次、年收入 370 亿元的国内第五大航空集团，进入全球主要航空公司行列。

三

世纪之交，世界经济在复苏中前进。进一步加强国际合作、支持和鼓励跨国投资，是增强全球经济活力，推动世界经济实现强劲、可持续、平衡增长的有效途径。

1999 年 9 月 8 日，第三届中国投资贸易洽谈会如期举行。习近平以省委副书记、代省长的身份在开幕式上致辞。

习近平说：洽谈会将集中展示改革开放以来中国在吸收利用外资、开展国际贸易合作方面的成就，进一步表明我国扩大对外开放、扩大吸收外资的坚定信心和始终不变的基本国策。

中国国际投资贸易洽谈会的前身，是闽南三角区外商投资贸易洽谈会，1987 年由厦门市领导班子始创，习近平是"创始人"之一。

彼时，厦门很多干部群众对特区发展充满期盼，希望市里向深圳和珠海学习。1987 年春节过后，市委、市政府联席会派出一个代表团到广东考察，学习深圳和珠海等地的先进经验。

考察团去了深圳和珠海，还去了广州黄埔开发区，正好赶上广州筹办春季广交会。回程的车上，大家就议论开了：广东有个广交会，我们能不能搞个厦交会？

考察团回来后，习近平和考察团成员一起开会研究，决定举办一场以投资为主的贸易洽谈会。

当年 9 月 8 日，经福建省政府批准，厦门、漳州、泉州、龙岩等四个地市联合在厦门举办首届投资贸易洽谈会，又称闽南三角区外商投资贸易洽谈会。来自 21 个国家和地区的 600 多位客商参加。

厦门市在投洽会上收获颇丰：与外商签订合资、合作项目 19 项，投资总额 2.05 亿元，其中利用外资 2197 万美元，出口成交 5139 万美元，在四个地市中居首位。

此后，每年 9 月 8 日，投洽会都在厦门举办，并于 1988 年改名为福建省外商投资贸易洽谈会。此后，投洽会又分别在 1991 年、1997 年进行了两次升格，成为中国投资贸易洽谈会。

中国投资贸易洽谈会以"滚雪球"般的速度迅猛发展，国际知名度与日俱增，外商与会人数、项目签约数及投资金额呈逐年递增态势，成为中国吸引外资的权威平台。

那些年，从厦门到宁德到福州再到省里，习近平虽在不同岗位，但始终高度重视投洽会这一平台。

1998 年至 2000 年，厦门国际会展中心建设期间，习近平曾 4 次到现场检查指导，协调省财政拨款 3000 万元帮助解决建设资金缺口问题。

从 1999 年起，习近平连续出席第三、四、五、六届投洽会，并担任投洽会组委会主任。在每届投洽会召开前半个月，他都在厦门召开现场办公会，对投洽会开幕前的各项筹备工作进行全面检查、落实和协调。"每年 8 月中旬，习近平同志都领着我和省直相关部门负责人检查投洽会准备工作，并亲自向省委常委会、省长办公会议汇报筹备情况，在投洽会举行的前后几天，更是亲自坐镇指挥。"时任福建省副省长曹德淦说。

1999 年，世界经济进入低位运行的调整期、国内有效需求持续不振，但仍有 80 多个国家和地区的 6418 名客商参加第三届投洽会，与上一届相比增长 14%。福建签订外商投资项目 1126 个，总投资 50.99 亿美元，利用外资 45.17 亿美元。

2000 年，第四届投洽会首设中国利用外资政策与信息发布的最高讲坛——国际投资论坛，尝试由单向招商引资转变为双向、多向式国际投资合作洽谈。

当时国内功能最完善的智能化新展馆启用，会展区面积扩大一倍。投洽会上，福建签订项目 1136 个，总投资金额 54.25 亿美元，利用外资 47.82 亿美元，1000 万美元以上的合同项目达 73 个。

2001 年 12 月 11 日，经过 15 年的艰苦谈判和不懈努力，中国正式成为世界贸易组织的一员，在更大的范围、更广的领域、更高的层次上参与国际经济合作与竞争。

开门就是国际市场。2002 年 3 月 31 日，习近平在福建省WTO 专题研究班上谈到以加入世贸组织为契机，进一步扩大对外开放，不断提高国际市场竞争力时说："实施对外开放、开展对外经贸合作，是我省经济的生命线。要把对外开放这篇文章做得更好更深更活，更有成效地利用国外的资源、资金和科技成果，努力提高我省经济的国际竞争力。"

在中国加入世界贸易组织前三个月，第五届投洽会迈出从"一站式了解中国"到"引进来""走出去"并举、逐步转向国际投资博览盛会的第一步。投洽会首设"双向投资"研讨会，吸引南非等13 个国家和地区的政府部门、招商机构举办相关政策说明会，鼓励和动员中国有实力的企业出国投资。投洽会上，福建所签的合同外资比上年投洽会增长 4.4%，外资来源结构进一步优化。

"对外开放兴，福建兴；对外开放步伐加快，福建兴旺繁荣的机会越大。"在这届投洽会上，时任福建省省长习近平在接受中外记者采访时说。

2002 年，第六届投洽会境外参展团组增长幅度高达 74%，双向投资的模式得到进一步完善。近 40 个发展中国家的政府部长级官员到会宣讲各自的投资环境和引资政策。世界投资促进机构协会

（WAIPA）成为投洽会的首家联合主办单位。

习近平在第六届投洽会上说："投洽会已经成为福建和厦门'内聚人心，外塑形象'的一个重要窗口，它的综合效益是巨大的。""投洽会应该朝着更高层次推进，逐步发展成为具有较大影响力的国际投资博览会，为促进国际、国内投资贸易活动发挥更大的作用。"

彼时，福建省在投洽会上签订的利用外资金额，已占到全省当年签订利用外资合同总金额的 60%左右。

2005 年 1 月，中国投资贸易洽谈会再次升格，成为中国国际投资贸易洽谈会，实现了为双多边、第三方投资贸易洽谈搭建大舞台，为国际资本、世界财富开启大门，树立国际投资风向标，引领国际投资新趋势的目标。3 月，投洽会正式通过了全球展览业协会（UFI）的认证，成为全球唯一经 UFI 认证的投资促进类展览会。同年，投洽会与亚欧会议贸易投资博览会同期同馆举办，共有 125 个国家和地区派员参会。

2010 年 9 月，时任中共中央政治局常委、国家副主席习近平再次来到厦门出席投洽会。这一次，他拿起象征会议的"9·8金钥匙"，为投洽会开馆、剪彩，并在世界投资论坛发表主旨演讲称：中国将拓展对外开放的广度和深度。

2018 年，中国改革开放 40 周年之际，习近平总书记给第二十届投洽会开幕式发来贺信："希望投洽会以双向投资促进为主题，精耕细作，打造国际化、专业化、品牌化的精品，办成新一轮高水平对外开放的重要平台，为推动形成全面开放新格局、建设开放型世界经济发挥积极作用。"

闪烁新世纪光芒的"金钥匙"，在推动构建人类命运共同体的典范之作历程中，像一面旗帜，引领集聚发展全球伙伴关系，拓展友好合作，书写合乎时代命题的和平与发展新篇章。

四

2000 年，历史跨入新世纪。

厦门，已从昔日的海防小城逐渐崛起，但快速发展中也暴露出岛内岛外城乡发展差距明显、经济总量偏小、发展后劲不足等问题。

2001 年 2 月 24 日，厦门市第十一届人民代表大会第四次会议批准《厦门市国民经济和社会发展第十个五年计划纲要》，提出要从海岛型城市向海湾型城市发展，岛内工业将向岛外转移。

5 月，时任国务院总理朱镕基视察厦门，要求厦门"壮士断腕、金蝉脱壳"，向岛外拓展。

"缩小岛内外差别"，成为厦门提速发展的突破口。

6 月 26 日，中共厦门市第九次代表大会上，厦门城市建设作出战略性调整，决定由海岛型城市向海湾型城市转变。

8 月 18 日，习近平在省人大代表"回家"活动中，以省人大代表的身份又一次踏上厦门岛。他深入厦门象屿保税区，了解保税区改革与发展情况，还与在厦门的部分全国、省、市人大代表座谈，就如何使保税区成为厦门新的经济增长点进行商讨。

他说："作为我省的龙头，厦门要在新世纪再创新辉煌，一定要有世界的眼光，要有新思路，要以建设现代化国际性都市来规划发展。"

2001 年 8 月 18 日下午，习近平在厦门象屿保税区调研

2001 年 8 月 18 日下午，习近平参加省人大代表"回家"活动座谈会

2001 年，厦门市实现地区生产总值 556.39 亿元，比上年增长 12%，分别比当年全球、全国、全省经济的平均增幅高 10 个百分点、4.7 个百分点、3 个百分点。

但 12% 不是一个理想的速度——在当年 15 个副省级城市中，厦门市的地区生产总值、全社会固定资产投资总额、社会商品零售总额等多项指标均排在最后一名。

"厦门经济的发展还远没有达到理想的最佳境界，有再提高速度的必要，有再提高速度的空间，也有再提速的条件。"当年市统计局的分析报告这样写道。

2002 年 5 月，福建确定加快九个设区市的发展，提出要大力开拓城市新的发展空间，完善城市功能，以改变福建省 23 个城市规模偏小、难以承担区域经济中心作用的现状，明确厦门"向岛外拓展"。

2002 年 6 月 12 日，习近平专程赴厦门调研。

他马不停蹄地考察了同安大嶝对台小额商品交易市场、马巷后莲开发区洪氏企业、如意食品有限公司、开元区下何船管站、国家会计学院、市公交总公司、厦顺铝箔有限公司、厦门卷烟厂海沧新厂、翔鹭石化 PTA 项目工地等处。

6 月 14 日，在省市领导座谈会上，习近平直接点题：经过改革开放 20 多年的建设发展，厦门本岛基本饱和，而岛外发展明显滞后，经济腹地空间小……拓展中心城市发展空间，扩大经济发展腹地，已成为厦门城市建设发展当务之急。

"要加快调整城市发展方向和战略布局，加快海岛型城市向海湾型城市转变。"他提出了坚持"四个结合"的跨岛发展战略思路。

首要的，便是提升本岛与拓展海湾相结合，以厦门本岛为中心，在本岛以外的大陆沿海建设不同功能的组团，形成市域城镇体系，促进内外一体、城乡一体，共同发展进步。

"提升本岛、跨岛发展"动员令发出，厦门就此"舒拳成掌"，拉开城市格局与骨架，跳出131平方公里的本岛，投向1573平方公里的全域。

2002年11月，《厦门市加快海湾型城市建设实施纲要》出台。根据纲要，厦门要力争到2010年基本建成海湾型城市框架。

2003年，为了适应海湾型城市总体建设的需要，厦门行政区从七个调整为六个。

2006年，岛外固定资产投资335亿元，首次超过岛内。

2010年，厦门经济特区扩大到全市。岛外集美、海沧、翔安、同安各区迅速崛起，环东海域新城、马銮湾新城等建设如火如荼，一批重大基础设施和公共服务配套不断完善，岛内外发展不平衡的局面得到根本性的改变。

这座城市"扩容"了！

2017年9月，凤凰花开，世界的目光聚集到这座海湾型城市。

"当时的厦门基本上没有什么高楼大厦，晚上的灯光是非常稀疏的，外国商人和游客也很少见。如今，32年过去了，海风海浪依旧，厦门却已旧貌换新颜。"在金砖国家领导人厦门会晤时，习近平回首厦门经济特区的发展历程，盛赞这座城市的"高素质、高颜值"，"一座座摩天大楼拔地而起，夜晚到处是灯火辉煌，抬头仰望是清新的蓝，环顾四周是怡人的绿。勇敢坚毅、吃苦耐劳的当地人民，乘着改革开放的浪潮，用自己的双手把厦门变成了一座经济蓬勃发展、人民安居乐业、对外交流密切的现代化、国际化城市"。

大厦之门，越开越大！

多和大海打交道

一

中国大陆东南部，长江三角洲与珠江三角洲之间，有一片"帆船"形的连绵山地，其中最陡峭、最崎岖的区域，就是福建。

福建东朝大海，民间素有"浮福建"之传说。在这个传说中，福建是从大海之中升起的一片土地。在《山海经》中，福建像一个不可深入的孤岛，被描述为"闽在海中"。

福建拥有 13.6 万平方公里的广阔海域，连东海、南海，通太平洋，自古便是中国与世界交往的重要门户。这里水深港阔，不冻不淤。

20 世纪 80 年代初，福建得改革开放风气之先，成为中国最早实施对外开放政策的省份之一。但因为种种历史原因，海洋经济始终没有得到长足发展。

1985 年 6 月，习近平入闽任职。从通商裕国口岸的厦门到山海交融的闽东，再到海岸线绵长的福州，他在福建的履职之地，都和大海有关系。

向海而生的福建人，靠海，怎样才能"吃"到海？

1988 年 12 月 1 日，一份《关于开发闽东海水鱼类养殖技术的报告》吸引了习近平的注意。

"闽东海域特有野生鱼种濒危……人工养殖……技术难题是……"字里行间，透着作者的焦虑。

彼时，习近平任宁德地委书记已有半年，闽东九县市连同毗邻的浙南温州、苍南、乐清他都已走过一遍。对文中所提的野生鱼种——大黄鱼有所了解也很关注。他知道，对于大黄鱼有没有人工养殖的价值，在当地有争议。

经研究，习近平在报告上批示："应把网箱养殖珍贵海鱼当作星火计划发展，并争取上级和海外投资。"他同时提出，要集中资源进行科研攻关，解决大黄鱼不能人工养殖的问题。

这份报告，是宁德地区水产技术推广站站长刘家富提交的。那时候，他已连续几年研究大黄鱼人工养殖，并于 1987 年育出了第一批鱼苗。可就在这个节骨眼上，由于站里经费严重短缺，科研工作几乎就要半途而废。

习近平的批示，引起宁德相关各方的重视，刘家富主持的大黄鱼人工育苗量产及其养殖应用技术研究得以继续，并于 1990 年顺利完成。1991 年 7 月，大黄鱼网箱养殖项目获得了国家科委农业"星火计划"专项贷款。大黄鱼源源不断地"游"上餐桌，成为我国最大养殖规模的海水鱼和八大优势出口养殖水产品之一，带动诸多相关产业发展。如今，全国 80% 以上的大黄鱼产自宁德，年产值超过 60 亿元。"宁德大黄鱼"已被认定为中国驰名商标。

二

海的文章大有可为。可是，究竟要如何作为？

1990年10月，时任福州市水产局局长刘嘉静接到了这道"考题"。

"当时市里通知我，工作即将有变动，习书记找我谈话。"刘嘉静清楚记得，那段时间，水产局正集中力量加强鱼塘的整治和管理，解决市民"吃鱼难"问题，效果初显。

得知组织要派他去平潭任县委书记时，刘嘉静感到意外。习近平找他谈话时，他忍不住问道："书记，我是水产学校毕业的，读的是工业捕捞专业。在水产局工作，专业不是才对口吗？""我在水产局工作干得也还可以吧，为什么要挪位置呢？"

习近平微笑着看他，缓缓说道："渔业、水产业在平潭国民经济中占很重要的地位，也不能说你专业不对口吧？"

随后交谈中，习近平叮嘱，去平潭后，多做做海的文章。

刘嘉静事后回忆，也许正因为他曾经的学习和工作经历，才被派到了平潭。

平潭，四面环海，渔业发展历史悠久，水产资源丰富，又有宽阔平坦的天然海滨浴场和独特的海蚀地貌，是祖国大陆距台湾本岛最近的地区。

然而，海岛的自然条件也同时制约了平潭的发展。基础薄弱，交通闭塞，位于娘宫村的娘宫码头，成为平潭本岛居民与外界连接的唯一通道。

1990年11月5日，刘嘉静上任。

那一趟进平潭岛，他先是从福州坐车到郊区峡北，再从峡北坐船到峡南，随即转车经福清小山东码头，搭乘渡轮海上行驶半个小时后，方抵平潭娘宫码头。

"孤岛"要发展，"讨海"很重要。刘嘉静到平潭岛后，带领当地干部群众修筑了柏油路、水泥路，兴建了大吨位码头，铺开了电力、供水、通讯等基础设施建设，还发展起花蟹笼、鲨钓等轻型捕捞业。

经过三年的努力，到 1994 年，平潭县渔业总产量、外贸出口收购总值、"三资"企业产值等经济指标增幅达到两位数，海洋养殖、捕捞业有了新发展，平潭县还被确定为国家海岛综合开发试验区、国家重点风景名胜区。

即便如此，刘嘉静还不是很满意。"跟许多地方比，平潭的发展还不够快、不够多、不够好。"他苦苦思索平潭发展的突破口。

1994 年 5 月 25 日，福州市委、市政府在平潭县召开现场办公会。习近平肯定了平潭的发展，他说："要看到跟自己比，发展是快的，同时还要看到平潭发展的潜力还很大，发展的许多机遇依然存在。"

"四面环海的地理位置，决定了你们要与机遇联系在一起。"习近平列举了考察中的发现：南中有进行海上贸易的机会，澳前有发展远洋捕捞、海洋加工的机会，平潭还有丰富的海盐、石英砂资源，有输出海上劳务和发展海岛旅游的机会……

刘嘉静和平潭的干部们仔细琢磨着。

第二天，一场研讨会让他们茅塞顿开。

5 月 26 日，福州市的所有县委书记、县长都集中到了平潭，研讨建设"海上福州"。

书记、县长们清早出发，车船交替，路上时间花了大半天。

为什么选择在平潭召开研讨会？什么是"海上福州"？大家都有一肚子疑问。

在会上，习近平作出回答："海洋开发是当今世界的热门产业之一。市里正在考虑把建设'海上福州'作为实现'3820'工程的一项重大战略措施来抓。"

他说，"海上福州"的总体布局是以海岛建设为依托，以海岸带开发为重点，以海洋的综合利用为突破口，使岛、岸、洋形成有机联系的整体，全面提高综合开发的经济效益和社会效益。

"四面环海的平潭县，这方面的优势比别的地方更明显，应当在建设'海上福州'中出大力、出经验、出成果，作出自己的突出贡献。"

习近平再次强调平潭的地理优势。在大部分人抱怨海岛交通不便时，他看到的却是机遇。

"客观地说，当时发展海洋经济是个新命题，我对于海洋开发的思维尚停留在传统的养殖捕捞上。"刘嘉静说，对海洋进行立体式的、全方位的综合性开发，习近平的这些理念让书记、县长们耳目一新。

三

"既要做海岸的文章，也要做海上的文章，既要做海面的文章，又要做海底的文章，促进海岛建设从基础开发向功能开发方向转变。"

建设"海上福州"研讨会上，习近平这一席话，福州的干部们听明白了，也听进去了。

1994 年 6 月 12 日，福州市委、市政府出台《关于建设"海上福州"的意见》，提出用 6 年时间使福州市的海洋经济开发能力达到国内先进水平，海洋产业总产值闯过百亿元关（按 1990 年不变价计算，下同）；之后再用 10 年时间使福州市海洋产业总产值达 650 亿元，约占当年全市地区生产总值的 1/3，把全市的沿海地带和广阔海域建成海水养殖和海洋工业高度发达，港口经济和运输业实力雄厚，海岸经济、滨海旅游、商业贸易兴旺的黄金海岸。

思路打开后，平潭积极拓展远洋渔业，组织了 16 艘大型远洋渔船，浩浩荡荡出海。后来，县里又收购了一家外资水产公司的渔业基地，将其作为配套，平潭的远洋捕捞业逐步发展了起来。

石头、沙滩、海（湖）水、阳光、林带……这些自然资源叠加组合，成就了平潭优质的旅游资源。

自然资源如何变成财富？平潭人摸索着。

"之前我们走了很多弯路。"时任平潭县旅游局党支部书记兼副局长何文说，平潭旅游到底能不能发展，当时大家心里都没底。由于长期处在海防前沿，岛内基础设施建设严重滞后。搞旅游，很多人嘲笑，也有一些人说肚子都吃不饱，搞农业、工业都来不及，搞什么旅游。

在 1994 年 5 月那场现场会上，习近平对平潭的干部们说："我们首先要提高认识，旅游业是平潭将来搞经济建设的一个特色。要爱惜、保护好旅游资源。"

他同时提出，要快马加鞭地制定旅游建设规划，全方位开放，引进外资、内资、群众集资共同开发，多腿走路，步子迈大些。

这让此前还对平潭是否发展旅游业有顾虑的人吃了"定心

丸"。严打非法挖砂采石行为，修建景点接驳公路，建设景点配套设施……通过发展旅游业，平潭带动了交通、通信、商业服务等第三产业的发展。岛内的小交通日渐完善，筹建平潭大桥也提上了日程。

同样在那场现场会上，习近平明确表态，市委、市政府积极支持平潭建海峡大桥，已经把这个项目列入"先行工程"之中，建议平潭采用向省计委报批的方案。习近平还指出，争取利用外资搞股份合作建桥。"涉及土地部门、规划部门的事情，市里积极创造条件帮助申报解决。"

当年8月，平潭大桥完成省内立项，12月便进行全国性招标。平潭人一桥飞架海峡、天堑变通途的梦想离现实更近了。

1999年2月，平潭收到建设部《关于提交世界遗产预备清单准备材料的函》，成为获得申报资格的28个国家级风景区之一。

何文更加坚信，发展旅游，路走对了！

四

福州的海洋文明积淀深厚。伟大的航海家郑和自明永乐三年（1405年）开始的七下西洋，均驻泊闽江口外"伺风开洋"。同治五年（1866年），清政府在马尾创办船政，马尾成为"近代海军之摇篮"。

福州市海域面积10573平方公里；大陆海岸线长920公里，约占全省的1/4；海岛837个，约占全省的34%。罗源湾、江阴港都是难得的天然深水良港，可建1万至30万吨级不等的深水泊位120多个。

"福州的优势在于江海，福州的出路在于江海，福州的希望在于江海，福州的发展也在于江海。"在 1991 年召开的福州市水产工作会议上，习近平就从战略高度上阐述了江海开发对福州振兴的意义。

然而，20 世纪 90 年代初，随着渔业快速发展和技术进步，福建沿海的渔业资源因为捕捞过度而濒临枯竭。大量渔民处于待业状态，大量船只闲置。

渔业怎么办？未来怎么发展？时任福州市常务副市长翁福琳曾受市委、市政府指派赴海南省以及印度尼西亚考察，发现印度尼西亚岛屿众多，渔业资源非常丰富，但缺乏捕捞技术和船只。

这恰恰与福州形成互补！若能合作则能共赢。

翁福琳马上向市委书记习近平汇报。习近平同意合作，并要求处理好各种关系，使合作能顺利进行。

在与印度尼西亚的捕捞合作项目推进的初始阶段，印度尼西亚合作方提出一个要求，请福州市派政府官员来任职，同时提议让翁福琳来当名誉董事长。

这让翁福琳很为难，因为国家有规定，在职领导干部不能在企业兼职。

对方不乐意了："你不做，我也不做了。"

翁福琳赶紧又向习近平报告。

习近平说："你可以做这个名誉董事长，上市委会议研究确认就行。"不过，他同时也交代翁福琳，不能在合作公司内领工资，也不能参与公司具体事务。

很快，这件事就确定下来了，印度尼西亚合作方的顾虑也打消了。"这件事情说明习书记工作方法灵活，实事求是。"翁福琳说。

不久，连江县的 20 艘渔船出航。福州渔民的远洋捕捞时代就此开启。

发展海洋经济初试牛刀，"向海而生"的基础建设也紧锣密鼓。

20 世纪 90 年代，福州的港口是马尾港，那是一个河口港，可出入排水量 2 万吨以下的船只，在历史上是福州对外交往的重要口岸。但马尾港毕竟太浅了，大船进不来，福州的集装箱要装 2 万吨的船运到美国，只能到香港中转，卸下来再装大船运走。这样，运往香港的费用再加上香港码头的装卸费用，就占了去美国运费的 1/3。

时任福建社科院副院长严正回忆说，当时习近平就主张，福州必须建设深水港。经过长期努力，福州市在福清江阴建成 10 万吨级集装箱深水码头，在罗源湾建成 30 万吨级煤码头和铁矿石码头。

彼时，福州没有民用机场，只有一个军民共用、年吞吐量只有 140 万人次的义序机场，没有国际航班，没有盲降设备，大型飞机无法起降。

人流、物流不畅，空港交通问题对福州对外开放的影响不小。1991 年初，福建向中央有关部门提出建国际机场的请求，但被告知，目前国家没有在福州投资机场建设的项目安排。

1991 年 11 月 2 日，习近平主持召开福州市委常委会第 30 次会议，会议决定采用地方投资的办法，按大型现代化国际机场规模规划设计、分期分批建设一个新机场。次年 6 月 3 日，项目获得批准后，当即开展筹备工作。

习近平带领有关人员，考察福清、闽侯、长乐等地，最终将新机场地址定在有发展空间、可延续建设的长乐漳港镇。

选址问题解决，随之而来的困难是：建机场需要大量资金，如何筹集？

1992年10月12日，福州市五套班子领导率先解囊，为新机场带头捐款1.35万元。一时间，"有钱出钱、有力出力""人人为机场建设作奉献"的号召传遍福州大地。社会各界人士、各行各业以及海外乡亲纷纷响应，踊跃捐资，短短五个半月，捐款总额达7200多万元。

就这样，民航总局补助一点、开发银行和国际银行贷一点、财政拨一点、地方自筹一点、社会捐献一点，福州市多渠道为新机场建设筹资金。

1993年元旦，项目开工。福州市成立福州长乐国际机场建设领导小组，习近平担任组长。

3月26日，在加速福州长乐国际机场建设动员大会上，习近平这样阐述建设长乐国际机场的重大意义和深远影响："福州长乐国际机场是一项着眼于21世纪的大型重点建设工程，它不仅对改善福州的投资环境、促进现代化大都市的形成，而且对全省的改革开放和经济建设、加速海峡两岸'三通'、促进祖国和平统一，都具有重要和深远的意义。"

他鼓励大家既向上向内、又大胆向外搞好筹资工作，扩大融资的新渠道，依靠深化改革、扩大开放，加快机场建设。

他在新机场建设过程中，多次深入工地实地考察，帮助解决难题，要求通过市内选调和国内外招聘等办法，引进工程建设、机场管理、财务管理等方面专家，力争高质量、高速度、高效益地建好新机场。

在他的带动下，福州市民自觉地以机场建设的需要为己任。仅1993年3月25日，就有3500多人到长乐机场周边植下2万多株木麻黄和1万多平方米草坪。随后几年，长乐干部群众积极参与开石填土、疏通道路、植树造林等工作，出义务工5万个工日。

经过四年多努力，1997年6月23日10时，厦航一架波音757客机昂首直向苍穹，福州长乐国际机场正式通航。

2020年9月10日，福州长乐国际机场二期扩建工程开工，将迈入"双跑道"时代。

五

"站在新世纪的入口，谁拥有海洋优势，谁就拥有对外开放、参与国际经济分工合作的有利条件。"1994年6月16日，香港《大公报》原副社长兼总编辑曾德成（后任香港特别行政区民政事务局局长）来到福州采访习近平。谈及新出台的《关于建设"海上福州"的意见》，习近平说，这是要大家形成"振兴经济在于振兴海洋经济"的强烈共识。通过实施"海上福州"战略，将海洋看成一个尚未开发、开垦的处女地，看到海洋内涵丰富、地域广阔、潜力巨大，甚至是无限的特点，福州将完全可以在向海洋进军中，获取相当于甚至超过陆上的综合实力和新的经济总量。

正是在他的主导推动下，"海上福州"成为福州发展的新引擎。

海兴则国强民富，海衰则国弱民穷。

在任省委副书记、省长期间，习近平进一步关心海洋、认识海洋、经略海洋。"九五"期间，福建海洋经济产值年均增长 18%，比地区生产总值增幅多 5 个百分点。

1998 年 10 月 31 日，福建省出台《中共福建省委关于进一步加快发展海洋经济的决定》，明确提出建立以海洋渔业、港口海运、滨海旅游、临海工业和海洋工业为重点的具有福建特色的海洋产业体系。同时，提出要从制定发展规划、加大投入力度、扩大开放开发、大力提高科技水平、加强海洋资源与环境保护等五个方面采取措施，加快海洋产业体系的培育和形成。

2000 年 6 月 22 日，习近平到省海洋与渔业局调研。他说，发展蓝色产业，建设海洋经济是一个长期的战略任务，加大开发利用海洋、发展海洋经济的力度，要同时坚持可持续发展战略，保护海洋生态环境。

当年，全省海洋经济总产值达 1038 亿元，居全国第三位。海洋经济增加值达 461 亿元，占全省地区生产总值增加值的 11.7%。

2001 年 5 月，福建出台第一部海洋管理法规——《福建省海域使用管理办法》，加大建设海洋强省步伐。

十年耕海牧洋，"海上福建"风起帆张。

2012 年 10 月，《福建海峡蓝色经济试验区发展规划》获国务院批准，福建海洋经济发展上升为国家战略。

习近平到中央工作以后，福建省委原书记陈明义曾多次把自己关于海洋战略的文章寄给他。2014 年 10 月底，习近平在福州看望曾经一起工作过的老同志时，听闻陈明义仍在进行海洋战略的研究工作，鼓励他继续坚持下去。

2014 年 11 月 1 日，习近平又一次踏上平潭岛。这一次，不需再靠轮渡过海，车辆以 60 公里时速，仅用 4 分钟就驶过横跨海坛海峡的平潭大桥。此时的平潭，已是综合实验区，成为闽台合作和对外开放的窗口，朝着习近平当年定下的目标稳步推进。

寻找"金钥匙"①

一

1991 年 8 月，时任福州市委书记习近平带领考察组访问印度尼西亚。

习近平到任福州后，主张进一步提高经济外向度。彼时，作为沿海开放城市的福州，有不少台、侨资源，得益于沿海地理优势和国家改革开放政策，已形成国办、侨办、民办三种类型的开发区模式，并以此为平台，大力发展外向型经济。习近平多次率代表团前往香港、澳门和东南亚招商引资。

开放开发也是一条摸索之路。练知轩回忆说："习近平同志曾说过，谁得到了'金钥匙'，谁就能打开封闭的大门，获得所需要的财富，我们也在寻找打开开放大门的'金钥匙'，那就是在招商

---

① 《金钥匙》是苏联著名小说家阿列克赛·尼古拉耶维奇·托尔斯泰写的一则童话，故事讲述一个勇敢的小男孩战胜敌人，找到了金钥匙，打开了通往神奇木偶世界之门。

今日平潭

引资上引大促小，通过海外知名人士、著名企业家和大客商的带头牵引，影响带动一批中小客商来福州投资兴业。"

"以开发区为龙头的闽江口投资区和台商投资区，以侨台外并举、项目带开发的融侨工业区，以乡镇集资为主、土地促开发的福兴投资区，以及开发区由东西两侧延伸的快安、长安工业区、科技园区等相继兴起，位于闽江口的琅岐岛也已对外招商。"抵达印度尼西亚的前一站，1991 年 8 月 8 日，在香港举行的福州市外商投资座谈会上，习近平向外商朋友介绍，福州多层次、全方位的开放格局初步形成。

他随后赴印度尼西亚考察的最主要目的，正是动员侨领林绍良回乡投资。

出生于 1916 年的林绍良，21 岁就离开福清去东南亚了，已在印度尼西亚构建起自己的"林氏王国"，其控制的旗舰企业在东南亚经济发展中起着至关重要的作用。"林氏王国"是一个多元化的集团，经营范围相当广泛，主要涉及纺织、水泥、化工、电子、林业、渔业、航运、保险、金融、房地产、黄金宝石、酒楼饭店、医疗器材、电信设备、钢铁等行业。它下属的公司企业分布在印度尼西亚、新加坡、利比里亚、荷兰、美国等国家和地区，是一个跨亚、非、欧、美四大洲的国际财团。

习近平与林绍良有过交往。1990 年 10 月底，林绍良曾率队来闽进行过经济考察，在福州受到习近平的热情接待。那次见面，林绍良表达了自己的期待，希望福建改革开放方面的政策更加健全些。这让习近平印象深刻。

然而，怎么才能说动林绍良回乡投资呢？

习近平决定直奔主题。与林绍良见面时，他打了这么一个比方："过去的几十年，以您为代表的华侨，对家乡的贡献非常大。在国内暂时困难时期，为了救济乡亲不挨饿，你们给乡亲们寄回来米、面、油，帮助大家渡过难关。这些东西相当于是给他们送了'鸡蛋'。我这次过来，是希望您能和我们政府合作，一起给乡亲们送只'鸡'，教他们懂得养母鸡生蛋，不能光是直接送'蛋'给他们吃，吃完了仍然是'穷光蛋'，要教会他们养母鸡，这样就不断有'蛋'吃了。"

林绍良听明白了，轻轻点头。习近平继续说："您可以和我们政府一起，帮助家乡搞工业园区，引进工业项目，让他们通过自己的勤奋劳动来致富。"

经过磋商，林氏集团与福清市政府签订了开发50平方公里元洪投资区的协议，商定按照"一次规划、分步实施、开发一片、建成一片"的原则，用12年时间，把它建成一座以外向型工业为主、功能齐全的现代化中型港口工业城市。其中首期开发的10平方公里，将用5年时间完成。

1992年5月，元洪投资区获批。又经过一年多努力，1993年9月29日，投资区内的工业园区首期工程动工了。当日，习近平出席奠基典礼，他说："首期工程的奠基，标志着元洪工业园已进入大有可为的快速发展阶段。"

如今，福清湾畔的元洪投资区，经历了从"一片滩涂地"到"国际化产业园区"的蜕变，不仅形成了以粮油食品、纺织化纤、轻工机械、能源精化四大优势产业为主体的产业集群，更在实体经济和数字经济的融合发展上发力，打造全球食品展示交易集散中心。目前，园区国家级进口肉类监管场所及冰鲜水产品、粮食等指定口岸正在积极申报，相关工作正在有序有效开展。

二

对外开放是福建经济发展的强大动力和生命线。作为改革开放的窗口，开发区成为招商引资的重要载体。

福建省的开发区起步早、发展快，20世纪末，已拥有各类开发区78个，是全国开发区类型最多、层次最丰富的省份之一。

1999年8月13日午后，习近平率调研组抵达招商局中银漳州经济开发区（以下简称"招商局漳州开发区"）。

那一年，亚洲金融危机余波犹在。福建出台系列政策措施鼓励扩大出口和利用外资，但由于国内外各种因素的综合影响，整个外贸形势仍不乐观。

如何确保全年的目标任务完成？8月10日，习近平任代省长的第二天，就带队从福州一路南下至漳州，走访重点外资企业。而招商局漳州开发区，正是这次调研的重要一站。

不同于众多以政府为主导建设的开发区，它由总部设在香港的招商局集团直接投资，以深圳蛇口工业区模式建设，被称为"第二蛇口"，自1992年启动建设以来，就备受国家有关部委和福建省委、省政府的关注和支持。

招商局漳州开发区开发初期底子薄、基础差，原为几个偏僻的小渔村，处处是荒山野岭、乱石浅滩，区域地貌山、海各占45%，条件甚为恶劣。彼时，经过6年多开发建设，招商局漳州开发区首期启动区域已经粗具规模：4.17 平方公里实现"五通一平"，港区内已有两个万吨级以上的码头，另有两个 5 万吨通用码头正加紧建设，漳—厦海上车客渡运输线也已开通。

在招商局漳州开发区调研的当天下午，习近平参观外资企业、听取招商局漳州开发区工作汇报后说，随着厦门、海沧、漳州的发展，开发区的战略位置更显得重要。开发区以港口带动发展，搞好了，对解决跨世纪发展问题是很有影响力的一件事。

"省政府一向高度重视开发区的建设和发展，我会像庆林、明义同志一样一如既往地重视、支持开发区的建设。"习近平一席挚诚之言，令时任招商局漳州开发区党委书记吴斌非常激动：这份肯定和支持太及时了！

吴斌，开发区"拓荒者"之一。他回忆道，随着建设推进，开发区正被资金短缺、招商缓慢、征地困难三大问题所困："配套条件尚未成熟、优惠政策即将到期、管理体制不够顺畅，连续多年的'只投不收'，让部分股东信心出现动摇。"

这些困难，吴斌当时一一汇报。习近平的态度很明确：

"招商局与漳州、龙海在招商引资上要形成合力，捆在一起招商，共同努力，把项目引进来，再因地制宜进行安排，哪里合适就放在哪里。"

"漳州开发区的功能分布要与漳州市乃至福建省的总体布局结合起来，考虑大的布局。"

"福建省、漳州市、龙海市要有大局观念，从长远着想，要有开明的观念，把服务搞好。"

"要理顺管理体制，一切为了招商、发展，在行政上、隶属上理顺，怎么有利怎么搞，减少摩擦系数，增强统筹协调能力。"对习近平这一番话，随行的时任副省长曹德淦至今记忆犹新。

1999年12月8日，招商局漳州开发区向省政府申请将1999年到期的税收优惠政策顺延。

曹德淦组织省政府开放办工作组赴漳州调研。

"调研组的同志行前还有一些不同看法，考察回来后，一致认为，应该给予支持。"曹德淦回忆说，他会同有关人员形成文字报告，向习近平做了详细汇报。

习近平很认真听取了这份报告——从创建以来，招商局漳州开发区一直靠投入维持运转，为两岸"三通"默默而又艰辛地准备。特殊的背景、特殊的情况、特殊的时段，省里应全力支持它的发展。

2000年1月28日，习近平签发批文，同意将招商局漳州开发区的税收优惠政策延长。这份文件，给招商局和各方股东极大的鼓舞——从当年开始，招商局和各方股东连续三年增资累计3.8亿元；招商局还收购了另外两家股东合计28%的股份，以实际行动表明继续投资发展招商局漳州开发区的决心。

得到政策助力的招商局漳州开发区，建设加快。

2000年11月10日，习近平再次来到招商局漳州开发区调研。他对随行同志说道："这次来开发区，相较去年来时，变化非常大。"

这一次调研，习近平评价招商局漳州开发区很有潜力、大有希望。他鼓励漳州要以招商局漳州开发区、角美开发区作为台资主要承接点，建成与厦门海沧、杏林相协调并各具特色的台商投资区，承接台资大项目，在实现两岸直接"三通"中发挥前沿阵地作用。

那两年，招商局漳州开发区内多项建设取得显著进展：

2001 年 2 月 27 日，漳州港招银港区矿建码头等一批项目奠基开工；

4 月 6 日，厦门大学漳州校区奠基；

5 月 22 日，厦漳跨海大桥专家组通过大桥建设预可论证；

12 月 13 日，漳州港扩大开放国家验收组通过招银、后石两港区正式对外开放的国家级验收，招银港区正式成为国家一类口岸；

2002 年 1 月 1 日，招银港区口岸获批对外国籍船舶开放；

11 月 23 日，漳州港—金门货运首航启程；

……

数据显示，2001 年，招商局漳州开发区工业总产值 4.1 亿元，社会固定资产投资额 3.1 亿元，全港货物吞吐量 169 万吨，集装箱吞吐量 1.17 万标箱；2002 年，开发区工业总产值增长了 2.2 倍，达到 13.13 亿元，社会固定资产投资额为 4.43 亿元（同比增长41.9%），全港货物吞吐量 218 万吨（同比增长 29.0%），集装箱吞吐量 2.1 万标箱（同比增长 79.5%）。

到中央工作后，习近平仍然牵挂着招商局漳州开发区的发展。

2014 年 9 月 17 日，在访问斯里兰卡期间，习近平在斯里兰卡总统拉贾帕克萨陪同下，考察了两国重要合作项目——科伦坡港南集装箱码头，并出席港口城开工仪式。

这个集装箱码头由招商局集团主导投资、建设和运营，是南亚地区第一深水码头。港口城项目则是斯里兰卡第一个大型填海造地开发项目。

在现场，海面上喷沙船拉响汽笛，喷起金沙，挖土机将砂石推入海中，人们以海港独特的庆祝方式，期盼古老的"东方十字路口"科伦坡港在21世纪海上丝绸之路建设中再放异彩。

习近平向拉贾帕克萨总统介绍说，在中国东南沿海，有一个招商局投资兴建的漳州经济开发区，20多年来从无到有、由小变强，见证了福建改革开放。他还表示，有招商局的经验，斯里兰卡做综合开发区一定能成。

承载着殷切寄望，招商局漳州开发区致力于培育壮大港口经济，累计投入28亿元，建成17个码头泊位，开通至美国、日本等国和我国台湾等地的货运航线近20条，年吞吐量4600万吨以上；先后引入豪氏威马、路易达孚、嘉吉集团、中信重工等产业巨头入驻，如今形成交通机械制造、金属制品加工、粮油食品加工三大临港产业集群，并加快发展高新技术产业；一批高质量项目正相继落户建设运营。

三

习近平在不同场合强调福建经济发展要跟国际接轨，通过引进外资把很多资金强、技术强、管理强、影响力强的国外优秀企业引进来，还强调要利用好"国际国内两个市场、两种资源"。

2002年9月18日，福建炼油化工一体化项目可行性研究报告获得国务院批准。这个炼化一体化项目，是福建炼油厂与埃克森美孚公司、沙特阿美石油公司在谈合作项目，时称"福建一号工程"。它也被喻为"世界级石化航母"——建成后至少可产生1∶5的强大"动力"，带动新型材料、轻工、纺织、电子、汽车、食品、配套产业、第三产业等关联产业 1700 亿元以上产值。

1999 年，福建仅有一个与中石化合资的福建炼油厂，一次原油加工能力每年 250 万吨，完全不能满足全省每年 1000 多万吨的油耗。而炼化一体化项目"三国四方"的谈判已持续 3 年多，尚未谈出结果。

福建炼油厂的产能瓶颈、技术瓶颈到底在哪里？炼化一体化项目谈判推进的难点又在哪里？带着问题，1999 年 8 月 25 日，习近平到炼油厂实地考察。

那一天，他进入中央控制室、深入生产装置区、走到 10 万吨级专用油码头，一边看，一边听，一边问。烈日炎炎，他就站在码头上，和福建炼油化工有限公司董事长、总经理马金魁，公司党委书记张碧聪，一起讨论炼化一体化项目规划中的航道设计等细节。

当时的福建炼油厂，在企业改革、内部管理、开拓市场上做了大量努力，在 1998 年实现扭亏为盈，特别希望能乘势谈下炼化一体化项目。但这个项目究竟规模要做多大、各方的合资比例多少、合作关键条款怎么设计，这些关键性问题都还没细谈。

马金魁说："当天座谈会上，我把这些情况做了汇报。习近平同志听后鼓励道，省里把石化工业作为支柱产业，省委、省政府高度重视炼化一体化项目，如果这个重大的合资项目真正建成，福建炼油化工有限公司将在国内同行业中处于举足轻重的地位，福建的石化产业在全省产业结构中也会处于举足轻重的地位。"

"习近平同志还说，目前，对福建炼油厂、福建省来说，就是要把审批前、审批后的各项前期工作、准备工作抓紧、抓好，争取使这个重大项目早一点谈成、早一点准备就绪、早一点启动。"

其实，炼化一体化项目的谈判，当时正处在"临门一脚"的关键节点。

一方面，是时间紧迫。1998年下半年，国家实施宏观经济调整，中央提出三年内不批大型加工型项目。"三国四方"合作者非常焦急，包括习近平在内的省领导多次进京汇报项目进展，反复强调现在是既有市场需要，又具备条件，希望得到国务院支持。

另一方面，是项目规模设定。这一点，时任福建省副省长贾锡太记忆犹新。贾锡太说，习近平派他到美国考察埃克森美孚公司。美国的炼油厂非常先进，全部自动化，厂区之内几乎看不到工人，这和福建的小炼油厂形成了鲜明对比。

考察当时，贾锡太更加理解他到任首日习近平对他说的"一定要努力引进世界500强，这些公司有先进的技术、有先进的管理经验，能带动福建的整体水平"的内涵，也更加明白为什么炼化一体化项目的规模要做大。

马金魁回忆当时设计项目规模时说："石化产业发展速度很快，这样一个与世界石油巨头联手的合作项目，规模必须够大，装备必须要够先进，否则装备能力很快就跟不上产业发展速度，到时候再来改造不仅花费成本、时间，甚至会一步慢、步步慢，错失产业跃升良机。"

在这样的思考下，"三国四方"最后商定，福建炼油化工有限公司、埃克森美孚（中国）石油化工公司和沙特阿美（中国）有限公司以50%：25%：25%的股比合资建设，总投资49.36亿美元，年炼油规模扩至1200万吨，并新建80万吨/年乙烯裂解、70万吨/年芳烃、80 万吨 / 年聚乙烯、40 万吨 / 年聚丙烯等化工生产装置，以及相应配套公用工程。

终于，2002 年 10 月 21 日，中石化公司与埃克森美孚公司在美国签订框架协议，推进包括福建炼化一体化项目在内的合资项目。

"世界级石化航母"开进湄洲湾。项目顺利推进，2009 年 5 月正式投产。

2009 年 10 月 30 日，习近平向福建省委、省政府、中国石化集团公司发来一封贺信，信中写道："欣悉福建炼油乙烯一体化合作项目建成投产，谨向你们表示热烈祝贺！希望你们抓住国家支持福建省加快建设海峡西岸经济区和实施石化产业振兴规划的重大机遇，努力把福建联合石油化工有限公司培育为世界级石化产业基地，为福建省的经济社会发展做出新贡献。"

这艘"世界级石化航母"，如今以石化上中游产业为主，除了满足省内外油品、石化产品市场需求，促进沿海地区经济发展外，还拉动石油化工、合成材料、有机化工、精细化工等中下游配套工业的发展，为国家和地方经济社会发展做出了积极贡献。

四

习近平不仅重视招商引资，他还强调"办好现有的企业就是最好的招商"。他经常跟相关部门的同志说，引进的企业如果办倒闭了，我们首先要检讨的是自己。只有政府的工作做到位，企业才会安心留在这里，助力地区经济发展。

2000 年，福建省进出口贸易总量首次突破 200 亿美元，跻身全国外贸大省行列。

加入世界贸易组织在即，中国市场上，跨国资本不断渗透，国有资本强势重组。在汽车工业领域，全球第二大汽车巨头戴姆勒－克莱斯勒集团①进入中国市场，在 2000 年 12 月与快速崛起的东南汽车相遇。

彼时的戴姆勒－克莱斯勒集团，商用车市场占有率居全球之冠，为了拓展中国大陆市场，集团高层走遍大陆所有直接、间接合资企业考察商机。

而彼时的东南汽车，凭借得利卡、富利卡两款车型，跻身全国轻客行业第二位，其周边完善的配件生产体系，激发了戴姆勒－克莱斯勒集团落户福建的浓厚兴趣。

2001 年 2 月，双方在第二次高层接触中达成初步合作意向。3 月底，戴姆勒－克莱斯勒商用车部副总裁斯加诺特来闽洽谈，5 月底，又派出该合作案最高负责人、商用车部总裁卢贝克博士来到福建。

习近平会见了卢贝克一行，表达了希望戴姆勒－克莱斯勒集团到福建投资合作的诚意。

那时候，这个项目的合作已经进入预可行性研究阶段，但当时的情况比较复杂，谈成合作并不容易——戴姆勒－克莱斯勒集团想控股至少 50%，而中国汽车产业政策规定整车企业的中方股比必

---

① 戴姆勒－克莱斯勒集团成立于 1998 年，是由原德国戴姆勒－奔驰汽车公司与美国克莱斯勒汽车公司合并而成。2007 年戴姆勒－克莱斯勒集团完成分拆，戴姆勒－奔驰与克莱斯勒各奔东西。

须不低于50%，台湾中华汽车又不想缺席。卢贝克的到来，就是要对未来各方合作股比、派驻合资公司职位两大关键问题进行最后商谈。

合作方案最终商定：戴姆勒－克莱斯勒集团与台湾中华汽车在香港合资成立一家名为"戴姆勒轻型汽车香港有限公司"的企业，而后以此为主体，与福汽集团合资成立新的中外合资整车企业。

由此，福建汽车工业成功地从闽台合作走向了国际合作。

习近平把这项工作置于案头。2002年6月中旬，他主持召开省政府专题会议，重点研究与戴姆勒－克莱斯勒合作生产商用车等福建汽车"十五"期间重点发展项目，要求福汽集团抓紧编制与戴姆勒－克莱斯勒合作的商用车项目建议书，做好项目前期准备和论证工作，条件成熟时上报国家计委审批。

在他的有力推动下，合作项目顺利推进。2003年11月，福汽集团与戴姆勒－克莱斯勒集团合作项目立项获国家批准，项目总投资4.346亿欧元。2007年10月，项目落地福州闽侯青口，进入实质性施工阶段。

2010年4月，福建奔驰汽车有限公司顺利竣工投产。9月4日，习近平回福建考察时特地考察了福建奔驰。

他饶有兴致地参观了福建奔驰展示厅、总装车间，详细了解了企业股东方构成、年产销量、产品研发等情况，深情回忆道，当年选择在青口建设汽车城，他参与了，很高兴看到青口汽车城发展起来了，他还向在场的同志介绍福建奔驰这个项目就是他任省长时确定下来的。

2017年，福建奔驰成为福州市首家纳税超10亿元的工业企业；

2018 年，公司营业收入首次突破 100 亿元大关；2019 年，公司实现产值 104.4 亿元，缴纳税收 15.23 亿元，成为福州市工业纳税排名第一的企业，为福建经济发展作出突出贡献。

当集美大学校董会主席

一

2000 年 6 月的一天下午，福建省政府办公厅大楼，一支 4 人拍摄小组扛着摄像机走进时任省长、集美大学校董会主席习近平的办公室。他们为拍摄《民族之光——陈嘉庚先生归来的岁月》而来。

那一年，中国侨联、福建省委宣传部、福建电视台联合摄制这部文献纪录片，纪念爱国华侨领袖陈嘉庚先生归国定居 50 周年。摄制组辗转中国厦门、北京以及新加坡等多地拍摄，并邀请集美大学校董会主席习近平接受访谈。

6 月的福州，暑意已浓。在办公桌前，摄制组架机位、调角度、对镜头，一阵忙活。

准备就绪时，大家的额头已微微出汗。

一抬头，习近平来了，穿着西装、打着领带，面带微笑注视着大家。

"习近平同志想得真周到！"摄制组成员、集美大学校董会常务校董兼副秘书长任镜波暗暗吃惊——几天前，他在申请访谈时，曾提及纪录片计划在国内外放送，以便更多海外华侨观看，没想到习近平记在心里，为显庄重，连穿着都考虑得很到位。

对着镜头，习近平围绕对陈嘉庚的认识和弘扬"嘉庚精神"侃侃而谈。"陈嘉庚先生是倾其所有来办学，不仅培养了一批又一批的人才，而且影响了所有的海外赤子。我们福建省改革开放二十多年来，华侨、华人、海外乡亲捐资助学蔚成风气，都是受'嘉庚精神'的影响。"

不仅如此，习近平对陈嘉庚在新中国成立前夕参加政协筹备会、与中国共产党共商国是并回国定居的历史，也十分熟悉。对集美大学的发展，他还从办学特色、教学规模等方面提出了希望。

"这位校董会新主席不简单！"任镜波暗自佩服。

二

对陈嘉庚的生平和壮举，习近平是熟悉的。

陈嘉庚 1874 年出生于厦门集美，少年出洋从商，兢兢业业，筚路蓝缕，凭着诚信经营和过人的眼光，创造了商业奇迹，成为东南亚的"菠萝苏丹""橡胶大王"。

他虽身居异邦，却心怀家国。在抗战期间，他四处奔走，号召东南亚华侨支持祖国，誓死抵抗日本侵略。组织成立南洋华侨筹赈祖国难民总会，带头捐款，仅 1939 年一年，东南亚华侨就向祖国汇款 3.6 亿多元，极大地支援了中国国内的抗日力量。1940年，他组织南洋华侨回国慰劳视察团历访重庆、延安等地，并发表演讲，盛赞中共领导的陕甘宁边区的新气象，认为"中国的希望在延安"。

他反对和谈主张抗战，挺身而出声讨汉奸国贼、妥协分子投降卖国，震动海内外。

他倾资兴学，散尽家财，培育英才，被其创办的集美学村和厦门大学尊称为"校主"。在他的倡导下，许多华侨纷纷捐资兴学，蔚然成风。

他心系华侨，回国后组织成立中华全国归国华侨联合会，并担任首任主席；他提议成立中国华侨历史博物馆，并在厦门创办了华侨博物院。

毛泽东和陈嘉庚在抗日战争中相识相交，称赞其为"华侨旗帜、民族光辉"。

集美，是陈嘉庚的桑梓之地，也是他办教育倾注心力最多的地方。

1913 年始，陈嘉庚在此创办集美学村。

1994 年，国家正式批准集美航海学院（隶属原交通部）、厦门水产学院（隶属原农业部）、福建体育学院（福建省属）、集美财经高等专科学校（福建省属）、集美师范高等专科学校（厦门市属）等 5 所高校合并组建集美大学。

1996 年 9 月，集美大学校董会成立，并按时任国务院副总理李岚清建议，由在任福建省省长任校董会主席。

习近平是校董会第二任主席。1999 年 10 月 17 日，他上任时说："加快集美大学的改革和发展，是本届董事会负有的义不容辞的责任，承蒙各位董事的信任和工作的需要，让我接任董事会主席。我一定尽职尽责，把工作做好。"

他还承诺："我现在挂一个校董会主席，这是因袭下来的，当省长都挂这个衔。但我这个人不愿意挂空头衔，在其位谋其政，挂了就要关心、就要过问，所以会经常来看看，最起码一年来一次。否则就不挂。"

1999 年至 2001 年，习近平连续 3 年担任集美大学校董会主席。其间先后到集美大学 7 次，其中 3 次参加校董会会议，4 次调研。

2000 年 8 月 14 日，习近平率队到厦门进行第四届中国投资贸易洽谈会开幕前工作检查，百忙中挤出时间来到集美大学。

任镜波回忆，当时，五校合并后的集美大学人员众多，学校面临体制改革的严峻问题。

习近平带着分管副省长、厦门市市长等领导一同前来，就学校如何完善新体制、如何进行配套改革做了调研，他说："今天我们挤时间来看一看集美大学，不仅因为我兼任集美大学校董会主席，而且这个学校也倾注着省委、省政府的心血和汗水。"

2001 年 12 月，习近平又一次来集美大学调研。

他来到学校新建的工科实验室和航海模拟实验室，看到计算机可以模拟驾船在海上乘风破浪，便上前动手掌舵，"身临其境"地体验了一把。

体验完毕，他环视四周，发现实验室里虽然进了一些设备，但尚有挺大位置空空荡荡。

"建设这些实验室，是还有什么困难吗？"他问道。

一旁的校方工作人员回答："学校新建实验室和图书馆的经费

比较短缺，所以目前设备只进了这么一些。"

"那把省长基金拿出一部分补贴给学校。"习近平马上说。

一个多星期后，这笔补贴就到账了。

2000年11月举行的校董会上，集美大学颁发"王瑞庭海上专业助学金"，但捐助者印度尼西亚"船王"王景祺（王瑞庭是王景祺的祖父）因故未能到场。

这项助学金的引进者和信托人是任镜波，当时他以工作人员身份坐在台下，没想到被习近平招呼上台一起颁奖。

"我上去后先站在主席台最旁边的位置，他招呼我过去站在他身边。当时我非常激动，在场的校董们也感同身受。他是大领导，如此尊重搞具体工作的人员，完全是他的品格使然。"任镜波说。

他还回忆道，开校董会期间，习近平提倡节俭，提出不要摆酒席，要跟工作人员一起吃自助餐，利用取餐、吃饭的机会跟大家聊天交流，自然而融洽。

2002年9月9日，教师节前夕，习近平专程到集美大学慰问，并与教师代表座谈。座谈会结束，他特意去看望他在清华大学时的老师刘翠琴。

习近平给刘老师送上鲜花，真诚地说："谢谢您当年的教育和培养。"刘老师顿时眼眶湿润。

习近平很看重集美大学校董会主席这个身份。

在2002年第六届中国投资贸易洽谈会开幕现场，他见到几位来自集美大学的大学生志愿者，就问道："你们认识我吗?"学生们回答："您是习近平省长。"他笑着说："我还是你们校董会主席呢!"

2001 年 12 月 19 日，习近平出席集美大学第二届校董会第一次常务校董会议

2014 年 11 月 18 日，习近平在澳大利亚访问期间，到停泊在霍巴特港区的中国"雪龙"号科考船慰问科考人员。听说船长赵炎平、领队袁绍宏、长城站站长徐宁都是集美大学航海学院毕业的，他非常高兴地说自己当过集美大学校董会主席。

三

在陈嘉庚的出生地任职，习近平近距离感受侨文化，感悟陈嘉庚"艰苦创业、自强不息的精神，以国家为重、以民族为重的品格，关心祖国建设、倾心教育事业的诚心"的精神内涵，对汇集侨智侨力、扩大开放作了更深的思考和实践。

"以侨引侨""以侨引外"的工作思路贯穿于习近平在福建整个任职期间。他在多个场合要求大家增强侨务意识和机遇意识，立足于福建省作为侨务大省特有的省情、侨情，"抓住独特机遇"，做好"侨"的文章，充分调动海内外所有爱国侨胞的积极性，共创福建美好未来。

任省长期间，他以"嘉庚精神"说服了泉州仰恩大学创建者、缅甸爱国华侨吴庆星，促成其继续在闽办学。

彼时，吴庆星因不接受停招预科生政策，赌气说要停止招生。"省教育厅厅长和吴老先生都是讲闽南话的乡亲，他去做工作，却吃了闭门羹。后来，分管文教的副省长去了，也不行。再后来，分管宣教口的一位省委副书记和吴老先生既是熟人又是同乡，去做工作，也是无功而返。"时任省政府秘书长陈芸回忆说。

习近平得知后，专程去拜访吴庆星。一顿饭的工夫，吴老先生竟回心转意了。

那一天，吴庆星和习近平一见面谈话就很投机，吴庆星还留客吃了便饭。饭后，大家坐下来时，习近平忽然转头说："请给我一个便签和一支笔。"旁边工作人员忙递去一张仰恩大学的便签和一支铅笔。

拿着便签和笔，习近平笑吟吟地看着吴庆星："吴先生，您还有什么问题，还有什么意见，您跟我说。"

吴庆星也不搪塞，把自己的意见一五一十说了出来。习近平边听边写，一一记在便签上，末了又问："还有吗？"吴庆星笑笑说："没有了。"

习近平一一解答，把吴庆星所提问题捋得清清楚楚。吴庆星再也没有异议，双方都很高兴。

四

从新任校董会主席时的讲话，到 2000 年接受《民族之光——陈嘉庚先生归来的岁月》摄制组访谈，再到 3 年 7 次来校调研指导，习近平给任镜波留下了深刻而美好的印象。

这位集美大学校董会原筹备办主任、当了 16 年常务校董兼副秘书长的老人，在 2014 年自己 80 岁的时候，给习近平写了一封信。

那一年是陈嘉庚诞辰 140 周年，厦门市拟举行纪念活动。任镜波想把这个消息告诉习近平。

"习总书记对嘉庚先生和'嘉庚精神'都非常了解，如果总书记能够对弘扬'嘉庚精神'作出一个新的指示，无疑是对嘉庚先生最好的告慰，对于凝聚侨心侨力、共同构筑中国梦也会有极大的推动。"任镜波说。

他先以集美校友总会和《集美校友》杂志社的名义写了一封约300字的信，开门见山，明确提出请求。又以个人的名义写了一封近千字的信，表达了自己的心情和想法，同时结合说明集美校友总会是陈嘉庚于1920年创办的，《集美校友》是具有刊号的侨刊乡讯。然后，在9月5日将信寄出。10月21日上午，福建省政协和厦门市政协在厦门联合举办纪念陈嘉庚诞辰140周年座谈会。省领导在座谈会上宣读习近平给厦门市集美校友总会回信。

习近平在信中写道：

> 值此陈嘉庚先生诞辰140周年之际，我谨对陈嘉庚先生表示深切的怀念，向陈嘉庚先生的亲属致以诚挚的问候。
>
> 陈嘉庚先生是"华侨旗帜、民族光辉"。我曾长期在福建工作，对陈嘉庚先生为祖国特别是为家乡福建作出的贡献有切身感受。他爱国兴学，投身救亡斗争，推动华侨团结，争取民族解放，是侨界的一代领袖和楷模。他艰苦创业、自强不息的精神，以国家为重、以民族为重的品格，关心祖国建设、倾心教育事业的诚心，永远值得学习。
>
> 实现中华民族伟大复兴，是海内外中华儿女的共同心愿，也是陈嘉庚先生等前辈先人的毕生追求。希望广大华侨华人弘扬"嘉庚精神"，深怀爱国之情，坚守报国之志，同祖国人民一道不懈奋斗，共圆民族复兴之梦。

读罢回信，雷鸣般的掌声在现场经久不息。受邀出席的陈嘉庚的后人更是感动得热泪盈眶。任镜波说："以前我们讲弘扬'嘉庚精神'，有的人就觉得，自己没有那么多钱，很难做得到。习近平同志的回信非常接地气，他讲'嘉庚精神'不仅体现在用大量的财富回报祖国、回报社会，同时也强调了嘉庚先生艰苦创业、自强不息的精神，以国家为重、以民族为重的品格，还有关心国家大事、倾心教育事业的诚心。他这么一说，很多华侨华人都觉得'嘉庚精神'和嘉庚先生的善行嘉德不仅是可以学习的，更是应当弘扬的。"

1921 年，陈嘉庚怀抱"教育为立国之本，兴学乃国民天职"的信念，创办厦门大学。2021 年 4 月 6 日，厦门大学百年校庆。习近平发来贺信，他写道：100 年来，学校秉持爱国华侨领袖陈嘉庚先生的立校志向，形成了"爱国、革命、自强、科学"的优良校风，打造了鲜明的办学特色，培养了大批优秀人才，为国家富强、人民幸福和中华文化海外传播作出了积极贡献。他还鼓励厦门大学与时俱进建设世界一流大学，全面提升服务区域发展和国家战略能力，为增强中华民族凝聚力和向心力，为全面建设社会主义现代化国家、实现中华民族伟大复兴的中国梦作出新的更大贡献。

陈嘉庚长孙陈立人受邀出席庆祝大会，听到贺信内容激动不已："建设厦大是我的祖父毕生的事业。"他说，在习近平总书记的贺信精神指引下，希望迈入新百年的厦门大学各项事业能更上一层楼，在不久的将来成为一所著名的世界一流大学，实现陈嘉庚立下的"建设世界之大学"的志向。

七、同心同德，兴民兴邦

廓清三种模糊认识

一

20世纪80年代，宁德地区经济总量长期在全省排名"老九"，9个县中6个是贫困县，200多万人中70多万人被划为贫困人口，被定为全国18个集中连片贫困地区之一。

闽东上下渴望加快发展，期盼迅速变化。在这种背景下，1988年6月，习近平到任宁德。干部群众都在看，新任地委书记要抓什么。习近平没有正面回答，他一头扎进基层，调研了一个月，回来后分别找班子成员谈心。

时任宁德地委统战部部长姚智梅心里很忐忑。为什么？因为在当时环境下统战工作地位比较尴尬。

当时社会上对民主政治建设存在模糊认识：第一，经济是务实，统战是务虚，要不要那么重视民主政治建设；第二，共产党要不要支持民主党派的发展；第三，统战工作的地位要不要提高。

姚智梅常常听到类似这样的话，甚至有时候自己也受种种不一样的声音困扰："这体现出当时我们内部对统战工作没有形成统一认识，导致统战干部没底气，统战工作地位也不高。"

姚智梅当过海岛民兵，是从基层一步一个脚印干上来的，宁德的贫困、干部群众的期盼，她感同身受。她明白新任书记肩上挑着带领闽东人民摆脱贫困的重担，但也深知统一战线人才荟萃、智力密集，对经济发展作用至关重要。谈心时要不要说说统战工作的困难，会不会影响地委的工作重心？

习近平对姚智梅说："统一战线是党的三大法宝之一。虽然宁德比较穷，但宁德是全国畲族最大的聚集地，在东南亚的华侨也比较多，而且是宗教工作的重点区。所以，闽东的统战工作任务是比较重的。但只有把各方面都积极调动起来，闽东才有希望。必须重视发挥统一战线的重要作用，团结一切可以团结的力量。"

没想到习近平不仅短时间内就对闽东有了如此全面的了解，而且这么重视统战工作，熟悉统战工作！习近平的这番话给姚智梅带来了极大的震撼。

"习近平同志那时虽然还很年轻，但对如何推进民主政治建设，站得高、看得远，开展工作重点突出，考虑问题又非常周到，表现出了很强的领导才能。"姚智梅感慨地说。

在习近平的领导下，宁德地委 1989 年 4 月出台了《关于加强民主建设的若干意见》，提出"应进一步加强民主建设"，要求："积极、扎实推进我区政治体制改革。进一步加强、改善人民代表大会制、我党领导下的多党合作制和政治协商制。重视各级人大代表、政协委员的作用，认真听取他们的意见。敦促有关部门认真办理人大代表、政协委员的提案。地委每半年召开一次各民主党派、无党派及各界人士代表座谈会。"

1990 年 4 月，习近平上任福州市委书记之初，就请时任福州市委统战部部长孙海山前去谈话。

这是一次长达一个多小时的谈话，两人主要就全市统战工作的情况进行了交流。"习近平同志提的问题非常内行，直奔工作重点。"孙海山回忆。

这次见面令孙海山倍感振奋。因为习近平不仅对统战工作方方面面都很了解，而且对统战工作在全局工作中的重要性有深刻认识。

在1990年7月的福州市统战工作会议上，习近平说："统战工作不仅仅是统战部门的事情或者分管统战工作的领导个人的工作，要靠全党的一致努力，才能做好。坚持共产党的领导，是巩固和发展统一战线的根本保证，也是统一战线内部各方面人士的共同愿望和利益。"

很快，在习近平的重视和带动下，福州的统战工作开展得有声有色，各方面的积极性都被调动了起来，民主政治建设得到有效推进。

1990年6月1日，习近平在福州市九届人大四次会议上当选为市人大常委会主任。在当选后的讲话中，他表示自己将竭尽全力地履行市委书记和市人大常委会主任的双重职责，并且强调，现在需要的是进一步加强和完善人民代表大会制度，而不是对制度本身有任何的怀疑和削弱。

"我们要从国家的性质、从国家的基本政治制度的高度上，进一步提高对政协工作的认识，增强做好政协工作的自觉性。"习近平在1990年的福州市政协工作会议上说道。

"我作为当时福州民主政治建设的亲历者，每每回忆起那时在习近平同志领导下愉快工作的情景，心里还一直充满了激情。"孙海山说。

二

20世纪80年代末90年代初，社会上存在一种争论：经济建设的任务已经很重了，哪有精力抓民主政治这样"务虚"的工作？

如何发挥好党外各方面的作用，处理好务实与务虚，这考验一个地区党委主要领导对民主政治的认识。

习近平用实际行动回答了这一问题：邀请全国政协副主席、民盟中央名誉主席、物理学家钱伟长到宁德帮助制定经济发展规划。

钱伟长是什么人？那是闻名遐迩的大学者、德高望重的民主人士！而宁德，只是一个在福建经济发展排名最末、名不见经传的贫困地区。

这个格局宏大的决定完全出乎闽东干部群众的意料。钱伟长这样的"大人物"真的会来为宁德发展开方把脉吗？

习近平先是提前和姚智梅通了气，和她商量着做好钱伟长一行的接待工作，把各个细节都想周到。接着，他真的把钱伟长请到了宁德。

调研期间，习近平亲自陪同、亲自汇报。钱伟长和同行的民盟专家们全面细致地调研了宁德地区各方面的情况。在三都澳，钱伟长有感而发道："群山抱三都，风兴六级浪不扬；荷叶守澳口，水深百米港尽良。"民盟专家对宁德地区1990—2000年经济发展总体规划作了进一步论证，对宁德未来的经济社会发展进行了科学缜密的谋划，在闽东上下引起了热烈反响。

如何在实践中实现"实"与"虚"的辩证统一？

习近平对此认识清晰，早在厦门工作时，就十分重视发挥民主政治推进经济建设的作用。他主持召开经济社会发展战略研究座谈会，广泛邀请民主党派、有关团体的代表和专家学者参会，共商特区建设发展大计。

1985年底，时任厦门市人大常委会主任陆自奋看到厦门岛内由于片面追求经济增速，很多地方环境破坏严重，非常着急，召集了市人大、市政府的有关部门去现场调研。

调研那天，时任厦门市委常委、副市长习近平带着市政府有关部门的负责人一起到了现场。

毁林采石后的山体，石块大面积裸露，就像一块块伤疤，让人看着心疼。习近平跟人大调研组一起，一个现场一个现场地察看情况，全程跟进。人们很快发现，他不仅调研认真，对参加人大的会议也高度重视。

在调研后召开的厦门市八届人大常委会第十八次会议上，习近平发言时的第一句话就是："非常感谢市人大常委会对政府管理风景资源的工作行使监督权。"接着，他表示，今后凡是法定要提请市人大审议的，应该主动地、积极地和人大通气、协商，欢迎进一步监督，更加全面地监督。

习近平还谈了自己的参会感受："在会议上，看到了一种民主作风、民主风气的孕育；感觉到我们整个政体在不断地健全和成熟，表现在人大的作用越来越明显，群众的民主意识在不断增强。"

在《发挥人大作用，把闽东的事业推向前进》一文中，习近平明确指出："人大要做的工作很多。在千头万绪的工作中，我们要根据实际，精心安排，抓住国民经济和社会发展中的关键性问题，抓住群众反映最强烈的问题，根据人大工作的规律和特点，认真行使职权，切实抓出成效。"

习近平在福州工作时期，适逢福州经济发展进入到一个新的阶段。"当前，我们正面临改革与发展的难得历史机遇。"习近平1994年9月在福州市人大工作会议上说，"这就更加需要调动一切积极因素，动员和组织全市人民同心同德，共同奋斗。"在他的直接领导下，福州市人大常委会主动对接市委"3820"工程及建设闽江口金三角经济圈、"海上福州"等重大改革决策，在全国率先制定历史文化名城保护管理条例，还制定了《福州市经济技术开发区条例》等法规。

1992年7月14日，习近平出席民主党派、工商联负责人通报会时强调："政协中有许多老前辈、老专家，还有一大批中青年知识分子，他们都是来自各个领域的精华，希望发挥特长，围绕本职工作办成一两件实事。"

在20世纪90年代末福建省委统战部组织编撰的《福建建设海峡西岸繁荣带若干战略问题研究》一书序言中，习近平强调："这一重要成果既是党外专家辛勤劳动和智慧的结晶，也为在中国共产党领导下多党合作参政议政，充分发挥党外知识分子在改革开放和现代化建设中的作用提供了生动事例和新鲜经验。"

在省委、省政府工作期间，习近平一如既往积极支持民主党派和无党派人士就全局性、战略性问题和人民群众关注的热点问题进行考察调研，听取调研成果采纳情况，要求认真研究落实。

三

听说新上任的宁德地委书记习近平非常重视民主党派发展，民盟福建省委会的同志专程到宁德拜访，希望在宁德地区成立民盟地市级组织。

习近平对党派工作很重视，民盟福建省委会与宁德地委一沟通，他当即就表示支持。

当时的宁德经济还很困难，而在一个地区成立工委，不仅要在人事工作上支持，配齐领导班子人选和一定数量的盟员，也需要财政配套。

在习近平的大力支持下，1988 年 12 月 7 日，民盟宁德地区工委最终克服重重困难成立了。这是民盟在全省最后一个成立的地市组织，却是宁德地区第一个成立的民主党派组织。

"那天，习近平同志不仅亲自出席成立大会，还和彭丽媛同志一起参加了当天晚上举办的民主党派代表联欢会，拉近了和民主党派同志的距离。"姚智梅今天谈起这段往事依然很感动。随后，宁德地区其他民主党派组织也相继建立起来了。

针对那时候社会上存在的共产党为什么要发展民主党派的模糊认识，习近平在 1990 年 7 月召开的福州市统战工作会议上明确指出："发展党内外的合作共事，是增进党和党外人士团结，做好各方面工作的重要条件。"

在习近平的推动下，外事活动改变了以往只有党委领导会见外宾的局面，邀请民主党派负责人参加重大外事活动实现了突破。与此同时，还邀请党外人士参加协商会、双周座谈会，省政府成员会

1988 年 12 月 7 日，习近平出席宁德地区民主党派代表联欢会

议和有关经济工作专题会议也邀请民主党派负责人列席。

与民主党派人士肝胆相照，积极为他们开展工作创造条件，善于团结方方面面力量，贯穿于习近平在福建工作的 17 年半之中。

"同心楼"就是见证。

当时各民主党派的省委会机关办公条件十分简陋，空间狭小、设施陈旧，有的还借用其他单位的办公场所办公，民主党派人士期盼改善办公条件。

2000 年，习近平参加了讨论民主党派办公楼建设的协调会。协调会上，大家意见不一。有的同志表示支持，也有的同志说，省委、省政府的大楼也还未建成，"民主党派没有很急的事情"，可以缓一缓再考虑建设民主党派办公楼。

听了各方意见，习近平说："共和国的建立，民主党派功不可没。今后我们执政党的发展、改革的每一步都需要我们同心同德。民主党派的办公楼不能差。"一番话有理有据，赢得了与会同志的赞同。

就这样，民主党派办公楼完成了立项。建设过程中，习近平协调了省机关事务管理局来负责建造，并交代："建民主党派的楼，我们的经费要跟着进度走。"

得益于习近平的直接推动，22 层总面积 21174 平方米的民主党派办公楼顺利建成。新大楼地处繁华的福州市中心，宽敞明亮，成为展现福建民主政治良好形象的窗口。

经当时福建省各民主党派负责人的共同商定，一致同意取"同心同德、风雨同舟"的寓意，给这座大楼取名为"同心楼"。

四

金能筹从福州市市长赴任省委统战部部长的第一天，发现老干部活动室的一张办公桌一条桌腿是短的，下面还垫了瓦片。顿时，他对做好统战工作倍感压力。

福建是一个统战大省，闽籍侨胞、台胞多，非公经济人士多，统战工作面宽、线长、任务繁重。但彼时的省委统战部机关，因为原有办公楼被拆、计划兴建的办公楼一直没动工，只好借用福建省社会主义学院一层多的教室来办公，甚至有些干部要 7 个人挤在一个不到 20 平方米的办公室里。

与简陋的办公条件相应的是，统战工作基础薄弱，一直处于被动的局面，在党政机关、社会上，没有什么影响力。统战干部工作起来也都没有什么底气和信心。

习近平担任福建省委副书记后，分管统战工作。在一次去统战部调研时，习近平表示，统战部常与各界人士打交道，应该要有一个好的对外形象。在他的支持下，统战部的办公楼和海联中心相继建了起来，提升了福建统战工作的对外形象，也大大提振了统战干部们的士气。

1996 年，习近平在福建省委第一次统战工作联席会议上说道："改革越深入、经济越发展、社会越进步，越要重视和加强统战工作，这也是讲政治的重要内容。可以说，谁在新形势下忽略统战工作，谁就是在政治上短视和糊涂。"

金能筹多次谈到，习近平对统战工作的深刻认识，与他的家庭背景有着很深的渊源："习近平同志的父亲习仲勋同志是我党统战工作的卓越领导人。习近平同志耳濡目染，对统战工作也非常熟悉、非常重视。"

"我的父亲是做统一战线工作的，我对统战工作有着一份特殊的感情。"在福建工作时，习近平常常这样说。

把对党负责和对人民负责统一起来

一

回想起自己在习近平领导下工作的时光，金能筹深有感触："他从建设社会主义民主政治的高度，注重加强制度建设，发挥人大和政协的职能作用。"

在习近平担任福州市委书记、市人大常委会主任期间，推动由市委召开人大工作会议和政协工作会议，这在福州历史上均属首次。

"加强和改善党对人大工作的领导，是做好人大工作的根本保证。""坚持和完善人民代表大会制度是政治体制改革的重要内容。各级党委一定要把人大工作列入重要议事日程。"习近平在 1994 年 9 月的福州市人大工作会议上强调。

在这次会议上，福州市委印发了《关于进一步加强人大工作的决定》，对加强和改善党对人大工作的领导全方位作出了制度设计，要求各级党委建立健全行之有效的制度，经常督促检查党中央关于人大的路线、方针、政策贯彻落实情况。

其实，自习近平当选福州市人大常委会主任起，他就要求福州市人大常委会党组建立起每季度向市委汇报工作、遇到大事批准执行的制度，并将定期不定期研究讨论人大工作作为一项制度固定了下来。

"人民政协工作必须紧紧依靠党的基本路线，努力推进改革开放和经济建设；加强党的领导，进一步发挥政协的作用，为实现我市的奋斗目标服务。"习近平在出席福州市政协七届五次会议闭幕会时强调。

1998 年 10 月，在一篇题为《八闽大地民主风》的报道里，习近平介绍了福建省委为了加强和改善党对政协工作的领导，所采取的规范化、制度化措施。1999 年，《中共福建省委关于进一步加强人民政协工作若干问题的决定》发布。

作为对省委决定精神的一项重要落实举措，1999 年 12 月 16 日，福建省政府和省政协举行了首次联席会议，而且由此建立起了福建省政府与省政协的联系制度和情况通报制度。习近平在会上强调："政府与政协联席会议制度，是依法治国要求的具体体现，是加强政府与政协联系沟通的重要途径，也是政府接受政协民主监督的一种很好的形式，我们要继续坚持和完善这一制度。"

2015 年，习近平主持召开中央政治局常委会，首次集体听取全国人大常委会、全国政协党组等汇报工作，要求加强党中央的集中统一领导，以保证正确方向、形成强大合力。

二

"把对党负责和对人民负责统一起来，充分发挥地方国家权力机关的作用。"习近平在福州市十届人大常委会第一次会议上说道。

20 世纪 90 年代，福州市中小学幼儿园面临建设用地紧张，群众对此非常关注，不少人大代表、政协委员都有反映。针对这一情况，1993 年，福州市人大常委会出台了全国第一部保护教育用地的法规——《福州市保护城市中学小学幼儿园建设用地若干规定》，以法规形式保护了 1000 多亩教育用地，有效解决了当时城市开发建设中教育用地被侵占的问题。法规出台后，《人民日报》等媒体在新闻报道里对其给予了高度评价，国家教委也把这一做法批转各地参照执行。

"各级领导干部要时时、处处、事事都把群众的冷暖安危放在心上，进一步疏通和拓宽党和人民群众联系的渠道，倾听群众的呼声，反映群众的愿望和要求，集中精力解决群众最为关注的热点、难点问题，使改革和发展真正成为人民群众自己的事业和自觉的行动。"习近平 1994 年 3 月在福州市十届人大二次会议上表示。

面对人大代表和政协委员反映强烈的民生问题，习近平十分重视。

1997 年 5 月，宁德地区政协工委联合省政协民族宗教委员会到霞浦、福鼎等地视察民族乡村脱贫致富奔小康工作，通过省政协专门向省委、省政府反映了宁德边远山区存在部分群众住茅草房的问题以及他们的困难。

习近平当时是省委副书记，分管扶贫工作，他很快就在宁德地区政协工委的调研报告上作了批示。在各级各有关部门的共同努力下，宁德茅草房改造的历史遗留问题在 1997 年底顺利解决。

与此同时，宁德地区政协工委把相较于茅草房改造更难攻克的

"贫困堡垒"——连家船民上岸问题，继续作为持续跟进的参政议政重点，1998年再次向省政协提交了提案。之后，宁德地区政协工委又相继组织了在闽东部分省政协委员入户走访、为连家船民募捐大米、召开视察情况反馈会等一系列履职实践，形成建议、报告为工作推进资政建言。

"宁德地区政协工委把情况反映到习近平同志那里时，他非常重视。"时任省政协主席游德馨回忆。

"连家船民上岸定居问题最后能在1999年顺利完成，这与习书记对人民的深厚感情、对我们政协工作的重视是分不开的。"时任宁德地区政协工委主任姚智梅有感而发。

1991年2月，习近平在福州市政协七届四次会上说道："我们希望政协的各位委员经常深入城乡基层，从实际出发，注重实效，为困难地区和困难企业出主意想办法。政治协商、民主监督是人民政协的基本职能，各级政协要根据中央和省委的要求，围绕党和政府的中心工作，积极认真参加全市大政方针的协商讨论，及时反映统一战线各方面的意见和群众的呼声。"

三

在宁德工作时，习近平在《深刻认识民主法制的内涵，切实加强人大工作》一文中提出："人大对政府工作要支持、要监督。政府要把人大监督作为一种支持，积极接受人大的批评、监督，不断改进政府工作。"

20世纪80年代末，福州部分乡镇"七所八站"不正之风较为严重，部分干部的违纪违法行为损害了党和政府的形象，群众对此深恶痛绝。

针对这一现象，习近平要求福州市各级人大主动作为，采取有效措施开展监督。1991年下半年，台江区、永泰县等县区人大常委会组织代表对基层所站廉政建设进行评议，在群众中反响良好。习近平迅速批示在全市推广这项工作，并主持召开经验交流会，要求全市各级人大组织市县乡三级人大代表对基层所站廉政建设开展测评。

评议历时半年多，4300名人大代表参与其中，对115个乡镇的基层所站提出整改意见10200条，查处案件11起，免职法办10人，有力遏制了基层的不正之风。评议工作赢得了群众的普遍赞誉，被福建省人大常委会批转全省各地市学习推广。由此建立的人大代表测评基层单位廉政建设制度在福州市沿承至今，成为福州老百姓心目中人大工作的一块"金字招牌"。

台盟省委会原专职副主委兼秘书长陈美光谈起习近平当年支持关心自己当好特约监察员的往事，仍是语带感动。"他是一个特别诚恳的人。"陈美光回忆，"这种诚恳体现在工作的细节中——认真倾听、真诚沟通。他常常对我说，要重视参与民主监督，到基层认真调研，敢讲真话。"在习近平的鼓励下，陈美光多年参与政协组织的民主监督活动，就自己所熟悉关注的民生事业等方面问题撰写了大量提案。

"政协的民主监督具有广泛的代表性、鲜明的党派性等特点，层次高、影响大，是人民监督的重要组成部分。"习近平在1999年全省政协工作会议上指出。

在习近平的指导推动下，福建省持续开展在政协委员和民主党派成员中聘请特约监察员、审计员、教育督导员等工作，并邀请政协委员、民主党派成员参加政府组织的调查、检查和评议活动，充分发挥民主人士在执法监督检查、廉政勤政建设中的作用。

习近平在首次福建省政府和省政协联席会议上指出："民主监督是宪法赋予各级政协的重要职责，也是政府做好各项工作的重要保证。各级政府和政府各部门及其工作人员，要树立民主监督意识，摆正人民公仆的位置，自觉接受政协的民主监督。"

把统一战线工作统一起来

一

"习近平同志对统一战线工作有思考，他提出的'大统战'理念极富前瞻性和开拓性。"时任福建省政协副主席、省工商联会长李祖可说。

20世纪90年代，统一战线在某种程度上存在着"统一战线不统一"的现象。

一位在外创业的闽籍企业家回福建，居然同时有四五辆小车到机场迎接。当天晚上，这位乡亲还得赶赴不同部门举行的三四场晚宴。几天下来，这位乡亲感到身心疲惫，他感叹：家乡真热情，大家都希望我回来投资兴业，但面对这么多部门的邀请，有些不知所措。

改革开放后，福建上上下下对发挥侨乡优势吸引外资都热情高涨。与此同时，没有一个做侨务工作的统一平台，造成了大家一哄而上，都花了力气，反而没有达到效果。

为解决这一问题，在习近平的牵头推动下，福建建立起了统战工作联席会议制度。

1996年9月12日，福建省委召开了第一次统战工作联席会议。习近平在会上要求：加强各职能部门的联系与协作，建立健全统战工作齐抓共管责任制。树立全局观念和"大统战"观念，逐步实行统战工作方针、政策，统战工作业务指导和重大统战活动的协调管理。

习近平在任福建省委副书记期间，先后召开了11次统战工作联席会议。会议由省委办公厅牵头，习近平主持，定期把几个涉及统战的单位集中在一起，交流协调工作，进行统一管理。

"统一战线不统一"的问题根源在于当年四套班子中与统战工作有关系的部门、团体近10个，相互之间沟通较少，协调不够，常发生政出多门、各自为政的现象。

1999年6月17日下午，习近平专程来到福建省政协，同时任省政协主席游德馨、时任省委统战部部长金能筹座谈。他与游德馨、金能筹进行了坦诚交流，共同研究了政协和统战部如何进一步密切联系、互相配合、互相协作。游德馨记得："针对这一问题，他提出了很多建设性思路，讲了很多具体意见。"

习近平指出，政协和统战部的工作目标都是一致的，政协是搞统战工作，统战部也是搞统战工作，为避免重复，就要通过相互沟通，把各项工作组织协调好。

经过持续完善，习近平提出的坚持党的领导下"大统战"思路和推行的相关举措，很好地克服了先前工作重复安排或者互相扯皮的弊端，大大提高了工作效率，在全国开创了先例，为解决"统一战线不统一"的问题提供了成功经验，赢得党内党外一致叫好。

二

"虚心公听，言无逆逊，唯是之从"，语出《宋史·王涣之传》。习近平曾经引用这句话来表示要认真听取和积极采纳党外人士意见和建议。

凝聚民主人士智慧和力量，关键在于广开言路、渠道畅通。习近平在任福州市委书记时首创的"于山① 季谈"就是一个例证。

福州，于山宾馆三楼。习近平边听边记，不时发问，各民主党派负责人围坐在桌边，争相发言，氛围热烈。

这是那些年福州"于山季谈"召开时的常见场景。

1989 年底，中共中央发布了《关于坚持和完善中国共产党领导的多党合作和政治协商制度的意见》，这是一个全面规范我国多党合作事业的纲领性文件，意味着社会主义民主政治发展的进一步制度化、规范化。

1990 年春天，习近平到任福州没多久，就研究制定了这一文

---

① 于山，又称九仙山、九日山，与乌山、屏山三山鼎峙，是福州市区三山之一。

件的贯彻实施意见。他表示："各民主党派和无党派人士是中国共产党完全可以信赖的诤友和挚友，是我们事业发展的一支重要力量。"

作为贯彻实施文件的落实举措，习近平随后首创了福州市委与福州市各民主党派委员会的季度座谈会制度，广开言路，为民主人士参政议政建立了一个畅通的渠道。由于座谈会每个季度都在于山宾馆举行，因此被民主党派人士称为"于山季谈"。

每次季谈，习近平都会参加。一开始，大家以为是一个走过场的会议，并没认真准备发言。但是很快，大家发现新来的市委书记不仅边听边记，还会针对发言内容提出很犀利的问题。

"如果不是有所准备，你的发言就没法'过关'。"福州市政协原副主席、九三学社福州市委会原主委龚融实感慨道，"我立足科委的工作，讲自己熟悉的科技、民营企业、环保等三方面内容。他一边详细记，一边还马上和你交流什么事能做、什么事不能做。"习近平谦虚细致的态度感染了大家。

最让大家振奋的是，会上提出的问题很快都落实到位了：能当场拍板解决的就当场拍板，暂时不能的就由市委办负责去落实。上一次会上提出的意见建议，下一次就来听落实情况的工作汇报。与此同时，习近平还要求民主党派提出的意见建议每月按时直接报送给他。

在习近平的示范带动下，"于山季谈"从一开始就形成了扎实深入、严谨高效的良好风气，并且不断发展完善。由于季谈会创立的时间是春天，地点设在于山宾馆，因此党外民主人士称"于山上的春天是民主政治的春天"。

"于山季谈"给当时人们思想上带来不小的震动——广开言路的统战工作还能做得这么"实"！此前人们认为统战工作是"空对空"：做和不做看不出两样，抓和不抓没有区别。但实际上，统一战线工作做的是人的工作，要把统一战线的工作做到实处，就同样需要发扬"马上就办、真抓实干"精神，才能出实效、见成果。

在习近平的要求下，统战工作紧扣事先、事中、事后三个节点，扎实推进：重大工作部署、起草指导性文件事先必须有调研，重大工作部署、重大文件的贯彻情况事中必须有检查，重大举措的落实事后必须有协调督促推进。

本着扎实做好统一战线工作的原则，习近平为民主人士广开言路建立了越来越多样化的渠道，团结越来越多的人积极参与到民主政治建设当中。

任福建省委副书记期间，习近平进一步加强了省政府部门与民主党派的对口联系制度；推动党外人士协商会、双周座谈会等制度进一步健全；多次召集有关部门负责人会议听取民主党派和无党派人士的调研成果，并要求认真研究、反馈情况。这些为党外人士广开言路而召开的会议，被亲切地称为"一杯清茶的座谈"。

"要广开言路，鼓励和支持广大委员对党和国家的方针政策及各项工作提出意见和建议，做到知无不言，言无不尽。"习近平在福州工作时就这么说道。每年全国两会，他都会交代参会的福州代表注意搜集各地闽籍代表关于福州市政建设、管理和交通等方面的意见和建议，回来后向他汇报，并且做到"件件有落实，事事有回应"。

"要继续坚持协商会、座谈会、通报会、谈心会等行之有效的制度，并在实践中不断健全和完善。"1998 年 4 月，习近平在全省统战工作会议上作工作报告时强调，"对民主党派、团体提出的参政议政意见、建议和调研成果，要切实抓好落实和反馈。"

1996 年 4 月，民建省委《咨询与建议》内部刊物创办十周年，习近平专门题词：议政求真知，监督讲实效。

三

1997 年 4 月的一天，正午，烈日当空。福州西湖宾馆外的一片空地上，时任省委副书记习近平与农工党党员、农业科技工作者张艳璇正一对一交流。

张艳璇提出的是关于治理福建毛竹螨害的建议。1996 年福建的南平、三明等山区市出现了严重毛竹螨害，对农林业生产和农民增收造成了极大影响，甚至威胁到了生态安全。为此，忧心忡忡的张艳璇进行了深入调研，形成了报告呈送省委、省政府。

习近平迅速作出了批示，要求开展毛竹科学种植和综合治理工作。可是，由于农业系统、林业系统之间的权责所属不明确，再加上一些基层干部不能理解接受张艳璇的方法，专门成立的毛竹螨害综合防治项目组迟迟无法开展工作。

张艳璇十分焦急。借农工党福建省第八次代表大会召开之机，张艳璇在西湖宾馆贵宾室门口"堵住"了习近平。就在宾馆外的空地上，张艳璇一口气说了半个多小时。

"说得我自己汗流浃背，把治螨建议和当时遭遇的困难都竹筒倒豆子似的跟他说了。习近平同志一直站在那认真听，时不时还问我一些问题。"张艳璇回忆起自己当年那股子较真劲，有些不好意思。

当天下午，习近平正好去三明调研，就专门要求当地负责人重视这一灾情，推广张艳璇的治螨方法。

不久，习近平再次就此事作出批示："请万亨①同志以及林业厅领导商酌，应着手布置。"同时他要求省委专门派出督查组赴林业厅督办此事。

基层民主党派成员和省委副书记面对面的沟通，有力推动了福建省毛竹螨害的有效治理。

"有一个宽松的环境，党外朋友才能与你谈真心话、掏心窝的话。"1999年，习近平在福州琅岐岛与民主人士谈心时说。

"琅岐谈心"也是习近平首创。

鼓励民主人士畅所欲言，关键在于"交心"。为此习近平专门邀请省各民主党派、工商联负责人到琅岐岛上一对一谈心。

迎着凉爽的海风，伴着轻柔的涛声，习近平询问大家的工作生活情况，一起交流了如何加强民主党派、工商联自身建设等方面的想法。融洽的气氛中，习近平不仅进一步了解了当前党派工作实际情况，形成了下一步的工作思路，还与大家成了贴心的朋友。

当时福建的民主人士林强、王良溥、林逸、李祖可、王传琛等都接到了邀请，在琅岐岛上与习近平度过了一段愉快的交心时光。

"琅岐谈心"，成了中共党委领导与民主人士交心交流的一段佳话。

---

① 即童万亨，时任福建省副省长，分管农业。

广交新朋友，深交老朋友

一

"现在部分同志头脑中形成了一种偏见，认为非党同志不行、妇女干部不行。"习近平在 1990 年 7 月召开的福州市统战工作会议上如是指出。

当时，不少统一战线工作者对党外人士的人才状况未能全面了解，这种认识导致了不能团结好各方面力量推进社会主义现代化建设。

1992 年 4 月，习近平在一次民主党派的学习会上说："特别应当强调的是，各民主党派和无党派人士是一个高层次的智库，他们中有许多为建设新中国立下汗马功劳、经验丰富的老同志，有许多为四化建设做出突出贡献的各方面的专家、学者，有许多为繁荣文化教育事业做出显著成绩的文学家、艺术家、人民教师……真是人才荟萃。"

1992 年，黄双月刚刚当选致公党福州市委会主委，第一次被习近平找去谈话。她其实心里还没想通：本来医生就很忙，担任党派主委后还能保障从医时间安排吗？加上她对民主政治的认识，特别是对民主人士参政议政重要性认识比较模糊，导致她积极性不高。

黄双月是一名归国华侨，又是福州市第一医院一名医术精湛的外科医生，具有很强的代表性。在此之前，中共福州市委的同志就多次做黄双月的工作。

"你不用担心，市委会做你们的坚强后盾。遇到困难，你就找市委，也可以直接来找我。"习近平在第一次见面谈心时，就对黄双月这么说道，"希望你努力学习统一战线知识，不断增强多党合作意识，在做好自己医生本职的同时也做好党派工作。"

黄双月答应试一试。不久后，她就组织致公党福州市委会去广东省"取经"，在当时全国各地的致公党组织中开了先例，取得了良好效果。"既然决定要做，就要把党派工作做好。"她下定决心不能辜负习近平对自己的信任。

成为习近平的党外人士联系交友对象后，黄双月有了更多的机会向习近平请教学习。"每次聊天他都坦诚相待。我在思想上、工作上有什么困惑，都可以和他说。"

在习近平的关心支持下，黄双月后来相继当选福州市政协副主席、省人大常委会委员、全国人大代表，提交了许多高质量的建议、议案。回首往事，她感慨道："习近平同志是我参政议政的领路人。"

习近平在一次福州市统战工作会议上指出："要积极举荐符合干部'四化'条件、德才兼备的党外干部担任适当的领导职务。首先是欢迎他们来，不能有偏见。"

"当时，社会上确实存在着看不起非党同志的现象。但习近平同志不一样。"民革福建省委会原副主委、福州市政协原副主席孙新峰说。

龚融实当年就遭遇了来自这种偏见的舆论压力。"那时还没有民主党派干部当正职的先例。但是，习近平同志坚定支持我到福州市科委主持工作，担任'一把手'。"

习近平持续指导和支持龚融实开展民主党派和科委的工作，经常带着他一起调研，交流对民主政治的认识，讨论科技发展话题。这一种来自中国共产党人对党外人士的诚挚信任，让龚融实有了底气，全身心投入工作中。

"从福州市到省里，我无论在哪个岗位，习近平同志始终是我尊重、信赖的一位朋友。"林强是民族英雄林则徐的直系后裔。刚认识习近平时，他还在民建福州市委会工作。

后来，林强调到福州市政府工作，历任市政府副秘书长、市长助理、副市长，之后又当选省人大常委会副主任，与习近平的交往也越来越多。"我常常去找他汇报工作或者谈天，直到2002年他调离福建去浙江工作。"

对于党外干部的选拔使用，习近平心中有一条准绳。他在1990年8月指出："只要基本素质好，爱国、爱社会主义，与党同心同德，有一定的领导能力，事业心强，作风正派，就应当大胆起用。"

为了改变党外后备干部不足的状况，习近平指导制定了《中共福建省委关于进一步做好培养选拔党外干部工作的意见》，将培养选拔党外干部纳入干部队伍建设和人才工作的总体规划。

在习近平的推动下，1999年福建县级换届中，全省有61个县区选出党外副县区长，占县区总数的71%；省市县政府四分之一以上部门都选配党外干部担任领导职务，党外人士实职安排取得巨大突破。

《同心同德谋发展》是刊登在2002年4月11日《福建日报》

上的一篇新闻报道。报道记录了习近平坚定支持时任福建省劳动和社会保障厅副厅长、无党派人士、省政协委员宋建华在工作中大胆推进改革的经历。

当时，新医保制度刚实施数月，群众医疗费用负担过重的问题开始显现，社会舆论一时间反映强烈。习近平在听取工作汇报后明确表示：医保改革，开弓没有回头箭，改革中出现的问题，先查明原因，找到症结，要靠加快改革来解决。

习近平的一番话，是鼓励，是支持，更是给宋建华吃了一颗定心丸。"即使是在指导我开展工作时，他那真诚的态度，也总能让人深切地感受到来自朋友的信任与关心。"

根据《同心同德谋发展》报道，宋建华的这段与共产党员亲密合作、友好共事的经历，让他深深感到各级共产党组织对党外人士政治信任、工作支持、肝胆相照、荣辱与共的宽广襟怀，更加坚定了他在中共的领导下，坚持改革，参政议政，促进福建不断进步发展的信心。

二

1996年5月，习近平在厦门调研时指出："统战工作是做人的工作，要交关键人物和重点人物，广交还要深交，效果就更好。""做统战工作靠真功夫，吃顿饭、开个会就能肝胆相照吗？不可能的。"

金能筹回忆，这个交朋友可不只是名义上的，习近平经常找民主人士谈心，深入探讨交流思想和工作，真正做到交知心朋友、交真挚好友。

担任宁德地委书记期间，习近平坚持每半年或一个季度到自己挂钩的民主党派听取意见，和一些民主党派负责人、知识分子、老同志谈心，探索建立了地委领导班子与民主党派组织挂钩、对民主党派知识分子定期走访制度，以制度推进中共领导干部与民主人士交朋友。

孙新峰是习近平在福州推动建立市委领导与民主党派领导交友联系制度后交往的一位党外朋友。如果没出差，习近平基本上每个月都会和孙新峰"午餐谈心"一次。

海军出身的孙新峰学的是航海专业，早年在东海舰队服役，曾提交了不少关于福建海港建设的高质量提案，受到习近平的肯定。他回忆道："习近平同志不仅在政治上关心，而且对我的个人业务也很关注，多次征求过我关于福建沿海发展的意见。"

后来习近平担任省委副书记，再后来又担任省长，但他一直保持着与孙新峰之间的真挚友谊，不时约他见面、交流谈心。"他担任省长后，那么忙，但他依然和我这个党外朋友经常联系。"

"习近平同志广交党外朋友，民主人士在日常工作中深深感受到市委对他们的重视、关心和爱护。这让他们对坚持和贯彻好中国共产党同各民主党派'长期共存、互相监督、肝胆相照、荣辱与共'的方针，有了更坚定的信心。"时任福州市委统战部部长孙海山说。

"古人说得好，'患诚不至，而不患功难就'。我们只要坚持广交新朋友，深交老朋友，不断扩大联谊范围，就一定能收到成效。"1991年2月，习近平在福州市政协七届四次会议上说道。

担任省委副书记后，习近平通过建章立制保障与民主人士广交深交朋友的思路进一步明晰和深化。他建立了省委领导与省各民主党派、工商联负责人和无党派人士联系交友制度，并且身体力行带头执行。

时任福建省副省长、台盟福建省委主委的汪毅夫，也是习近平从担任福州市委书记时起就结交的一位党外朋友。初次见面，习近平将办公室和家里的电话都告诉了汪毅夫，说："你随时都可以给我打电话。"坦诚相待的第一次见面，让汪毅夫觉得，他们可以像朋友一样知无不言、言无不尽。"以后，我们果真成了朋友。"

后来共事的过程中，对于汪毅夫的敢讲真话，习近平从没有表现过不耐烦，而是耐心地听，有时还记在他的小本子上。习近平有一次对他说："毅夫，你敢于直言，耿直率真，这是你的特点也是你的优点。很好！"

在1996年6月的党外知识分子座谈会上，习近平说，福建省各级统战部门在继承和发展党外知识分子工作方面做了大量工作，建立了党外知识分子联系制度，定期召开座谈会，及时反映党外知识分子的思想情况，注重办实事，努力为党外知识分子排忧解难，受到党外同志的称赞。

三

"统战工作要长期做，细致做，平等做，过去的肝胆相照是在长期风风雨雨、安危与共中形成的，危难时期见真情。"1996年，习近平提出，"最根本的是要学习老一辈开展统战工作的传统、经验、风范、风度。毛主席、周总理、陈毅、李维汉做起统战工作都是大家风范，是长期形成的。"

2018 年接受采访时，已年近九旬的孙新峰拄着拐杖说起那段时光依然激动："习近平同志对民主人士的关心关爱，真的是一种肝胆相照的友谊。所以我心甘情愿工作到 70 多岁才退休，就是希望能为统一战线工作再多做一些贡献。"

政治上充分信任、工作上大力支持、生活上关心照顾，习近平对民主人士的情谊，赢得了他们对中国共产党的由衷爱戴。

1993 年 5 月 20 日，时任民盟福州市委会主委朱枻的妻子干永和如往常一样，大清早就从家赶到医院照顾卧病在床的丈夫。

"证、证……"一看到妻子来了，朱枻就指着病床前的抽屉说道。干永和会意地连忙打开抽屉取出党员证，双手捧着，交给朱枻。

"1993 年 5 月 19 日，中国共产党接纳了我，我死而无憾了！"朱枻对来看望他的时任民盟福州市委会副主委张家址说。

原来，朱枻在抗日战争时期就加入了民盟地下组织，与中国共产党有着很深的渊源，一直在党的外围组织工作，半个世纪以来倾心追随。加入中国共产党成为朱枻一生的理想和追求。

朱枻患病后，时任福州市委书记习近平多次去医院看望慰问，还帮忙协调医生做好治疗。朱枻与习近平是老朋友了。他很了解习近平对民主人士的关心关爱：经常登门拜访，关心过问生活，及时排忧解难，年节上门走访慰问，党派负责人生病时都去看望。

干永和的回忆文章《在朱枻同志最后的日子里》这样写道：省市领导一次再次地到医院来看你，帮助解决一些实际困难。你多么感激，为今后不能再很好报答而难过；多次赞扬市委领导工作作风好，更为欣赏年轻的市委书记工作谦虚、踏实。

正是出于这样的信任和欣赏，朱桴向习近平倾吐了自己的心愿。在病床边，习近平听完了朱老的愿望，立刻表态支持。

在习近平的推动下，履行相关程序后，福州市委的干部带着入党志愿书赶到了朱老的病床前。此时已不能提笔写字的朱桴，通过自己口述、妻子执笔填写了入党申请书。

1993年5月19日，经中共福州市委同意、中共福建省委批准，中共福州市委统战部支部大会一致同意吸收朱桴为一名光荣的中国共产党党员。在朱桴的入党志愿书入党介绍人那一栏，端端正正写着"习近平"三个字。一个星期后，朱桴去世了。

朱桴临终前，干永和在整理病床时，从褥子下的一本笔记簿里看到了他写给福州市委的告别书："我的一生，生我者父母，而知我、教我、领导我、培养我的是中国共产党，我把能得到党的领导，引为我一生最大的幸福，在我生命之火，即将熄灭，我将永别人寰的时候，我禁不住噙着眼泪，万分激动地上书，向中共福州市领导告别，表达我对党万分感激之情，和无比依恋的心……"

朱桴去世后，习近平还专门交代要关心和爱护这位民主党派人士的后代。

"作为党员领导干部，您对党外干部、知识分子的尊重是由衷的，我们都感受到了，都非常认可。"汪毅夫曾经这样对习近平说。

习近平这样回答汪毅夫：共产党人对党外爱国民主人士当然要真诚。从小我就看到父亲习仲勋同志对党外干部、知识分子和各界爱国民主人士十分尊重、关心，真心实意和他们交往相处，自己当然也会这样做。

画出最大同心圆

一

"同心同德"，语出《尚书》，意指思想统一、信念一致。

1990 年，习近平在给宁德地直机关领导干部的临别赠言中深情写道："我们曾经同心同德为闽东地区的兴盛，为闽东人民的兴盛竭尽全力，我们没有理由不做得更好。"

这篇临别赠言的题目，正是"同心同德　兴民兴邦"。

任福州市委书记时，习近平在一次会议上指出："改革开放和各项建设事业是千百万人的事业，需要千百万人民群众的共同努力。统一战线工作要紧紧围绕这一目标，团结一切可以团结的人，调动一切积极因素，共同努力，不懈奋斗。"

二

"无论是过去、现在还是将来，民族大团结都是我们进行社会主义建设必不可少的保证。"1989 年 6 月，习近平在《巩固民族大团结的基础——关于促进少数民族共同繁荣富裕问题的思考》一文中写道，"我们的事业方方面面，千万不能漠视少数民族事业这一重要方面。这是一个原则，基于这个原则，我们有必要深刻地思考关于促进少数民族共同繁荣、富裕的几个问题，我们的出发点和归宿是要巩固民族大团结的基础。"

在 1989 年前往宁德福安坂中畲族乡大林村调研时，习近平上山下田，全面深入地关心少数民族群众生活的方方面面。针对了解到的大林小学办学困难问题，调研一结束他就想办法予以解决。

宁德市民族中学原校长兰存安清楚地记得习近平到民族中学调研的情景："就几个人，轻车简从，借学校一间教室开了加快民族中学建设的现场会。"他说，"习近平同志当时肯定我们学校办得不错，还表扬了校办工厂。"宁德市民族中学是福建省成立最早的民族中学，也是我国畲族学生人数最多的民族中学。

1998 年，宁德市民族中学建校四十周年之际，时任福建省委副书记习近平欣然题词："发展民族教育，培养民族人才。"

原福建省民族事务委员会主任、宗教局局长邱林华说，习近平在福建工作期间，十分关心少数民族地区的发展，既着眼全局推动，又注重细节落实，促进民族大团结。

三

福建省民族与宗教事务厅原副厅长林致知对于习近平宏观的工作思维同样感受深刻："习近平同志曾和我们说，宗教工作不仅要低头做好实事，还要抬头遥望星空，去思考、去理解。他对宗教工作有着长远的眼光和深邃的理解，并且以春风化雨、聚沙成塔的耐心细致开展工作。"

福州开元寺，始建于南朝。现存有唐末五代的千年大铁佛，高近6米，传为闽王王审知应梦铸造。

"当我们来到开元寺，它正自豪得意地向我们表述，大铁佛是我们的先人掌握高超的冶铸技术的证明——古建筑有着丰富的人文内涵。"2002年4月，习近平在为福建人民出版社出版的《福州古厝》一书作序时这样写道。

今天，千年名刹风姿依然，正是得益于习近平当年对寺庙古建文物的保护。

1997年，智慧长老、黄光汉等十位港区全国人大代表与政协委员呼吁，要求保护开元寺内的千年铁佛，迁出当时设在寺内的五金厂。这份提案很快就到了习近平手上，在他的协调下，五金厂很快迁出，文物得到了保护。

那些年每当临近春节，习近平都会邀请福建省各界德高望重的民主人士一起"新春围炉"。为了方便大家前往，他细心把地址选择在福州交通便捷的温泉宾馆。对于部分住得比较远的老先生，他还专门安排了车辆定点接送，并交代工作人员："老人家腿脚不灵便，一定要照顾好"。无论是开会、座谈、联欢，还是"新春围炉"，每次活动结束后，他都要礼貌地先送民主人士乘车离开后，自己才走。

习近平和民主人士打交道、交朋友时，总是带着深厚的感情，做好人心的工作，团结一切可以团结的力量，调动一切可以调动的积极因素。

四

"习近平同志的人格魅力能够把各方面的同志、朋友联结成为肝胆相照、利国利民的诤友。"福建省原副省长陈芸认为。

"近所当近，平其不平"，是著名爱国侨领梁披云送给习近平的一副嵌名联，也是梁氏父子两代侨领与习近平间友谊的一个见证。

梁披云早年在澳门创立了澳门福建同乡会，广泛团结乡亲，积极支持和参与祖国和家乡福建的建设。同时，由于历史原因，澳门闽籍社团组织之间，存在不团结、不和谐的现象。针对这一现象，澳门回归前，习近平多次约谈社团负责人和闽籍知名人士，做通大家思想，增进他们之间的团结。

现任澳门福建同乡会名誉会长、澳门归侨总会永远会长梁仲虬是梁披云先生的长子。他回忆，习近平当年与澳门社团负责人谈话时说，福建人一定要团结，梁披云是澳门爱国者的一面旗帜，希望大家要尊老敬贤，团结在一起，共同为澳门的繁荣稳定和祖国的发展做贡献。

习近平在闽工作期间，曾多次与梁仲虬见面交谈。"习近平非常敬重我的父亲。"梁仲虬难忘多年前的一幕，"那时习近平已经是省长，我回福建时去拜访他。一进他办公室的门，就看见父亲早年写给他的'近所当近，平其不平'的嵌名联挂在墙上，这让我非常感动。"那天谈话后，习近平还和梁仲虬在这副对联下合了影。

在世纪之交，时任福建省委副书记习近平为了迎接香港和澳门的顺利回归，做了大量团结凝聚闽籍乡亲的工作。

1997年5月8日，距香港回归不到两个月，香港福建社团联会正式成立了。这是一次在港福建社团的历史性整合。此前，香港的闽籍社团虽已达 100 多个，但各社团之间联系并不密切，凝聚力也不强。为此，习近平多次约见香港闽籍社团领袖，有时还到深圳与部分香港闽籍知名人士座谈。在习近平的推动下，香港闽籍社团中的旅港福建商会、香港福建同乡会、香港福建体育会、香港福州十邑同乡会以及香港厦门联谊总会和 12 个赞助会共同成立了香港福建社团联会。香港福建社团联会现有属会 237 个，广泛联系着 120 多万闽籍乡亲，成为爱国爱港的重要力量。

1997 年 7 月，由福建省委统战部、省海联会举办的两场港澳顾问座谈会分别在深圳和珠海举办。

130 多位省海联会港澳地区顾问、理事、闽籍知名人士和闽籍社团负责人分别从香港澳门赶来参加这场座谈会。时任省委副书记、省海联会名誉会长习近平参加了两场座谈。座谈会上，习近平与港澳乡亲面对面互通情况，探讨交流，并在此期间，分别约见了港澳地区闽籍社团负责人和知名人士 70 多人。

香港经济界著名人士胡思杏参加座谈会后有感而发道，习近平通过这种方式与港澳乡亲深入交往，很暖人心。

此后三年，习近平都参加"深珠座谈会"——闽籍港澳乡亲依据座谈会召开地所采用的亲切称谓。深珠座谈会的影响力逐年扩大，在闽籍港澳乡亲中广泛凝聚人心，后来演变成为"港区澳区闽籍政协委员和海联会理事座谈会"，延续至今。

回忆起那段经历，全国政协常委、香港福建社团联会主席吴良好由衷地说："习近平总书记那时就极力提倡要搞大团结大联合，发挥乡情优势，努力壮大爱国爱港爱澳力量，既有战略高度又有发展眼光。"

五

新大陆科技集团董事长胡钢和首席执行官王晶对于习近平当年广泛团结各界人士的高尚人格魅力，也有着深刻感受。

"没有习近平同志的关心，新大陆不会有今天。"回忆起当年的那段经历，胡钢十分感动。那是 1993 年底，胡钢和王晶在创业过程中一度陷入困境，甚至想转移到其他城市发展。困难之际，王晶萌生了向时任福州市委书记习近平报告的念头。联系后，当天下午就得到回复，习近平邀请他们当晚到办公室详谈。

晚上，王晶和胡钢如约来到了习近平办公室，汇报了想法。

习近平听完很赞赏，同时也提醒："选择科技创新和实业这条路是很艰难的，是需要勇气的，你们未来肯定会碰到很多困难。"

得知企业落户福州经济技术开发区的初步计划后，习近平很支持。他还叮嘱，一定要坚守创新，坚守实业，遇到再大的困难也要扛过去。

详细了解企业急切需求后，习近平给福州经济技术开发区负责人打电话，要求"特事特办"，支持民营企业的创建。1994 年 2 月，新大陆发展有限公司（集团）注册成立，同年 4 月，新大陆电脑有限公司成立。

1994 年 3 月，习近平在福州市组织、宣传思想、统战工作会议上强调，对非公有制经济人士，要实行团结、帮助、引导、教育的方针，注意选拔和培养一支拥护党的领导，能够与党长期团结合作的积极分子队伍，通过他们带动同行爱国、敬业、守法，为建设有中国特色的社会主义作贡献。

新大陆公司后来发展得如何？对于自己结交的两位非公有制经济人士朋友，习近平一直牵挂在心，先后到企业调研，以多种方式鼓励企业走科技报国的道路。

1998 年 3 月 27 日，时任福建省委副书记习近平专程到新大陆调研，与大家深入探讨了信息化发展趋势及未来技术发展方向，鼓励加大创新投入。

2001 年 5 月，新大陆科技园在福州经济技术开发区奠基，习近平发来贺信，希望新大陆"把科技园建成福建省一流的科技城，把新大陆建成国内高水平的民营高科技企业"。

2014 年 11 月，习近平总书记在闽考察期间来到新大陆，看到企业不断发展壮大，十分高兴地说：20 年前，你们和我谈创业理念的情景我至今还历历在目。看到企业从小到大，成长为综合高技术企业，今天身临其境，感慨颇多。这充分证明了一个道理，那就是，走创新之路是我们国家、也是我们每个企业发展的必由之路。

"多年来，我们深深感受到习近平同志对非公有制经济人士的亲切关怀，始终牢记他的殷切嘱托与教诲，坚守科技创新、坚守实业！"胡钢说。

"习近平同志的亲和力和个人魅力总能感染人。出国访问时，他有侨胞朋友；基层调研时，他有党外朋友。他的朋友遍布各阶层。他有着宽广的胸怀，又细致入微，在福建工作时广泛团结各族各界人士，同心同德，共同推进社会主义现代化建设。"省委原副秘书长、办公室主任李育兴感叹道。

"海纳百川，有容乃大"，出自民族英雄林则徐的一副自勉联，习近平特别赞赏，不仅时常宣扬，而且身体力行。

2017 年 10 月，在党的第十九次全国代表大会上，习近平总书记强调："统一战线是党的事业取得胜利的重要法宝，必须长期坚持。要高举爱国主义、社会主义旗帜，牢牢把握大团结大联合的主题，坚持一致性和多样性统一，找到最大公约数，画出最大同心圆。"